周祖謨文集　第七卷

洛陽伽藍記校釋

〔北魏〕楊衒之 撰　周祖謨 校釋

中　華　書　局

圖書在版編目(CIP)數據

洛陽伽藍記校釋/(北魏)楊衒之撰;周祖謨校釋. —北京:中華書局,2022.12
(周祖謨文集)
ISBN 978-7-101-15150-3

Ⅰ.洛…　Ⅱ.①楊…②周…　Ⅲ.①寺院-史料-洛陽市-北魏②洛陽市-地方史-史料-北魏③《洛陽伽藍記》-注釋　Ⅳ.①K928.75②K296.13

中國版本圖書館 CIP 數據核字(2021)第 061049 號

書　　名	洛陽伽藍記校釋	
撰　　者	〔北魏〕楊衒之	
校　　釋	周祖謨	
叢 書 名	周祖謨文集	
責任編輯	張　可	
責任印製	陳麗娜	
出版發行	中華書局	
	(北京市豐臺區太平橋西里 38 號　100073)	
	http://www.zhbc.com.cn	
	E-mail:zhbc@ zhbc.com.cn	
印　　刷	三河市宏達印刷有限公司	
版　　次	2022 年 12 月第 1 版	
	2022 年 12 月第 1 次印刷	
規　　格	開本/710×1000 毫米　1/16	
	印張 15½　插頁 5　字數 219 千字	
印　　數	1-2000 册	
國際書號	ISBN 978-7-101-15150-3	
定　　價	76.00 元	

周燕孫（祖謨）先生

與夫人余淑宜女士

與夫人（左二）於日本講學

與王力先生（左二）等，於北大燕南園

勢猶伸包甚高唱謂吾乃拓跋大郎安見汝甘為僕因曰長官乃食餌懷廬文客婦曰今拚已鮮之莘蹲金麤不似而客亦不

中見外夾醫不雜客去辟言而出時李簿後馬與人辭名發許而吾人之命吏遊客涼不壞而吾姬許已問吾辠辟已罷見吾客番君而謝之命吏涼中

僕義付見怒越之曰此地坊山人道術至高公酸醯人舟任客去之曰頓君毛元李為辭隨荐三的前紋事飄後吾問已夫所在地此人飯涼中

惡已起而忿微醪諸首之全金蹲兩麤合乃吕李簿謝之曰頓君毛元耳昨紀客昆伊仙吾昨庵波緝胡莫責酉不得責客命所係

外摸蘭模幸世間朱和為不三一年

小郎蘭模幸世間朱和為不三一年

破死無枝左右道陣方得蘇耳

青衫外郎

半乃无和中青衫

慕勢諸郎

卷傳加歲紀譜

上之氏威土傳

莊友論高銚孝在朶村大于初狀入填暗候拒青以美此意及共代下

進家心修簪之言其詞葉達牟酒川蜀膚嗽涙名士縣絮鈔紙阿出

管世博汗匯狀仁錄壽士大夫曰系人外蝐底數西棟郵子柯同羽利

等雜力好肥慮譽門附戍名戍藜所在岡靑撥人永其棻川胡然震皇乜

姜豉郎　　　　遺策郎　　歸郎　　　　　　　　緇郎

便下儒拤禮義所出今雖陵遲足為天下倡檔何濟人非許郎不識束家雖侯等富烏口豈樂彦也

緇郎俱由珉兩川　南邯折膏直

有某人欽史省與踣歎國謂之曰今四十無寧良可復也曰向公私之

惟郎南軍微幸有情紀伍五十年矣君遺之服琬若受而受之則其利也

我宗之憎孝舉逾生覺後相之曰貴則過公恐不得其於因宇曰吶層天

云緇郎普治通鑑景福二年九月以御史中承崔胤為戶部侍郎同平章

事龍懼由之才也

崔稻辭深相結戰得為相李定安啟謂所親曰吾文兀利菁以立戶紙

歸郎　唐同亢史郎皇帝偁國體風編有嬰大師

緇郎新嘯壞普琅

馬令南唐書威國僖王穆正番和寸也陵

為緇郎所啁壞音頑

守明者以邑

是隆陸歸郎小宇也

遺策郎　詐遺策以毗馬彼訪娃門曰前遺策郎不止

張君房覺情原郎主通李娃妃俳細不能去

姜豉郎　能牧齊邊銇今市中所賣姜豉以細林漬肉宋面為之曰

見僇陸歸郎

唐以來有也明許妾妓姜悔為乜郎作郎賕不識宰

圖版一（下）　明永樂大典（卷七三二八）

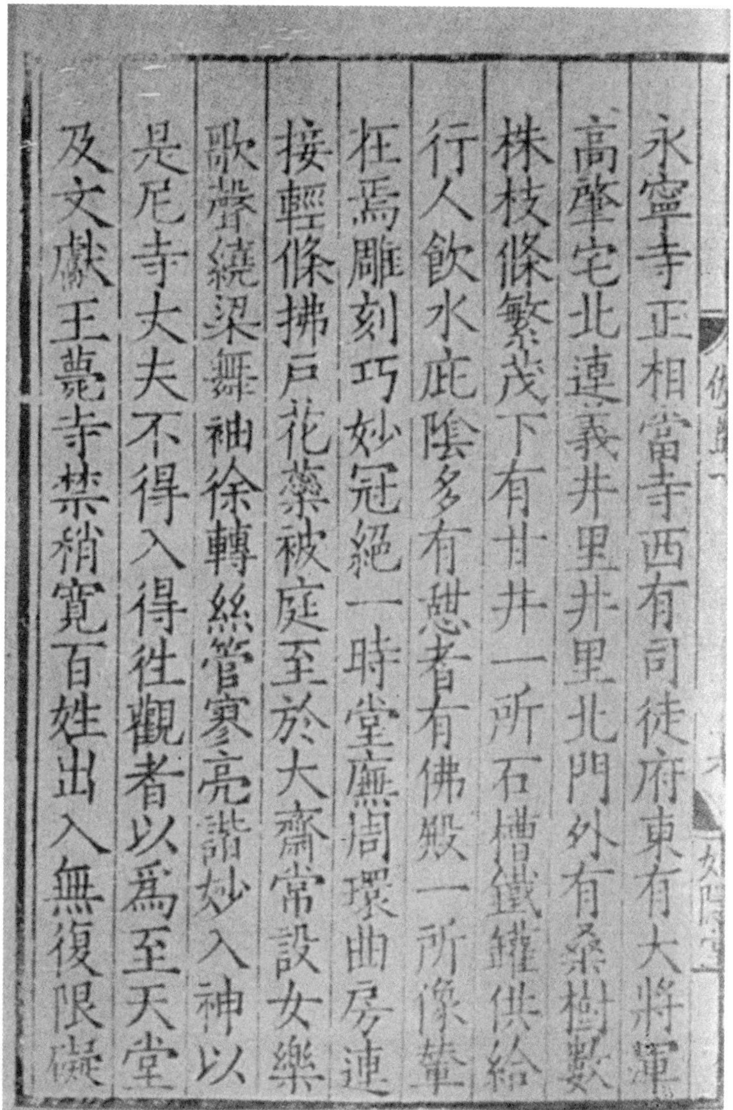

永寧寺正相當寺西有司徒府東有大將軍

高肇宅北連義井里井里北門外有桑樹數

株枝條繁茂下有甘井一所石槽鐵罐供給

行人飲水庇陰多有憩者有佛殿一所像輦

枉焉雕刻巧妙冠絕一時堂廡周環曲房連

接輕條拂戶花藥被庭至於大齋常設女樂

歌聲繞梁舞袖徐轉絲管寥亮諧妙入神以

〔一〕是尼寺大夫不得入得往觀者以爲至天堂

〔二〕及文獻王嬛寺禁稍寬百姓出入無復限礙

圖版二　明如隱堂刻本洛陽伽藍記

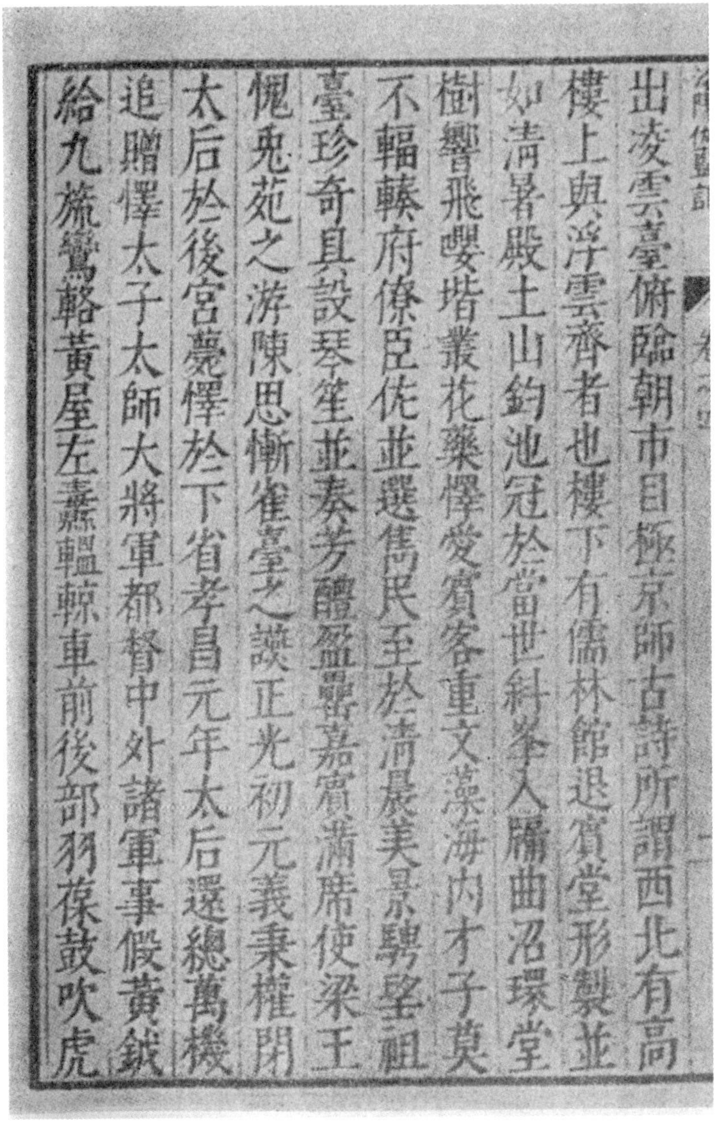

出凌雲臺俯臨朝市目極京師古詩所謂西北有高
樓上與浮雲齊者也樓下有儒林館退賓堂形製並
如清暑殿土山釣池冠於當世科筆人牕曲沼環堂
樹響飛嚶皆叢花藥繹愛賓客重文藻海內才子莫
不輻輳府僚臣佐並選儁民至於清晨美景騁望祖
臺珍奇具設琴笙並奏芳醴盈罍嘉賓滿席使梁王
愧兔苑之游陳思慚雀臺之讌正光初元義秉權閉
太后於後宮甍懌於下省孝昌元年太后還總萬機
追贈懌太子太師大將軍都督中外諸軍事假黃鉞
給九旒鸞輅黃屋左纛輼輬車前後部羽葆鼓吹虎

圖版三　明吳琯刻古今逸史本洛陽伽藍記

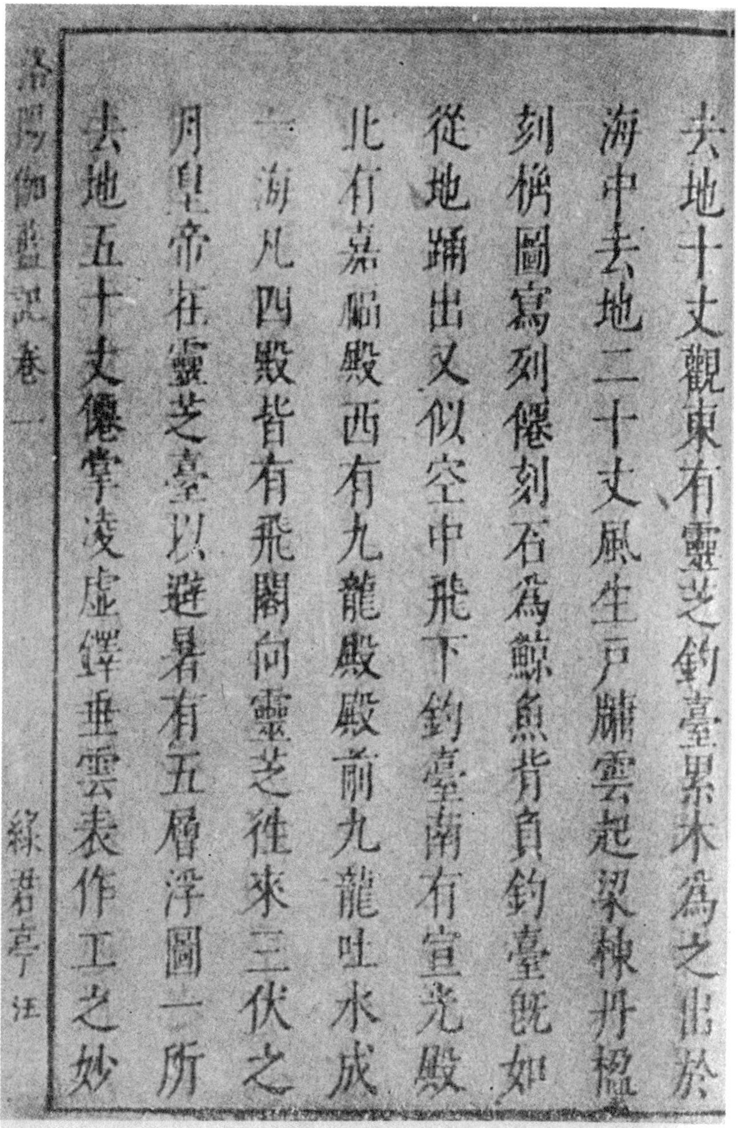
去地十丈觀東有靈芝釣臺累木爲之出於
海中去地二十丈風生戶牖雲起梁棟丹楹
刻桷圖寫列僊刻石爲鯨魚背負釣臺既如
從地踊出又似空中飛下釣臺南有宣光殿
北有嘉福殿西有九龍殿殿前九龍吐水成
一海凡四殿皆有飛閣向靈芝往來三伏之
月皇帝在靈芝臺以避暑有五層浮圖一所
去地五十丈僊掌凌虛鐸垂雲表作工之妙
洛陽伽藍記卷一　綠君亭　汪

圖版四　明毛晉刻津逮秘書本洛陽伽藍記

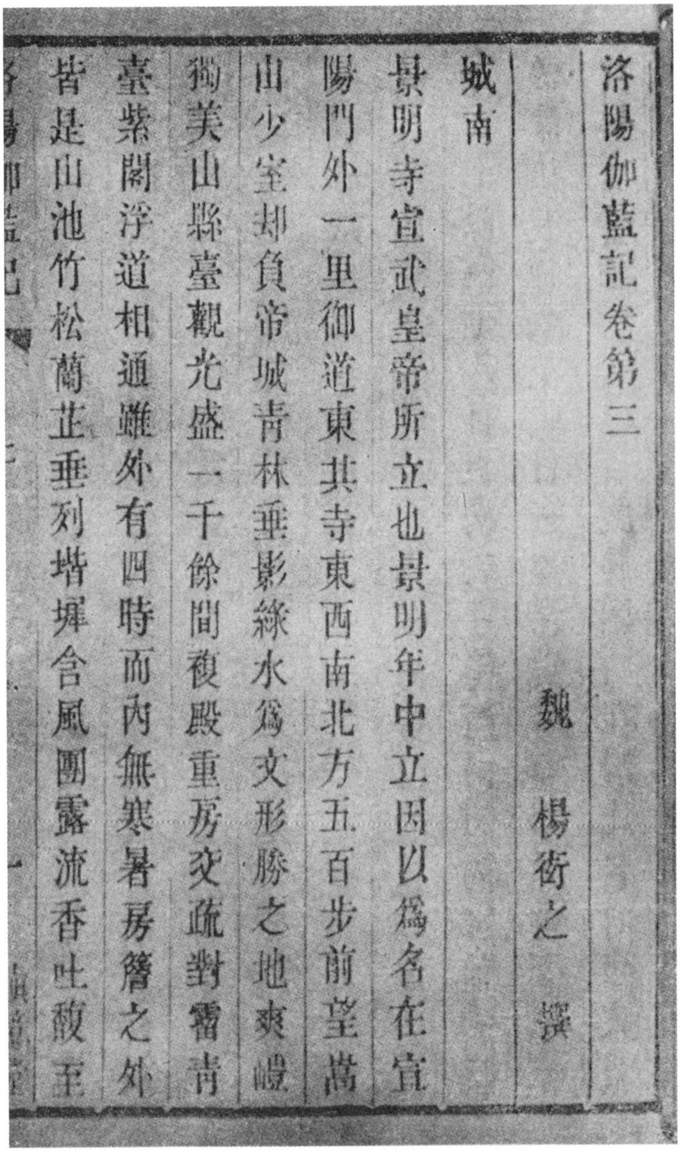

魏　楊衒之　撰

城南

景明寺宣武皇帝所立也景明年中立因以爲名在宣
陽門外一里御道東其寺東西南北方五百步前望嵩
山少室却負帝城青林垂影綠水爲文形勝之地爽塏
獨美山縣臺觀光盛一千餘間複殿重房交疏對霤青
臺紫閣浮道相通雖外有四時而內無寒暑房簷之外
皆是山池竹松蔰芷垂列堦墀含風團露流香吐馥至

圖版五　清吳志忠刻真意堂叢書本洛陽伽藍記

圖版六　北魏元天穆墓誌

圖版七　北魏正光六年(525)造彌勒下生石像臺座上
帝王供養浮雕(帝王著王冠,侍臣頭上總髮作雙髻)

圖版八　雲岡石窟造像（一佛二菩薩）

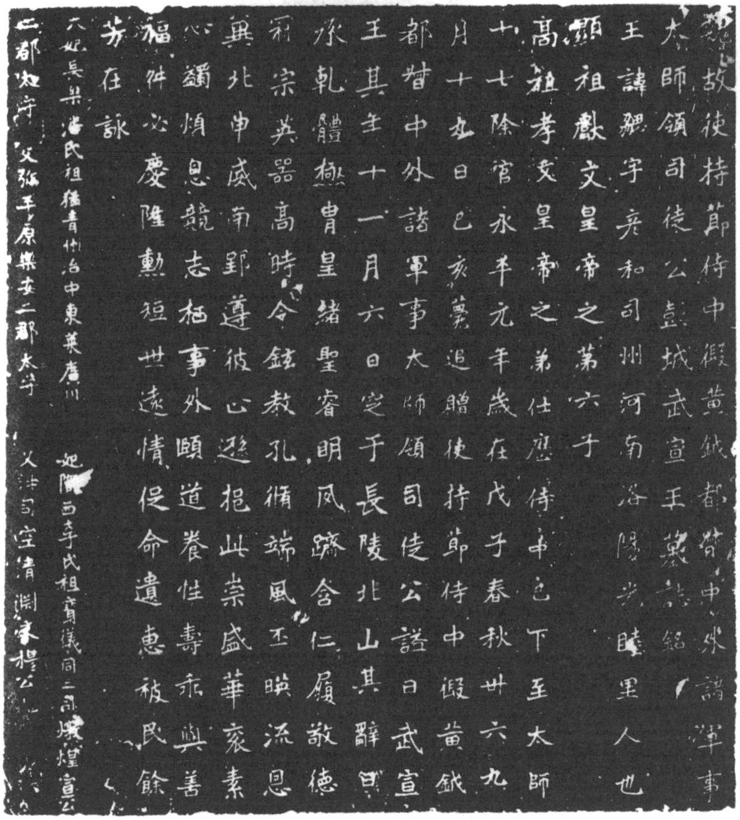

魏故使持節侍中假黃鉞都督中外諸軍事
太師領司徒公彭城武宣王墓誌銘
王諱勰字彥和司州河南洛陽光睦里人也
顯祖獻文皇帝之第六子
高祖孝文皇帝之弟仕歷侍中已下至太師
十七除官永平元年歲在戊子春秋卅六九
月十九日己亥薨追贈使持節侍中假黃鉞
都督中外諸軍事太師領司徒公謚曰武宣
王其年十一月六日窆于長陵北山其辭曰
承乾體極胄皇緒聖睿明夙躋含仁履敬德
冠宗英器高時令鉉教孔脩端風丕暎流息
冀北申威南郢遵彼心遊挹山崇盛華衮素
心鏡煩息競志栖事外頤道養性壽乖與善
福仵必慶隆勳短世遠情促命遺惠被民餘
芳在詠
妃長樂潘氏祖猛青州治中東萊廣川二郡太守父弥平原樂安二郡太守
妃隴西李氏祖寶儀同三司燉煌宣公父沖司空清淵文穆公

圖版九　北魏彭城王元勰墓誌

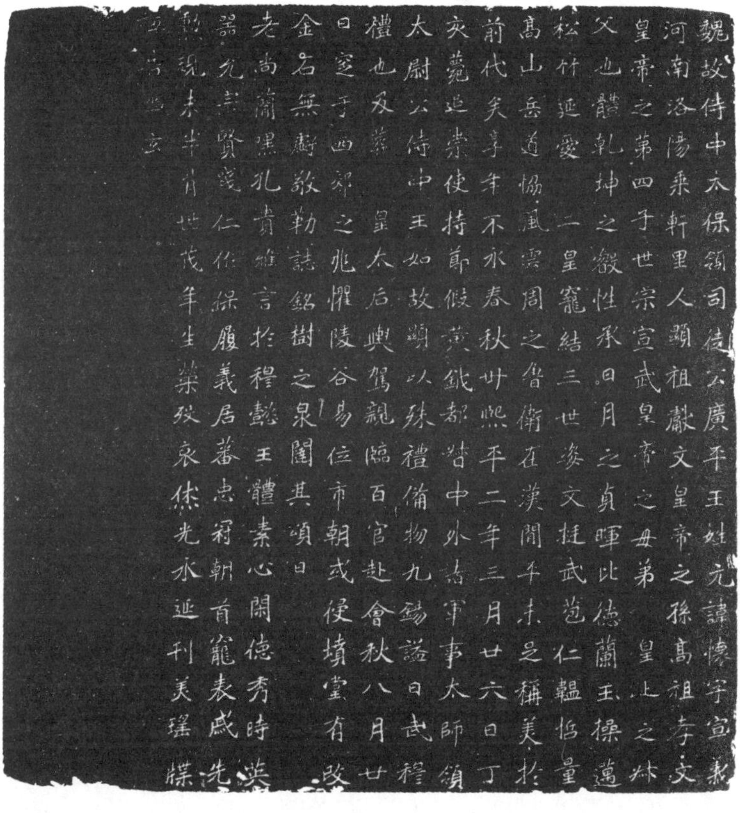

魏故侍中太保領司徒公廣平王諱懷字宣義

河南洛陽柔軒里人顯祖獻文皇帝之孫高祖之弟

皇帝之第四子世宗宣武皇帝之母弟皇上之叔

父也稟乾坤之毓性承日月之貞暉比德蘭玉操邁

松竹延愛二星寵結三世姿文挺武苞仁韞量

高山岳道協風雲同之昌都衛在漢開平是稱美於

前代矢享年不永春秋廿八熙平二年三月廿六日丁

夾蔑延崇使持節假黃鉞都督中外諸軍事太師領

太尉公侍中王如故薨於瑩以殊禮備物九錫諡曰武

也及四郊之兆惺星太后興駕親臨市朝或使墳堂有改

窆于無虧敬勒誌銘樹之泉閭其頌曰

金名蘭黑青雅言於程鬱王體素心閭德秀時英

老尚簡孔青難言作保順義居蕃点祠朝首寵表感選英

器業未半青世茂年生榮殁泉徒光水延刊美瑾牒

圖版一〇　北魏廣平王元懷墓誌

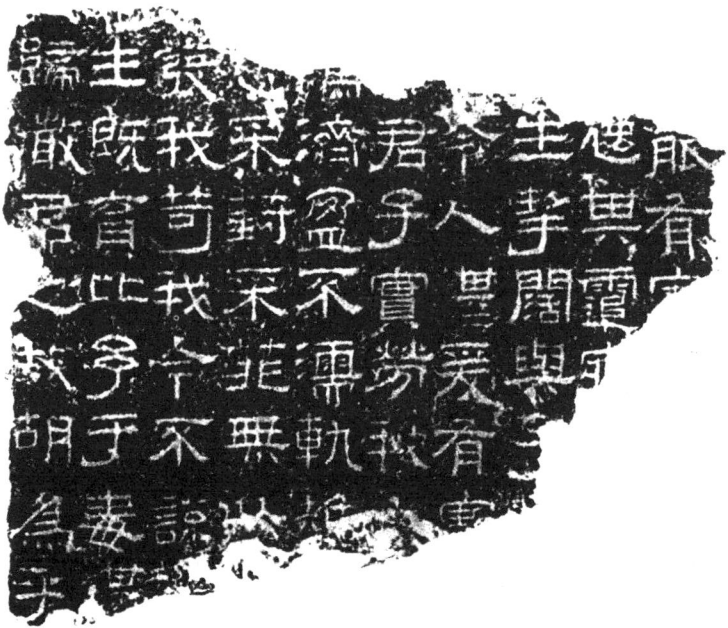

圖版一一　漢熹平石經(詩經)

圖版一二　漢熹平石經(公羊春秋經)

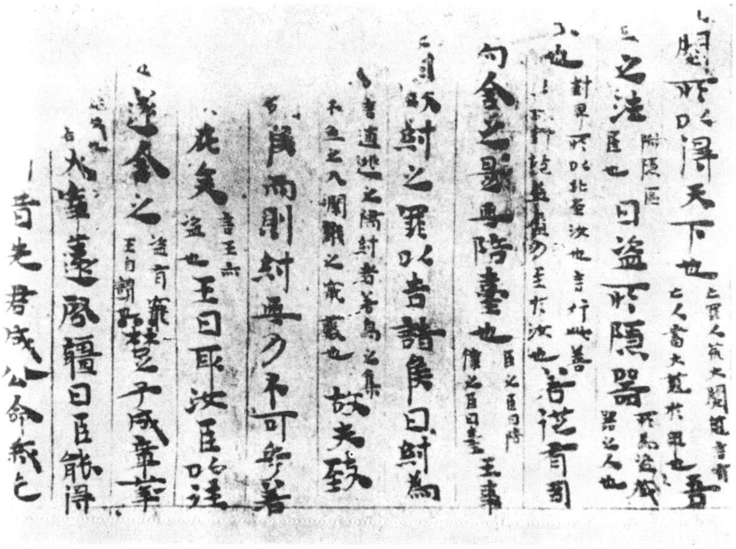

圖版一三　六朝寫本左傳服虔注(昭公七年)

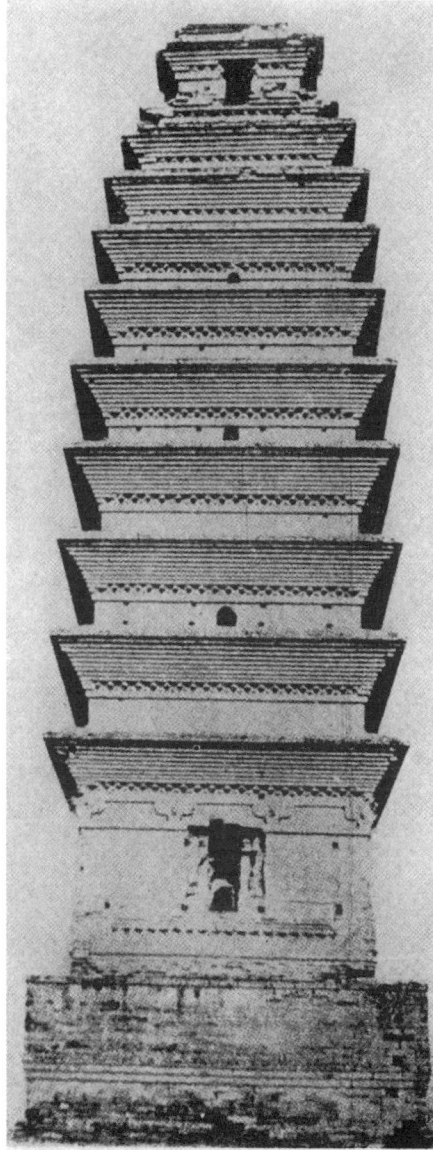

圖版一四　漢魏洛陽故城城西白馬寺塔

圖版一五　白馬寺元代塑像(閻文儒先生攝)

圖版一六　釋迦佛在鹿野苑說法造像
（鹿野苑出土古代雕刻）

圖版一七　濕婆仙

（雲岡石窟第四窟佛籟洞門口所刻，下爲金剛力士）

圖版一八　龍門賓陽洞北魏造像

（宣武帝時造）

《周祖謨文集》出版説明

周祖謨(1914—1995),字燕孫,北京人,我國傑出的語言學家,卓越的文獻學家、教育家。原北京大學中文系教授。歷任普通話審音委員會委員、中國語言學會常務理事、中國音韻學研究會名譽會長、北京市語言學會副會長等職。

周祖謨先生一生致力於漢語史與古文獻研究,出版學術著作十餘種,發表論文二百餘篇,涉及音韻、文字、訓詁、詞彙、方言、語法、詞典編纂、版本、目録、校勘、敦煌學、文學、史學等多個領域,而尤孜孜於傳統語言文字學典籍的校勘。作爲 20 世紀人文領域的一位大家,周祖謨先生根植傳統、精耕細作,對中國語言學的發展與進步產生了深遠的影響。

周祖謨文集共分九卷,涵蓋周祖謨先生論文結集、古籍整理成果及學術專著等。所收文集、專著保持周祖謨先生生前編訂成書的原貌,其他散篇論文新編爲問學集續編。收録論著均參考不同時期的版本細心校訂、核查引文,古籍整理成果後附索引,以便讀者使用。

周祖謨文集的出版工作得到了周祖謨先生家屬及社會各界人士的幫助和支持,在此謹致以誠摯的謝意。

中華書局編輯部

2020 年 12 月

本卷出版説明

本卷收入周祖謨先生的古籍整理成果洛陽伽藍記校釋。

洛陽伽藍記爲北魏楊衒之所著，以佛寺爲經，以相關史實、人物等爲緯，真實描繪了北魏時期洛陽城的社會風貌與歷史變遷，深具歷史與文學價值。

周祖謨先生於 1944 年起着手校勘洛陽伽藍記，後又增加注釋工作，幾經增删，歷十二載始成。經過周祖謨先生的整理，原書正文與子注之體例得以恢復，眉目清楚，史料豐富，被黄永年先生稱爲古籍注釋的標準著作。

1958 年，此書由科學出版社出版；1963 年，中華書局出版修訂本；2004年，上海書店出版增訂本。

2010 年，中華書局修訂再版，書前加入周祖謨先生之子周士琦先生所撰前言，書後附録周祖謨先生所撰漫談校注洛陽伽藍記的經過、北魏的佛教與政治兩篇文章，以及周祖謨先生自傳。

本次收入《周祖謨文集》，我們以中華書局 2010 年再版本爲底本，修正了部分文字錯誤，重新核對了書中引文，並統一了體例。原附録中北魏的佛教與政治與周先生自傳已收入本文集第二卷，此處不再收録；增録洛陽伽藍記校釋叙例一文。

中華書局編輯部

2020 年 12 月

目　録

洛陽伽藍記卷三　城南

附　錄

地　圖

一　北魏洛陽伽藍圖

二　宋雲使西域行程圖

前　言

北魏時期楊衒之所著洛陽伽藍記在歷史、地理、佛教、中西交通、文學等方面都具有很高的價值，是一部名著。這“伽藍”一詞是梵文 samghârāma 的音譯的略稱，意爲僧院、佛寺，因爲本書以記載洛陽的佛寺爲主，故名洛陽伽藍記。

作者楊衒之於史無傳，以本書聞名於世。唐釋道宣廣弘明集卷六王臣滯惑篇略載其人其事，楊氏乃北平（今河北遵化）人，生卒年不詳，北魏末年至東魏在世，曾官奉朝請、期城郡太守、撫軍府司馬、秘書監等。

在北魏時期佛教十分盛行，鮮卑族統治者對於宏揚佛法不遺餘力，大肆營造佛寺，歲無虛日，耗費了大量的人力、物力，弄得民不聊生，嚴重阻礙了社會的發展。文成帝在平城就曾經鑿山建佛窟五所，即今日世界聞名的雲崗石窟。到了孝文帝遷都洛陽以後，更是大規模興建佛寺，使得洛陽的佛寺從西晉末年的四十二所，劇增到一千多所，其發展的速度十分驚人。當時的洛陽城“招提櫛比，寶塔駢羅”，輝煌壯麗，無與倫比。楊衒之在東魏孝靜帝武定五年（547 年）重過洛陽時，眼見往日繁華，蕩然無存，寺廟丘墟，滿目荆棘，不禁感慨系之，有麥秀之感，黍離之悲。他曾“見寺宇壯麗，損費金碧，王公相競侵漁百姓，乃撰洛陽伽藍記，言不恤衆庶也”。此乃楊氏撰寫本書之宗旨。

本書是以地理著作的面貌出現的，它記述了洛陽的幾十座有名的大寺廟，按城内及城外的東、西、南、北爲序。本書以寺廟爲經，而以有關的史實、人物、傳說、物産等爲緯，描繪出一幅北魏時期洛陽城絢麗多彩的歷史畫卷。

　　本書作爲一部地理著作,對於洛陽佛寺的記載多係實録,頗具史料價值,且與今日之考古發掘結果相吻合,足見其可信度之高。現舉一例,以見一斑。書中所記的"永寧寺"乃北魏孝明帝熙平元年(516 年)靈太后胡氏所建造。在寺内有一座九層的木塔,楊衒之曾親自登臨,對此塔之高頗有體會,書中説:"衒之嘗與河南尹胡孝世共登之,下臨雲雨,信哉不虚。"書中對此塔的位置、構造等有詳細的記載:"永寧寺,熙平元年靈太后胡氏所立也,在宫前闡闔門南一里御道西。中有九層浮圖一所,架木爲之,舉高九十丈,上有金刹,復高十丈,合去地一千尺,去京師百里,已遥見之。"並記載了塔上有容量二十五斛的金寶瓶、十一層的承露金盤、一百三十個金鐸、五千四百枚金鈴等等。近年來中國社會科學院的考古所曾經對該寺的塔址進行過發掘,證明這座木塔的規模宏大,它的基座的長和寬各約百米,臺基上有排列得十分整齊的方形礎石一百二十四個,在木塔的中部現存高三點六米的方形土坯塔心,據推測塔高約爲一百四十七米。在木塔的基址中還發現了一千五百多件彩色泥塑,有菩薩、飛天及貴族、武士、男僕、女侍等造像。通過本書的記載我們可以窺見當年永寧寺木塔的雄姿,實屬難能可貴。

　　本書從多個側面反映了北魏時期洛陽的情況。如北魏王朝統治者内部互相傾軋的情況,在尒朱榮之亂時,尒朱榮率兵進入洛陽後大肆劫掠、屠戮,"王公卿士及諸朝臣死者二千餘人",可謂殺人如麻。又如王公貴族窮奢極侈,罕有其匹,高陽王元雍"嗜口味,厚自奉養,一食必以數萬錢爲限,海陸珍羞,方丈於前"。河間王元琛自誇豪富,竟然大言不慚,以"不恨我不見石崇,恨石崇不見我"爲憾。又如洛陽的手工業和商業十分發達,"市東有通商、達貨二里。里内之人盡皆工巧屠販爲生,資財巨萬"。又如釀酒業十分發達,工藝水平極高,劉白墮善釀美酒,飲後可醉月餘,有人載酒遠行,路遇强盜,强盜飲後酒醉,俱被擒獲,當時遂有"不畏張弓拔刀,唯畏白墮春醪"之語。又如文人學士出口成章,應對如流,荀子文爲了回擊李才對他的譏諷,信口答道:"國陽勝地,卿何怪也? 若論川潤,伊、洛崢嶸。語其舊事,靈臺石經。招提之美，報德、景明。當世富貴，高陽、廣平。四方風俗，萬國千城。若論人物，有我無卿。"如數家珍，令人絶倒。又如音樂水準極高，徐月華"善彈箜篌，能爲明妃出塞之歌，聞者莫不動容"。一曲昭君出塞，能有如此强烈的感染力，確實不同凡響。又如園藝栽培技術很高，從西域輸入中土的植物長勢良好，果實累累，白馬寺種植的安石榴個大味甜，一個石榴重達七斤，價值不菲，至有"白馬甜榴，一實直牛"的俗諺。至於本書卷五的有關宋雲、惠生出使西域的詳細記載，則是研究中西交通史、佛教史的寶貴史料。凡此種種，不一而足，可補正史之闕。本書的語言雋永，叙事簡潔，詞藻華麗，寫景狀物，極爲傳神，也是一部頗有價值的文學著作。

洛陽伽藍記原書分爲"正文"和"子注"，此乃古人撰書的一種體例，爲了主次分明，條理清楚，在正文之外，自己又加上子注，二者相輔相成，始成完璧。可是本書傳世之本已不再分列正文和子注，而是一概連寫，使人難以分清何者爲正文，何者爲子注了。先父周祖謨先生將正文、子注二者逐一分開，恢復其原貌。區分的原則是原書記載佛寺的文字係正文，原書有關官署、人物、故事的文字以及楊衒之本人的按語均係子注。如此一分，眉目清楚，涇渭分明，頗便觀覽。

本書的傳世版本甚多，如明如隱堂本、明吴琯古今逸史本、明毛晉汲古閣津逮秘書本、清乾隆王謨輯校漢魏叢書本、清嘉慶張海鵬學津討原本、清嘉慶吴志忠真意堂叢書本、清道光吴若準洛陽伽藍記集證本等。周先生以如隱堂本爲底本，參校古今逸史本，其它各本則擇善而從，成爲目前最佳的精校本。

洛陽伽藍記一書涉及到地理、歷史、人物、典故、名物、佛教等諸多方面，周先生均加以注釋，尤其是有關地理、史實、佛教等方面更爲詳盡，可以使讀者閱讀本書時，省卻不少翻檢之勞，尤其是有些資料較爲少見。書中並附有插圖十八幅，讀者可以從中窺見有關的版本、墓誌、造像、建築等等。另有周先生所繪圖兩幅：一爲北魏洛陽伽藍圖，當時洛陽佛寺之位置歷歷如在目前,讀者可以按圖索驥。一爲宋雲使西域行程圖,足資閱讀本書卷五有關宋雲西行章節時的參考。書名題簽乃周先生手筆。

先父周祖謨先生,北京人,生於 1914 年 11 月 19 日,卒於 1995 年 1 月 14 日,是我國著名的語言文字學家,生前爲北京大學中國語言文學系教授,博士生導師。擅長文字、音韻、訓詁、校勘之學,工詩詞,善書法,著作等身,在學術界久享盛名。

周祖謨先生長於古籍的整理和校勘,頗有成就,這因爲他既承受清代乾嘉考證之學,又汲取了現代學者有關語言文史各方面的專門之學,融會貫通,所以識見通達,成績斐然。他在弱冠之年即開始校勘説文解字,清代流傳的説文解字版本較多,他匯集各本進行比勘,得知平津館本所據宋刻本訛誤最少,遂寫爲校記,辨正是非,載文於國學季刊。傳世的廣韻一書訛誤較多,全書有二十餘萬字,校勘起來頗爲繁難,他匯集廣韻的二十幾種刻本、殘卷,逐一對校,刊定紕繆,終成廣韻校本一書,乃傳世之作。另外,他還對三部訓詁書方言、爾雅、釋名進行校勘,寫成方言校箋、爾雅校箋、釋名校箋三書,爲今人閱讀古書、研究文字訓詁提供了最佳的本子。他認爲"校勘的知識,對利用古書的人是必要的,對從事整理古書的人尤爲切要"。他説:"校勘古書所需要的知識是相當廣泛的。一方面要有關於古書的書籍知識,如古書的體制,古書的傳寫,古書的版刻,以及有關書籍目録的知識;另一方面要有文字、音韻、訓詁的基本知識,包括文字的假借,字體的流變,古今聲韻的通轉,詞義的引申等等。除此之外,對古代的歷史文化、典章制度之類也要有所瞭解,並能運用不同種類的工具書,以解決書本上所出現的問題。然而各門學科又各有其專門知識,校某一類書,就要有某方面的專門知識,自不待言。"這是極爲中肯的話。他個人校勘古書的特色在於:一是能以自己的智慧和學識定版本上相傳的謬誤,二是善於運用前人所未用或不曾見的材料而有新的創獲,因此爲國內外學者所重視。

洛陽伽藍記校釋一書始刊於 1958 年 6 月,由科學出版社出版;1963 年

5 月由北京中華書局出版修訂本;1976 年 6 月香港中華書局曾出版翻印本;1987 年 10 月北京中華書局重印第二次增訂本;2000 年 4 月上海書店出版新的增訂本。本書出版以後,頗獲學術界好評,多次重印,現絶版已久,需索者甚衆,故重訂付梓,以饗讀者。

本次重版,除訂正訛誤外,並新增如下内容:

一、在書前加入本人所寫的前言,略述本書之情況及周先生在校勘學方面的成就。

二、在附録二中刊出兩篇文章,以便讀者對本書及時代背景有進一步的瞭解。一篇是周先生所寫的漫談校注洛陽伽藍記的經過,原載 1988 年 1 期書品。另一篇是周先生所寫的北魏的佛教與政治,原載周祖謨語言文史論集。

三、在附録三中收入周先生 1988 年 8 月所寫的自傳。

今蒙中華書局鼎力支持,慨允重版本書,嘉惠士林,謹表謝意。

周士琦 2009 年 5 月 19 日於北京

序

　　洛陽伽藍記爲北魏時流傳至今的一部名著，雖然以記洛陽的佛寺爲題，可是實際上所着重記述的是當時的政治、人物、風俗、地理以及傳聞的故事等等。因此這部書不僅使我們瞭解到北魏洛陽都城的建制、佛寺的建築和歷史的古跡，同時使我們知道了許多的歷史事實。如所述宣武帝以後朝廷的變亂，諸王的廢立，權臣的專橫，閹宦的恣肆，以及文人學者的事跡，四方人物的往來，佛教在民間的影響，外國沙門的活動等，其中有些可以與魏書、北史相證，有些可以補正史之闕略。尤其是卷五所載宋雲、惠生使西域一節，與晉法顯行傳及唐玄奘大唐西域記同爲研究古代中亞地理歷史及中外文化交流史的極寶貴的史料。所以這部書的價值很高。作者楊衒之不但熟悉當時的掌故，而且長於著述，敍事簡括，文筆儁秀，足與酈道元水經注媲美。既是地理書，又是一部史書，並且是一部極好的文學著作。

　　楊衒之，史書無傳，其事跡略見於唐釋道宣廣弘明集卷六王臣滯惑篇。道宣稱衒之爲北平人，元魏末爲祕書監，“見寺宇壯麗，損費金碧，王公相競侵漁百姓，乃撰洛陽伽藍記，言不恤衆庶也”。這幾句話已經把作者著書的要旨指出來了。例如書中譏刺胡太后立永寧寺之營建過度，諷刺王公窮奢極欲，貪歛無已；官吏曲理枉法，劫奪民財，以造僧寺；以及揭舉沙門之講經造像，欲得他人之財物等；都充分地表現出作者對當時統治者與僧徒之所爲深切不滿。北魏是佛法極盛行的時期，而僧尼佛寺之猥濫亦爲前所未有。魏書釋老志說：在正光以後，僧尼有二百萬之多，佛寺有三萬餘所。其蕪雜冗濫可知。單以洛陽城內外而論，就有寺一千三百六十七所，侵佔民居達三分之一以上,而營建之時所耗的人力物力更是難以計算了。北魏政治的腐敗已達到極點。到孝靜帝爲高歡所迫遷都於鄴以後,洛陽這些寺宇大半爲兵火所毁。衒之於武定五年(547)重經洛陽時,不禁有黍離、麥秀之感,因此藉記伽藍以陳述史實。其中除了一部分近似小説以寓其諷刺者外,大部分都是真實的記録。所以前代的歷史家(如司馬光、胡三省)對這部書都很重視。

　　這部書傳流至今已經有一千四百多年了,但始終缺乏一個善本。現在流行的幾種刻本都有錯字脱文,必須參校各本才能讀得下來。根據劉知幾史通所説,我們知道原書本有正文、子注之分,現在的刻本都連寫在一起,不貫通全書文例,很不容易分辨。前人在校勘和分析正文與子注方面已經做了不少的工作,可是除利用法苑珠林、太平御覽、太平廣記幾種資料以外,還有許多極重要的材料未能利用。如歷代三寶記、續高僧傳、大唐内典録、西陽雜俎、紺珠集、類説、元河南志以及永樂大典等皆是。在分析正文子注一方面,前人又把正文分得過於簡略,與唐韋述兩京新記相似,恐怕也與原書體例不盡相合。因此寫成這一本校釋,除校勘和分析正文與子注的工作之外,又做了必要的注釋,這樣讀起來就方便得多了。

　　此書草創於1944年5月,最初只着重於校勘,後來因爲卷五宋雲行記的材料不易讀得懂,才着手作注。授課之暇,時作時輟,直到現在方寫成全書,前前後後,將近十二年了。十二年不爲不長,然成就之微薄如此,令人慚愧。在進行校勘注釋當中,還得到許多位先生的幫助,永樂大典的資料就是趙萬里先生告訴我的;稿中涉及梵文處又曾經得到季羨林先生和印度教授師覺月先生(Prof. P. C. Bagchi)的指教,有些一時找不到的參考書和難得的照片又蒙朋友們惠借,使作者於艱辛的歲月中所草創的一本書,得以最後寫成,這是作者所深深感謝的。這本書原稿已經增訂删改過三次,其中遺闕不備的地方還很多,希望得到讀者的指正。

　　　　　　　　　　周祖謨　1956年1月於北京大學

叙　例

一、洛陽伽藍記之刻本至多，有明刻本及清刻本。明刻本主要有三種：一、如隱堂本，二、吳琯所刻古今逸史本，三、毛氏汲古閣所刻津逮秘書本。如隱堂本不知何人所雕，板刻似出於嘉靖間；趙萬里先生謂："此書蓋爲長洲人陸采所刻。范氏天一閣藏書中有采所著天池山人小藁，内有如隱草堂之名，此伽藍記之板刻字樣正類蘇州刻本，故疑爲陸采所雕。"案"如隱草堂"四字見小藁壬辰藁卷末。采爲嘉靖進士陸粲之弟，從都穆學古文詞，於文喜六代，爲諸生，累試不第。詳馮桂芬蘇州府志卷八十六。逸史本則爲萬曆間所刻也。二者來源不同，文字有異。津逮本刊於崇禎間，據毛斧季言，原從如隱堂本出，而有改竄。蓋據逸史本校改者。至於清代刻本，則有四種：一、乾隆間王謨輯校之漢魏叢書本，二、嘉慶間張海鵬所刊學津討原本，三、嘉慶吳志忠真意堂叢書活字本，四、道光吳若準洛陽伽藍記集證本。考漢魏本乃出自逸史本，學津本即據津逮本翻雕，而小有更易。真意堂本，則又參取津逮、漢魏兩本以成者。至於吳氏集證本，雖云出自如隱，然亦略有删改。凡別本有異者，均於集證中詳之。綜是而言，伽藍記之傳本雖多，惟如隱堂本及古今逸史本爲古。後此傳刻伽藍記者，皆不出此兩本。故二者殆爲後日一切刻本之祖本也。校伽藍記，自當以此二者爲主。如振裘挈領，餘皆怡然理順。苟侈陳衆本，而不得其要，則覽者瞀亂，勞而少功矣。

二、如隱堂本，今日易見者，爲董康及四部叢刊三編影印本。至於原刊本，殊不易覯。北京大學圖書館所藏李木齋書中有之，無清人藏書印記。余所據者爲董本。昔毛斧季云："如隱堂本内多缺字。第二卷中脱三紙，好事者傳寫補入,人各不同。"案董本卷二闕四、九、十八三板,與毛氏所言一致。董云:"從吳氏真意堂本補此三葉。"案真意堂本第九葉"受業沙門亦有千數"下,有"趙逸云暉文里是晉馬道里"十一字,董本此語乃在前"高門洞開"下,津逮本同,由是可知董本所補者,亦非盡據真意堂本也。而四部叢刊及李氏舊藏之原刻本亦闕此三葉,其所鈔補,又均與董本無異,如出一轍,殊不可解。

三、明永樂大典中有引及伽藍記者,見於卷七三二八陽韻郎字下者一條,卷一三八二二至一三八二四真韻寺字下者三十三條,合之約當楊書五分之三。可謂富矣!案大典雖爲明人所修,而所取之書,殆皆宋元相傳之舊本。然則其中所引,不啻爲明以前之一古本也。又繆荃孫所刻之元河南志,其卷三所記後魏城闕市里之文,一望而知出於伽藍記。繆謂原書蓋襲宋敏求之舊志。宋敏求書見宋史藝文志,凡二十卷。果爾,則所録者又爲北宋本矣。此二者前人均未道及,故特表而出之,使覽者知校勘伽藍記,除採取諸刻本外,尚有此重要之資據在焉。觀其内容,河南志之文最古,大典所引多與逸史本相同。由是益可知逸史本與如隱本不同,自有其來源。

四、伽藍記之有校本,自吳氏集證始。然簡略且有譌謬,未爲精善。近乃有二校本:一爲大正藏卷五十一所收之校本,原書據如隱本排印,而參校衆本,列其異同於下。惟不及古今逸史本及真意堂本。一爲張宗祥先生之合校本。此書不以一本爲主,但合校各本,擇其長者而取之。凡有異同,皆備記其下,而不加斷語,足以見其審慎。然撮録之時頗有譌奪。如卷一"胡統寺"條脱"其資養緇流從無比也"九字。今之校本,以如隱堂本爲主,而參用古今逸史本,校其同異,定其是非。凡義可兩通者,注曰"逸史本作某"。逸史本誤,概從如隱本。如隱本誤字較多,皆取逸史本校正。原書俱在,可覆案也。至於津逮、漢魏以下各本,亦均在校讎之列。如有可採,必擇善而從。若津逮同於如隱本,漢魏同於逸史本,正其淵源所自,不復言之,以免殽亂。斯所謂振裘挈領也。若津逮不同於如隱,學津又不同於津逮,蓋據逸史本或漢魏本而改,故亦不備舉。或出一二,以見其源流而已。夫校書之事,最忌臆斷,苟有真知灼見,又不可全無是非。今所校改,皆舉其證。間有依文例或上下文意而確知有脱誤者,則以意訂正,並陳明其故,惟學者斟酌之。凡依文例增加之字,字外均以〔〕爲識。

五、唐劉知幾史通補注篇云:"亦有躬爲史臣,手自刊補,雖志存賅博,而才闕倫叙,除煩則意有所恡,畢載則言有所妨,遂乃定彼榛楛,列爲子注。若蕭大圜淮海亂離志、羊衒之洛陽伽藍記、宋孝王關東風俗傳、王邵齊志之類是也。"由是可知衒之原書本有正文子注之分,今本一概連寫,是混注文入於正文,與原書體制不合。此意自顧千里發之。見思適齋集卷十四洛陽伽藍記跋。爾後吳若準爲集證,乃本顧氏之説,畫分段落,子注皆分行書之。然所定正文太簡,注文過繁,恐非楊書之舊。吳氏之後,唐晏爲洛陽伽藍記鉤沉,復重爲分畫,以視吳本,眉目稍清,然猶有界域不明者。以予考之,此書凡記伽藍者爲正文,涉及官署者爲注文。其所載時人之事跡與民間故事,及有衒之案語者,亦爲注文。唐晏鉤沉以有衒之案語者爲注中之注,古本不可得見,今皆列爲子注,不復分別。如卷一"永寧寺"條,開元釋教録引之,而不録常景之傳記及"衒之嘗與河南尹胡孝世"云云數語,是其明證。循此以求,條理不紊。其卷五記"宋雲西行求法"一節所載道榮傳云云,亦均爲子注。考法苑珠林卷三十八引"雀離浮圖"一節,全不引道榮傳語,即其證也。陳寅恪先生謂此即本於魏晉南北朝僧徒合本子注之例,誠不可易。見讀洛陽伽藍記書後。今就以上所舉例證,重爲畫分,雖未必能還楊書之舊觀,但藉此以明楊書之體例,並使上下文句條貫統序,亦未始無用也。今書中子注皆分行低格書寫,校注則作小字①。原書一條之内,所記非一事者,則又爲之畫分段落,以便觀覽。

六、伽藍記一書内容包括至廣,唐晏鉤沉雖有注釋,但僅援據魏書、北史略記

---

① 今爲使周先生校注文字更爲明晰,改正文、子注爲粗體,周先生校注爲細體,不再排以小字。

書中人物之大概，其他則不復措意。今之所注，牽涉較廣。關於歷史事實及人物事跡，則取證史書，陳其同異。史傳所不詳，則參照碑誌，發其幽隱。關於地理，則參校水經注及前代地理載記，凡能與本書相發者，悉載於篇，以資參證。宋雲西行所經之處，則據正史之西域傳及法顯行傳、玄奘西域記等書説明古代中亞各國之地理山川、物産風習。關於佛書故事，則採諸經論，述其原委。至於翻譯之名稱，則兼注梵音，陳其義訓。其他若文藻典故、名物制度之類，亦隨文釋之，不以其瑣屑而失之也。

七、北魏之建都洛陽，即因漢魏洛陽故城之舊而興建，宮闕坊里或有改變，而城之大小仍舊。據晉人書籍所稱，南北長約九里，東西長約六里。吳若準集證所附洛陽圖，南北窄而東西長，與載記及舊城基址不合。今據閻文儒先生實測故城城基之大小比例重繪一圖，其城闕、宮殿、坊里、溝渠、橋梁以及伽藍之所在，則以本書所述及水經注、魏書所載爲依據，並參照元河南志之漢魏晉洛陽城圖、汪土鐸水經注圖之洛陽城圖定其方位，惟覽者詳其闕焉。

洛陽伽藍記序

魏撫軍府司馬楊衒之撰　逸史本、漢魏
本"魏"字上有"後"字,乃後人所增。

　　案歷代三寶記卷九云:"洛陽地伽藍記五卷,期城郡太守楊衒之
撰。"大唐内典録卷四亦作"期城郡守"。又續高僧傳卷一菩提流支傳
云:"期城郡守楊衒之撰洛陽伽藍記五卷。"法苑珠林卷一百傳記篇雜集
部云:"洛陽地伽藍記一部五卷,元魏鄴都期城郡守楊衒之撰。"並與今
本署銜不同。考楊衒之,魏書、北史無傳,廣弘明集卷六云:"陽衒之,北
平人,元魏末爲秘書監。見寺宇壯麗,損費金碧,王公相競侵漁百姓,乃
撰洛陽伽藍記,言不恤衆庶也。"據是可知衒之爲北平人。其姓書作陽,
又與歷代三寶記等及本書不合。考北朝以文學通顯者皆北平陽氏,如
陽尼、陽固並是。至於楊氏,則未之見。魏書卷七十二陽尼傳云:"尼字
景文,北平無終人。從孫固,字敬安,有三子,長休之,休之弟詮之,字子
衡。"[1]北史卷四十七稱固有五子,長休之,休之弟綝之,次俊之。此皆以
"之"字爲名,頗疑衒之姓陽,且與休之同行輩。復考北齊書卷四十二陽
休之傳云:"休之,字子烈,魏孝莊帝立,解褐員外散騎侍郎。"而本書卷
一云:"永安中莊帝馬射於華林園,衒之時爲奉朝請。"以史稱休之卒於
隋開皇二年,年七十四推之,莊帝永安元年休之釋褐爲員外散騎侍郎,
時年二十一,是時衒之方爲奉朝請,蓋亦初登仕版,年方弱冠者,則其與

---

[1] 注釋中的引文,或爲省略部分内容的節引。文中引號爲閲讀方便而設,不代表文獻原文如此。

休之爲同輩,益可信矣。至如劉知幾史通補注篇作羊衒之者,羊爲泰山
姓氏,望非北平,當爲傳寫之誤。衒之之事跡可考者至少,其仕履可知
者有四:曰奉朝請,曰撫軍府司馬,曰秘書監,曰期城郡太守。故嚴可均
全北齊文楊衒之下云:"魏末爲撫軍府司馬,歷秘書監,出爲期城太守。"
期城郡者,魏孝昌中置,在今河南泌陽縣西北。衒之生卒年不詳。此序
有"至武定五年,歲在丁卯,余因行役,重覽洛陽"之語,是卒於武定五年
以後。而嚴氏稱"齊天保中卒於官",則不知所據矣。又廣弘明集復稱
衒之既撰此記,"後上書述釋教虛誕,有爲徒費,無執戈以衛國,有饑寒
於色養,逃役之流,僕隸之類,避苦就樂,非修道者。又佛言有爲虛妄,
皆是妄想,道人深知佛理,故違虛其罪。啟又廣引財事乞貸,貪積無厭。
又云讀佛經者,尊同帝王,寫佛畫師,全無恭敬。請沙門,等同孔老拜
俗。班之國史,行多浮險者,乞立嚴敕,知其真偽。然後佛法可遵,師徒
無濫;則逃兵之徒,還歸本役,國富兵多,天下幸甚"。此鑒於當時佛教
污穢雜亂,禍國殃民,故發崇有黜邪之論[①]。廣弘明集以其多排斥佛法
之言,故列於王臣滯惑篇。然讀衒之是書者,不可不知其言行也。惜其
全文已佚,不可復觀矣。

三墳五典之説,"説",歷代三寶記卷九引作"記",非。九流百氏之言,"百
氏",各本作"百代",誤,九流百氏指諸子百家而言。今依三寶記及大唐内典録
卷四、續高僧傳卷一菩提流支傳引改。並理在人區,"人",吳若準集證本作
"寰",非。而義兼天外。"兼",内典録、續僧傳作"非"。"外",集證本作
"下"。案衒之此語與後漢書西域傳論"神跡詭異,則理絕人區;感驗明顯,則事
出天外"用字相同。天外者,寰宇之外也。至於一乘二諦之原,"原",三寶記、
内典録並作"源","原、源"字通。水本曰原也。續僧傳作"言",涉上文而
誤。○一乘者,猶言一法也。廣弘明集卷十五沈約佛記序云:"廓不二之法門,
廣一乘之長陌。"乘者,運載爲義。法門名義集云:"能運衆生從因至果,故名爲

---

① 崇有黜邪:疑爲"崇正黜邪"之誤。

乘。”又云：“二諦：一者世諦，亦名俗諦；二者第一義諦，亦名真諦。謂緣法不目，名用萬差，別言顯相，皆是世諦。第一義諦：真妄平等，垢淨不二，凡是無實無相無詮，皆是第一義諦所攝。出世聖人，乃證斯理，最實無比，故言第一義諦。諸佛說法是依二諦，共表一法，不相違反。”又釋神清北山錄卷二真俗符云：“會極捐情之謂真，起微涉動之謂俗。真也者，性空也。俗也者，假有也。”翻譯名義集第五十九篇云：“佛事門中不捨一法，勸臣以忠，勸子以孝，勸國以治，勸家以和，此依俗諦也。真諦彰本寂之理，一性泯然，是非雙泯，能所俱亡，指萬象爲真如，會三乘歸實際，此依真諦也。”三明六通之旨，三寶記、內典錄、續僧傳並作“六通三達之旨”，其義相同。維摩經云：“佛身即法身也，從六通生，從三明生。”法門名義集云：“三明：過去宿命明，未來天眼明，現在漏盡明。”二案漏者①，浸漬於內，放逸失道之義也。又釋六通曰：“一身通，二天眼通，三天耳通，四他心通，五宿命通，六漏盡通。”案通者，離壅無礙之謂也。六通亦名六神通，見翻譯名義集第一篇。三明亦名三達，佛說菩薩本行經卷上云“六通三達成一切智”是也。西域備詳，東土靡記。上言三墳五典之說，諸子百家之言，行於中土；而一乘二諦、三明六通之言，獨發自彼域也。自項日感夢，“項”，各本作“頂”，此依三寶記、內典錄改。滿月流光，陽門飾豪眉之象，“豪”，逸史本作“毫”，三寶記、內典錄同。夜臺圖紺髮之形，夜臺，三寶記、續僧傳同，惟內典錄作“涼臺”。○此述自漢明帝感夢，佛教始至中土也。牟子理惑論云：“昔孝明帝夢見金人，身有日光，飛在殿前，欣然悅之。明日博問群臣，此爲何神？有通人傅毅曰：臣聞天竺有得道者，號曰佛，飛行虛空，身有日光，殆將其神也。於是上寤。遣中郎蔡愔、羽林郎中秦景、博士弟子王遵等十八人於大月支寫佛經四十二章，藏在蘭臺石室第十四間。時於洛陽城西雍門外起佛寺，於其壁畫千乘萬騎繞塔三匝。又於南宮清涼臺及開陽門上作佛像。明帝時豫修造壽陵，曰顯節，亦於其上作佛圖像。時國豐民寧，遠夷慕義，學者由此而滋。”（見弘明集卷一）漢法本內傳亦云“明帝永平三年，上夢神人，金身丈六，項有日光”云

_____

① “二”字疑衍。

云。（見廣弘明集卷一及弘決外典抄卷一引）即其事也。○夜臺，即長夜臺，指明帝之壽陵而言。內典錄作涼臺，則謂清涼臺，義有不同。項日、滿月、毫眉、紺髮皆如來之色相。大善權經云：“白淨王嚴駕白象，往詣阿夷頭，道人披氈相太子，見三十二相，軀體金色，頂有肉髻，其髮紺青，眉間白毫，項出日光。”是也。（瑞應本起經同）滿月，見修行本起經卷上，言佛之顏容，皎潔光淨，如滿月也。魏溫子昇大覺寺碑言佛“顏如滿月，心若盈泉”。（見藝文類聚卷七十七）又唐釋法琳辯正論卷六云：“夫法身等於如如，無方理絕稱謂。化體由乎應物，妙質可涉名言。故有白毫紺睫之輝，果脣花目之麗，萬字千輻之相，日輪月彩之殊。自像法東被，正化南移，夕夢金人，河浮玉馬。清臺之下，覩滿月之容；雍門之外，觀相輪之影。”並與本文相發。**遍來奔競**，“遍”原作“爾”，誤。逸史本作“遍”，與三寶記、內典錄合。**其風遂廣**。釋法琳破邪論卷下云：“及慈雲卷潤，慧日收光，洒夢金人於永平之年，覩舍利於赤烏之歲。於是漢魏齊梁之政，像教勃興；燕秦晉宋已來，名僧間出。”**至於晉室永嘉**，各本作“至晉永嘉”，此依三寶記、內典錄。**唯有寺四十二所**。亦見魏書釋老志。**逮皇魏受圖**，受圖，謂受天命也。後漢書班固傳東都賦“於是聖皇乃握乾符，闡坤珍，披皇圖，稽帝文”，李賢注曰：“乾符坤珍，謂天地符瑞也。皇圖帝文，謂圖緯之文也。”又張衡傳東京賦云：“高祖膺籙受圖，順天行誅。”文選卷二十應貞晉武帝華林園集詩云：“五德更運，膺籙受符。”義同。**光宅嵩洛**，光者，大也。左氏昭公二十八年傳“光有天下”，班固東都賦“光漢京於諸夏”，是也。宅者，居也。嵩，嵩高山也。文選卷十六潘岳懷舊賦李善注引戴延之西征記曰：“嵩高，中丘也。東謂太室，西謂少室，總名嵩高也。”又引河南郡圖經曰：“嵩丘，在縣西南十五里。”**篤信彌繁，法教愈盛**。詳見魏書釋老志。**王侯貴臣，棄象馬如脫屣**；此謂多施與也。往者太子須大拏曾以白象車馬布施他人，見太子須大拏經，故曰棄象馬如脫屣。“屣”，履也。“如脫屣”，言其至爲輕易也。**庶士豪家，捨資財若遺跡**。文選古詩十九首云：“不念攜手好，棄我如遺跡。”**於是招提櫛比**，“招”原作“昭”，誤，別本均作“招”。續僧傳卷十二達摩笈多傳云：“招提者，正音云招闘提奢,此云四方,謂處所爲四方衆僧之所依住也。世依字解:招謂招引,提謂提攜,並浪語也。此乃西言耳。"又釋氏要覽卷上釋招提曰:"增輝記:梵云拓闘提奢(caturdiśya),唐言四方僧物。但筆者訛拓爲招,去闘、奢,留提,故稱招提。即今十方住持寺院也。"案僧史略卷上云:"後魏太武帝始光元年創立伽藍,爲招提之號。"**寶塔駢羅**,釋氏要覽卷下云:"塔,梵語塔婆,此云高顯,今略稱塔也。又梵云蘇偷婆,此云寶塔。又梵云窣堵波,此云墳。"案塔婆者,由巴利文(Pāli)thūpa而來;蘇偷婆、窣堵波者,由梵文 stūpa 而來;皆譯音也。玄應一切經音義卷六引字苑曰:"塔,佛堂也。他合反。"是此字之訓寺塔,自晉葛洪始。寶塔者,以衆寶爲飾者也。駢羅,猶言並列。張衡西京賦曰"夾蓬萊而駢羅"。**爭寫天上之姿,競摹山中之影**,"摹"原作"摸",此依三寶記。"摹、摸"一字,摸爲俗體。別本作"模",非。模者,法也。摹者,摹寫之也。意義有別。圖繢佛像,畫工未施采事,而先規摹之也。自以作摹爲是。○天上之姿,山中之影,皆指如來佛像而言。往者佛至忉利天爲母説法,優填王以旃檀作佛像,爲造像之始。大唐内典録謂漢明帝時從月支得優填王雕像之圖樣,敕圖於開陽城門及壽陵上,爲中國供養佛像之始。案又過去佛嘗於那竭城南山中留影,魏書釋老志云:"太安初有師子國胡沙門五人奉佛像三到京師。"即本佛影摹寫而得,斯即所謂山中之影也。**金刹與靈臺比高**,靈臺,三寶記作"雲臺",誤。案靈臺漢光武所建,升之以望雲物也。水經注穀水條云:"高六丈,方二十步。"文選潘岳閒居賦云:"浮梁黝以徑度,靈臺傑其高峙。"李善曰:"陸機洛陽記:靈臺在洛陽南,去城三里。"○金刹者,旛柱也。此指浮圖而言。法華經卷三授記品"長表金刹",慧琳音義云:"刹,梵云掣多羅,彼土無別旛竿,即於塔覆鉢柱頭懸旛,今云刹者,語聲雖訛,以金爲之,長而有表,故言金刹也。"案古無刹字,徐鉉説文新附字有之,云:"柱也,從刀未詳,殺省聲,初轄切。"玄應一切經音義卷一忉刹條云:"刹音察。"梵言"差多羅"。此譯云"土田"。案"刹"書無此字,即"刹"字略也。刹音初一反,浮圖名刹者,訛也。應言"刺瑟胝"。刺音力割反。此譯云"竿"。人以柱代之,名爲"刹柱",以安佛骨,義同土田,故名"刹"也。以彼西國塔竿頭安舍利故也。季羨林先生云:"刹,梵文爲 yaṣṭi,巴利文爲 laṣṭhi。玄應所云'刺瑟胝’，或爲 laṣṭhi 之對音。”**講殿共阿房等壯。**“講殿”原作“廣殿”，此依三寶記。逸史本、集證本作“宮殿”，非。阿房，殿名，見史記秦始皇本紀，東西五百步，南北五十丈，可以坐萬人，在渭南上林苑中。房音旁。**豈直木衣綈繡，土被朱紫而已哉！**此言當時興建寺舍之窮侈極度也。文選張衡西京賦云：“北闕甲第，當道直啟，程巧致功，期不阤陊。木衣綈錦，土被朱紫。”薛綜曰：“言皆采畫如錦繡之文章也。”李善曰：“説文云：綈，厚繒也。朱紫，二色也。”**暨永熙多難，皇輿遷鄴，諸寺僧尼，亦與時徙。**元魏孝武帝（元修）於永熙三年七月爲斛斯椿所迫，西出於長安。十月孝靜帝（元善見）即位，北遷於鄴。**至武定五年，歲在丁卯，余因行役，重覽洛陽。**三寶記作“至武定元年”（543），無“歲在丁卯”四字。案孝靜帝武定元年二月，北豫州刺史高仲密據虎牢西叛，三月南陽王元寶炬遣其子突與宇文黑獺率衆來援仲密，旋圍河橋南城。齊獻武王高歡乃聲討黑獺，戰於邙山，大破之，豫洛二州始平。見魏書孝靜帝紀。衒之之行役過洛，當在平洛州之後，故有城郭崩毀之語。**城郭崩毀，**“城郭崩毀”，三寶記作“牆宇傾毀”。**宮室傾覆，寺觀灰燼，廟塔丘墟。牆被蒿艾，巷羅荆棘，**三寶記“牆宇傾毀”下作“荆棘成林”，無“宮室”下十八字。**野獸穴於荒階，山鳥巢於庭樹。**“巢”，三寶記作“聚”。**游兒牧豎，躑躅於九逵，**詩兔罝“施于中逵”，傳曰：“逵，九達之道也。”此所稱九逵者，九軌也。洛陽城門每門有三道，即所謂九軌。左氏隱公十一年傳注云：“逵，道方九軌也。”文選張載七哀詩注云：“桓子新論：雍門周以琴見孟嘗君曰：臣竊悲千秋萬歲後，墳墓生荆棘，狐兔穴其中，樵兒牧豎躑躅而歌其上。”**農夫耕老，藝黍於雙闕。**“耕老”，各本作“耕稼”，誤。此依三寶記。“農夫耕老”與“游兒牧豎”文正相應，作耕稼則不合矣。闕者，宮門之象魏也。天子宮門兩旁特爲屋，高出於門屋之上者，謂之雙闕。亦謂之兩觀。見孫詒讓周禮正義大宰職。文選古詩曰：“兩宮遥相望，雙闕百餘尺。”是也。兩宮即南北二宮，相去七里。**始知麥秀之感，非獨殷墟；黍離之悲，信哉周室！**“始知”二字今本並脱，此依三寶記補。又“悲”字，三寶記作“哀”。自爭寫天上之姿至此，内典録並闕。尚書大傳曰：“微子將朝周，過殷之

故墟，見麥秀之蘄蘄，此父母之國，志動心悲。”又詩黍離序曰：“黍離，閔宗周
也。周大夫行役，至于宗周，過故宗廟，宮室盡爲禾黍，閔周室之顛覆，彷徨不忍
去，而作是詩。”此所謂黍離、麥秀之感也。**文選向秀思舊賦曰：“歎黍離之愍周**
兮，悲麥秀於殷墟。惟古昔以懷今兮，心徘徊以躊躇。”**京城表裏，**“表裏”，三寶
記作“内外”。凡有一千餘寺，今日寥廓，“寥”原作“寮”，此從逸史本。**鐘聲罕**
聞。“鐘”原書均作“鍾”，今皆依逸史本改作“鐘”。**恐後世無傳，故撰斯記。**案
衒之於孝莊帝（元子攸）永安中爲奉朝請，若年當弱冠，則撰述此書之時，於武定
五年之後，蓋已年在四十左右矣。**然寺數最多，不可遍寫；今之所録，止大伽藍，**
伽藍即佛寺，或曰僧伽藍，本名僧伽囉磨，梵文稱saṅghārāma，譯云“衆園”，乃衆
沙門修靜之所也。**其中小者，取其祥異，**“異”字原脱，津逮本同。惟逸史本不
誤。“祥”字各本均作“詳”，非是。案内典録引凡有一千餘寺下，作“並選擇祥
異以注述云”，是“詳異”當作“祥異”也。**世諦俗事，**“俗”字各本並奪，此依三
寶記補。**因而出之。先以城内爲始，次及城外。表列門名，以記遠近。凡爲**
五篇。“記”字、“凡”字，各本並奪，此依三寶記補。**余才非著述，**“著”，三寶記
作“注”。**多有遺漏，後之君子，詳其闕焉。**

太和十七年，太和，各本並作“大和”，誤。案孝文帝（元宏）改元太和，詔曰：
“朕夙承寶業，懼不堪荷，而天貺具臻，地瑞並應，風和氣晼，天人交協，宜改號
太和。”見魏書卷七上高祖紀。**高祖遷都洛陽，**“高祖”上各本有“後魏”二字，
當爲後人所加，今删。洛陽本古成周之舊址，漢光武建武元年建都於是，魏晉
因而不改。元魏之初，本都平城，至孝文帝太和十七年始定遷都之計，經營洛
京。清嘉慶洛陽縣志卷六云：“東漢舊京，在今洛陽城東三十里，今雖湮滅已
久，故跡猶存。”**詔司空公穆亮營造宮室，**魏書高祖紀下云：“太和十七年九月
幸洛陽，巡故宮基址。帝顧謂侍臣曰：晉德不修，早傾宗祀，荒毀至此，用傷朕
懷！乃定遷都之計。冬十月，幸金墉城，詔徵司空穆亮與尚書李沖、將作大匠董
爵經始洛京。”元河南志卷三云：“又命青州刺史劉芳、中書舍人常景造洛陽宮
殿門闥之名，經途正其號。十九年九月，新都始立，於是六宮文武盡遷洛陽。宣

武永平二年又詔定諸門閫名。初命中書舍人沈馨以隸書書板題之,景明正始之年,又敕符節令江式以大篆易之。"洛陽城門依魏晉舊名。案城門之稱號仍魏晉之舊者固多,而亦有高祖改之者。

東面有三門:

北頭第一門,曰建春門。

漢曰上東門。阮籍詩曰"步出上東門"是也。此阮籍詠懷詩句,見文選卷二十三。李善注引河南郡圖經曰:"東有三門,最北頭曰上東門。"魏晉曰建春門,高祖因而不改。"漢曰"以下今本與上文連寫,今依集證及鉤沉二本列爲注文,且分行書之,以清眉目。○案元河南志卷二云:"賈誼疏曰:擇良日立諸子雒陽上東門之外。是則西漢時已有上東門矣。漢舊儀曰:册皇太子諸侯王皆於上東門。李尤銘曰:上東少陽,厥位在寅,條風動物,月正孟春。"又云:"晉永嘉二年,王彌至洛陽,屯於津陽門。彌兵散,燒建春門而東。"

次南曰東陽門。

漢曰中東門。中東門,各本作"東中門",誤。水經注卷十六謂"東陽門,故中東門也"。元河南志卷二亦作中東門,且引李尤銘曰:"東處仲月,厥位當卯。"是原名中東門無疑。中東門者,東門之中間一門也。魏晉曰東陽門,高祖因而不改。

次南曰青陽門。

漢曰望京門。案元河南志卷二曰:"旄門,一作宣平門,又曰望京門。李尤銘曰:旄門值季,月位在辰。"魏晉曰清明門,高祖改爲青陽門。"青陽",漢魏本作"清陽",非,爾雅釋天云:"春爲青陽。"説文云:"青,東方色也。""陽,高明也。"元河南志卷二云:"青陽門,晉之清明門,孝文改。亦曰税門,又曰芒門。"

南面有四門:原作"三門",誤。此依逸史本及元河南志改。

東頭第一門,"門"字各本脱,依集證本補。曰開陽門。

初,漢光武遷都洛陽,作此門始成,而未有名,忽夜中有柱自來在樓上。後琅琊郡開陽縣上言南門一柱飛去,"上"字各本無,依水經注卷十六及漢官儀補。使來視之,則是也,遂以"開陽"爲名。"遂",逸史本作"因"。李尤銘曰:"開陽在孟,位月惟巳。"自魏及晉因而不改,文選潘岳懷舊賦曰:"啟開陽而朝邁。"高祖亦然。

次西曰平昌門。

漢曰平門。元河南志卷二云:"南面四門:正南曰平門,一作平城門。古今注曰:建武十三年開。蔡邕曰:平城門,正陽之門也。與宮連屬,郊祀法駕所由從出,門之最尊者。漢官秩曰:平城門爲宮門,不置候。李尤銘曰:平門督司,午位處中。外臨僚侍,内達帝宮。正陽南面,炎暑赫融。"魏晉曰平昌門,高祖因而不改。

次西曰宣陽門。

漢曰小苑門。魏晉曰宣陽門,高祖因而不改。此注今本並無,依水經注、太平寰宇記補。水經注卷十六:穀水又東逕宣陽門南,注云:"故苑門也,皇都遷洛,移置于此。"太平寰宇記卷三云:"開陽門在巳上,漢有小苑門在午上,晉改曰宣陽門。"是宣陽門即漢之小苑門。小苑門亦稱謻門。文選張衡東京賦云:"謻門曲榭,邪阻城洫。"薛綜曰:"謻門,冰室門也。"水經注穀水下云:"謻門,即宣陽門也。"今各本宣陽門下作"漢曰津門"云,非是。元河南志卷二列後漢城門,平門之西曰宣陽門,並云:"按漢志十二門名有小苑門,而獨無銘,莫知其方所。而十道志列在平城之西。董卓傳:孫堅軍太谷,進宣陽城門。注曰:洛陽記南面有四門,從東第三門也。是則小苑亦名宣陽。次西曰津門。"據此可知宣陽門與津門爲二門,非一門也。又水經注穀水下云:"穀水南東屈逕津陽門,又東逕宣陽門南,又東逕平昌門南,又東逕開陽門南。"此正爲南面之四門,次第甚明,足正今本伽藍記之誤。

次西曰津陽門。此六字今本亦脱,張氏宗祥據水經注各書始發其誤。今考元河南志卷三多據衒之此書而作,其叙南面四門:東曰開陽,次西曰平昌,次西曰宣陽,次西曰津陽;所列與水經注並合,今據補。

漢曰津門。逸史本"津"下有"陽"字,非。案津門者以洛水從此而入城,故名。元河南志卷二云:"津門當洛水浮橋下,一作津城門,又作津陽門。"李尤銘曰:名自定位,惟月在未。"魏晉曰津陽門,逸史本作"宣陽",非。案晉永嘉二年王彌至洛陽,屯於津陽門。高祖因而不改。

西面有四門:案自漢迄晉,西面有三門,元魏增闢一門,故爲四門。

南頭第一門,曰西明門。

漢曰廣陽門,李尤銘曰:"廣陽位孟,厥月在申。"魏晉因而不改,高祖改爲西明門。

次北曰西陽門。

漢曰雍門,元河南志卷二云:"一曰雍城門。李尤銘曰:雍門處中,位月在西。"魏晉曰西明門,高祖改爲西陽門。水經注卷十六曰:"舊門在東南,太和中以故門邪出,故徙是門,東對東陽門。"

次北曰閶闔門。

漢曰上西門。李尤銘曰:"上西在季,位月惟戌。"上有銅璇璣玉衡,"上"字原脱,此從逸史本。以齊七政。尚書舜典六:"在璿璣玉衡,以齊七政。""璿、璇"字同。孔穎達正義曰:"説文云:璿,美玉也。璣衡者,璣爲轉運,衡爲橫簫。運璣使動於下,以衡望之,是王者正天文之器。漢世以來,謂之渾天儀者是也。宣帝時,司農中丞耿壽昌始鑄銅爲之象,史官施用焉。馬融云:渾天儀可旋轉,故曰璣。衡,其橫簫,所以視星宿也。以璿爲璣,以玉爲衡,蓋貴天象也。蔡邕云:玉衡長八尺,孔徑一寸,下端望之,以視星辰。蓋縣璣以象天,而衡望之,轉璣窺衡,以知星宿。是其説也。七政謂日月與五星也。馬融云:日月星皆以璿璣玉衡度知其盈縮進退,失政所在。聖人謙讓以驗齊日月五星行度,知其政是與否,重審己之事也。"魏晉曰閶闔門,文選卷二十一左思詠史詩"被褐出閶闔"是也。李善云:"晉宮闕名曰:洛陽城閶闔門西向。"高祖因而不改。水經注卷十六云:"太和遷都,徙門南側。"

次北曰承明門。

承明者,高祖所立,當金墉城前東西大道。水經注卷十六云:"金墉城,魏明帝於洛陽城西北角築之,起層樓于東北隅,皇居創徙,宮極未就,止蹕於此。"遷京之始,宮闕未就,高祖住在金墉城,城西有王南寺,高祖數詣寺(與)沙門論義,"與",各本無,今依文義增。"義"原作"議",非,此依逸史本改。案魏書高祖紀下云:"帝雅好讀書,手不釋卷,史傳百家,無不該涉。善談老莊,尤精釋義。"此所謂論義者,即談論釋典經義也。故通此門,而未有名,世人謂之"新門"。時王公卿士常迎駕於"新門",高祖謂御史中尉李彪曰:彪字道固,頓丘衛國人。家世微寒,篤學不倦。高祖初,爲中書教學博士,後假員外散騎常侍,建威將軍,使於蕭賾。遷祕書丞,參著作事。高祖南征,假彪冠軍將軍。車駕還京,遷御史中尉,領著作郎。後坐事除名。世宗時以白衣在祕書省修史。景明二年秋卒。見魏書卷六十二李彪傳。"曹植詩云'謁帝承明廬',此子建贈白馬王彪詩,見文選卷二十四。李善云:"陸機洛陽記曰:承明門,後宮出入之門。吾常怪曹子建詩'謁帝承明廬',問張公(華),張公云:魏明帝作建始殿,朝會皆由承明門。然直廬在承明門側。"(此據文選卷二十一應璩百一詩注參校)此門宜以'承明'爲稱。"遂名之。

北面有二門:

西頭曰大夏門。

漢曰夏門。元河南志卷二云:"一作夏城門。李尤銘曰:夏門值孟,位月在亥。"魏晉曰大夏門,〔高祖因而不改。〕高祖云云,各本並無,今依例補。宣武帝造三層樓,去地二十丈。"宣武"二字各本並無,"帝"原作"嘗"。逸史本作"帝"。案元河南志卷三云:"北有二門:東曰廣莫門,西有大夏門。宣武造三層樓,去地二十丈。洛陽城門樓皆兩重,去地百尺,唯大夏門甍棟峻麗。”此文當即本於是書。今本“帝”上奪“宣武”二字，故據補。
又河南志卷二記魏宮闕云：“魏略曰：武帝立北宮，明帝造三層樓，高十
丈。”水經注卷十六云：“穀水又東歷大夏門下，故夏門也。陸機與弟書云：
門有三層，高百尺。魏明帝造。”是則門舊有樓，亦非創自宣武（元恪）矣。
又逸史本、漢魏本此文作“帝造三層樓，去地十丈；高祖世宗造三層樓，去
地二十丈”。吳若準以爲高祖世宗云云誤衍，而“帝”字上脱“魏明”二字。
津逮本之“嘗”字，又當從漢魏本作“帝”。唐晏鉤沉則據漢魏本，但於
“帝”字上增“魏明”二字而已。今從河南志改正。**洛陽城門樓皆兩重，去**
地百尺，惟大夏門甍棟干雲。甍，屋棟也。廣韻莫耕切，音萌。

東頭曰廣莫門。廣莫者，大也。天有八風，一曰廣莫風。史記律書云：“廣莫
風居北方。”

漢曰穀門。元河南志卷二云：“一作穀城門。李尤銘曰：穀門北中，位當於
子。”水經注卷十六云：“穀門北對芒阜，連嶺修亘，苞總衆山，始自洛口，西
逾平陰，悉芒壠也。”**魏晉曰廣莫門，**文選卷二十八劉琨扶風歌云：“朝發
廣莫門，莫宿丹水山。”**高祖因而不改。自廣莫門以西，**“自”字原脱，依逸
史本補。**至於大夏門，宮觀相連，被諸城上也。**

門有三道，所謂九軌。元河南志卷二記晉城闕云：“陸機洛陽記曰：洛陽十二門，
門有閣，閉中，開左右出入，城內大道三，中央御道，兩邊築土牆，高四尺，公卿尚書
章服從中道，凡人行左右道。左入右出，不得相逢。夾道種槐柳樹。晉書曰：洛陽
御道，築牆高丈餘，百郡邸舍皆在城內。又曰：洛陽十二門，皆有雙闕。有橋，橋跨
陽渠水。”○“九軌”，逸史本作“九達”，義同。周禮考工記匠人曰：“國中經涂九
軌。”鄭注曰：“經緯之涂，皆容方九軌。軌謂軌廣。”又文選張衡東京賦述洛陽
城隅之制曰：“經途九軌，城隅九雉。”薛綜曰：“南北爲經。途，道也；軌，車轍
也。”

洛陽伽藍記卷第一

魏撫軍府司馬楊衒之撰　　周祖謨校釋

城　內 此二字原在題目"洛陽"下，
不別起行，此依逸史本。下各卷同。

○永寧寺，熙平元年靈太后胡氏所立也，魏書釋老志云："肅宗（元翊）熙平中
於城內太社西起永寧寺，靈太后親率百僚表基立刹。"案胡太后爲世宗（元
恪）妃，肅宗母，安定臨涇司徒胡國珍女。肅宗立，乃尊爲皇太后，臨朝稱制，
總覽萬機。后姑爲尼，頗通佛理，后因之亦崇敬三寶。見北史后妃傳。○又
據魏書釋老志，魏顯祖獻文帝皇興元年曾於代京起永寧寺，構七級佛圖，高
三百餘尺，基架博敞，爲天下第一。熙平初於洛陽起永寧寺，蓋沿平城之舊
制。在宮前閶闔門南一里御道西。"西"字續僧傳卷一菩提流支傳及開元
釋教録卷六引作"東"，誤。案魏書云"於太社西起永寧寺"，本書下文云"太
社在閶闔門前御道西"，據此則寺之所在至明。且水經注卷十六穀水注云：
"陽渠水逕閶闔門南，又枝分夾路南出，逕太尉司徒兩坊間，謂之銅駝街。水
西有永寧寺。"由是益足證作"西"不誤。○閶闔門者，乃宮城正南之門，雖與
城之西門閶闔門同名，而非一門。

其寺東有太尉府，此下至"四朝時藏冰處也"當系子注。續僧傳、釋教録
均未引，是其明證。凡依文例考覈爲注文者皆低格書寫，不與正文雜糅。○
北魏官號多同晉朝，太尉、司徒、司空，並古官名也，號稱三公。太尉即古大
司馬之職。漢建武二十七年改大司馬爲太尉，其後二者恒迭置，不並列。

魏晉之世，大司馬與太尉乃各自爲官，北魏仍之不改。見晉書職官志及杜佑通典。○元河南志卷三云：“太尉府在永寧寺東，西對永康里，即舊銅駝街；其左是魏晉故廟地。”西對永康里，永康里，在西陽門內御道南。南界昭玄曹，昭玄曹，管僧尼之官署。沙門，漢隷鴻臚寺。寺者，官舍也。北魏初京中立道人統，文成帝時改立監福曹，孝文帝時改爲昭玄曹。其官屬有沙門統、都維那等，統攝僧伍，以斷僧務者。世宗即位，詔僧犯殺人以上罪者，仍依俗斷，餘付昭玄斷之。見魏書釋老志及宋贊寧僧史略卷中。北鄰御史臺。御史，古爲記事之官。至秦漢司糾察之任，所居之署，後漢謂之御史臺，後世因之。見宋王益之職源撮要。閶闔門前御道東有左衛府。魏書官氏志有左右衛將軍，亦沿晉制也。府南有司徒府。司徒府南有國子學，案魏書卷五十五劉芳傳芳請高祖立學表稱：“洛陽記云：國子學宮與天子宮對，校量舊事，國學應在宮門之左。”今此稱“國子學”在閶闔門御道東，蓋即從劉芳之言而營建者也。堂內有孔丘像。顔淵問仁、子路問政在側。並見論語。國子學南有宗正寺，“學”字各本並奪，依元河南志補。宗正者，統皇族宗人圖牒之官也。見晉書職官志。此亦因晉人之舊。寺南有太廟，周禮考工記：“匠人營國，左祖右社。”廟南有護軍府，魏書官氏志有中護軍。府南有衣冠里。御道西有右衛府，府南有太尉府，太尉府，元河南志作“太府寺”。太府，掌財物庫藏者。府南有將作曹，魏書官氏志有將作大匠，掌修治宮室陵園土木之功。曹南有九級府，元河南志無“九級府”，“九級”未詳。府南有太社，元河南志“太社”下有“司州”。社南有凌陰里，即四朝時藏冰處也。水經注穀水注云：“宣陽門內有宣陽冰室，舊在宣陽門內，故得是名。門既擁塞，冰室又罷。”元河南志卷二云：“陸機洛陽記曰：冰室在宣陽門內，常有冰，天子用賜王公衆官。”案積冰曰凌，詩七月“納于凌陰”，傳曰：“凌陰，冰室也。”○四朝者，即中朝也。謂晉之武、惠、懷、愍四世也。周一良先生謂“四朝當是西朝，因形近而致誤”。

中有九層浮圖一所，架木爲之，舉高九十丈。九十丈，內典録卷四引同。魏書釋老志云：“高四十餘丈。”水經注穀水注云：“浮圖下基，方十四丈，自金露槃下至地四十九丈。”與本書所記不同。酈道元又稱浮圖“取法代都七級而又高廣之，雖二京之盛，五都之富（“五”疑當作“三”），利剎靈圖，未有若斯之構也”。上有金剎，復高十丈；“上”字“金”字今本並奪，此依開元釋教録補。内典録作“上有寶剎”。剎解見序。合去地一千尺。續僧傳作“出地千尺”，内典録作“去地千尺”。去京師百里，續僧傳及釋教録作“去臺百里”，内典録作“離京百里”。已遥見之。“已”，内典録作“即”。初掘基至黄泉下，續僧傳作“初營基日，掘至黄泉”。内典録作“初欲築基，掘至黄泉下”。得金像三十軀，“得”，續僧傳作“獲”。“三十”原作“三千”，别本作“三十”，今據改。續僧傳、内典録等作“三十二”。○水經注穀水注云：“其地是曹爽故宅。經始之日，於寺院西南隅得爽窟室，下入土可丈許，地壁悉纍方石砌之，石作細密，都無所毁，其石悉入法用。自非曹爽庸匠，亦難復制此！桓氏有言：曹子丹生此豚犢，信矣。”此言得金像三十軀，殆未可信。太后以爲信法之徵，續僧傳作“太后以爲嘉瑞，奉信法之徵”。内典録作“太后信爲崇法之祥徵”。是以營建過度也。内典録作“是以營造窮極世工”。釋教録作“是以飾制瓌奇，窮世華美”。續僧傳則與今本並同。○案魏書藝術傳稱建永寧寺九層浮圖，郭安興爲匠。此云營建過度，正銜之譏彈之辭也。剎上有金寶瓶，續僧傳作“剎表置金寶瓶”。容二十五斛。“斛”，各本作“石”，此依續僧傳及釋教録。○案天竺浮圖剎表均置寶瓶，所以盛舍利者也。寶瓶下有承露金盤一十一重，“一十一重”，今本作“三十重”，此依續僧傳、内典録及釋教録改。周匝皆垂金鐸。“周匝”下内典録有“輪廓”二字。○周禮鼓人：“以金鐸通鼓。”鄭注云：“鐸，大鈴也。”復有鐵鏁四道，引剎向浮圖四角，鏁上亦有金鐸。鐸大小如一石甕子。内典録作“大小皆如一石甕”。浮圖有九級，内典録無“有”字。角角皆懸金鐸，合上下有一百三十鐸。“一百三十”，各本作“一百二十”，此依續僧傳、内典録及釋教録改。浮圖有四面，内典録無“有”字。面有三户六牕，户皆朱漆。“户”，内典録作“並”。

扉上各有五行金鈴，“各”字今本無，此據內典錄補。“鈴”原作“釘”，與內典錄等不合。此依逸史本。此句下內典錄有“其十二門二十四扉”一句。合有五千四百枚。續僧傳及釋教錄並云“其塔四面九間，六窗三户，皆朱漆扉扇，垂諸金鈴，層有五千四百枚”。與內典錄略有異同。復有金環鋪首，內典錄作“鈴下復鏤金環鋪首”。○程大昌演繁露云：“風俗通義：門户鋪首，昔公輸班見水中蠡引閉其户，終不可開，遂象之立于門户。按今門上排立而突起者，公輸班所飾之蠡也。義訓曰：門飾金謂之鋪，鋪謂之鏂，鏂音歐，今俗謂之浮漚釘也。”殫土木之功，“殫”上原衍“布”字，別本無。窮造形之巧，二句內典錄作“窮造制之巧，極土木之工，庶人子來，匪日而作”。佛事精妙，不可思議。繡柱金鋪，金鋪，門鋪首，以金爲之。文選司馬相如長門賦云：“擠玉户以撼金鋪兮。”駭人心目。釋教錄作“驚駭心目”。至於高風永夜，內典錄作“至於秋月，永夜高風”。寶鐸和鳴，“寶”，續僧傳、釋教錄作“鈴”。鏗鏘之聲，“聲”，續僧傳作“音”，逸史本同。聞及十餘里。

浮圖北有佛殿一所，形如太極殿。續僧傳、釋教錄作“浮圖北有正殿，形擬太極”。案太極殿爲宮中正殿，宣武帝景明三年成。見魏書帝紀。禁中正殿以“太極”爲名，始於曹魏。魏明帝青龍三年大治洛陽宮，起太極殿，上法太極，故名。見三國志魏志明帝紀。中有丈八金像一軀，中長金像十軀，逸史本“中”上有“人”字。又“中長”二字內典錄作“等身”。繡珠像三軀，“繡珠像”，內典錄作“編真珠像”。金織成像五軀，今本作“織成五軀”，文有脱略，此依內典錄改。玉像二軀。此句今本並奪，依內典錄補。作工奇巧，“工”，各本作“功”，此依內典錄。冠於當世。自“中有”以下至此，續僧傳及釋教錄作“中設諸像，金玉珠繡，作工巧綺，冠絕當世”。僧房樓觀，一千餘間，雕梁粉壁，青瑣綺疏，“瑣”原作“繅”，非。青瑣者，門户之有畫飾者。文選左思吳都賦云“青瑣丹楹”，劉逵曰：“青瑣，户兩邊以青畫爲瑣文也。”○綺疏者，謂窗牖鏤爲綺文者。疏本刻鏤之意，此即指窗而言。文選王逸魯靈光殿賦云：“天窗綺疏。”又古詩“交疏結綺窗，阿閣三重階”，是其義矣。難得而言。栝柏椿松，"椿松"原作"松椿"，逸史本作"栝椿松柏"，此依内典録。扶疏簹雷，各本作"扶疏拂簹"，此依内典録。"簹雷"與下"堦墀"爲對文，自以作"簹雷"爲是。扶疏者，枝葉四布也。文選司馬相如上林賦云："垂條扶疏。"又陶潛讀山海經詩云："孟夏草木長，繞屋樹扶疏。"藂竹香草，"藂"即"叢"字，逸史本作"翠"。布護堦墀。"堦墀"，内典録作"階庭"。布護者，遍被散布也。"護"，逸史本作"濩"，同。文選司馬相如上林賦云"布濩閎澤"，左思吳都賦云"布濩皋澤"，並指香草而言。扶疏布護皆疊韻字。"扶疏"亦作"扶於"，"布濩"亦作"專濩"。○"僧房"以下至此，續僧傳、釋教録作"僧房周接，千有餘間。臺觀星羅，參差間出。彫飾朱紫，續以丹青。栝柏楨松，異草叢集"。

是以常景碑云："碑"上内典録、釋教録有"製寺"二字。○常景見下文。"須彌寶殿，兜率淨宮，莫尚於斯"也。此常景盛道永寧之華麗莊嚴也。須彌、兜率，並指天上而言。須彌乃山名。大唐西域記序稱爲蘇迷盧山（梵文 Sumeru），原注："唐言妙高山。舊曰須彌，又曰須彌婁，皆訛略也。"慧琳一切經音義卷一云："蘇迷盧山，梵語寶山名。梵音云蘇迷嚧，唐云妙高山。俱舍論云：四寶所成，東面白銀，北面黃金，西面頗梨，南面青琉璃。大論曰：四寶所成曰妙，出過衆山曰高。"案須彌山即天竺北之雪山。○兜率者，梵天之名，佛書稱一日當地上四百年。西域記稱爲覩史多天（梵文 Tuṣita），云："舊曰兜率陀，又曰兜術陀，訛也。"慧琳一切經音義卷二十六云："兜率天，此云知足，欲界之中第四天也。"案佛書稱釋迦過去爲能仁菩薩，即由兜率天上化乘白象，降神母胎。

外國所獻經像，皆在此寺。寺院牆皆施短椽，續僧傳、釋教録作"院牆周匝，皆施椽瓦"。以瓦覆之，若今宮牆也。内典録作"狀若宮牆"。四面各開一門。"四面"上内典録有"寺之"二字。南門樓三重，内典録作"其正南門有三重樓"。通三閤道，"閤"字今本無，據内典録補。閤道者，甬道也。去地二十丈，形制似今端門。文選張衡東京賦云："啓南端之特闈，立應門之將將。”薛綜曰：“啟，開也。端門，南方正門。應門，中門也。”李善曰：“洛陽宮舍記：洛陽有端門。”案端者，正也。文選何晏景福殿賦云：“開南端之豁達。”李善曰：“凡正門皆謂之端門。”據是可知永寧寺正門南向。**圖以雲氣，畫彩仙靈**，文選左思吳都賦云：“雕欒鏤楶，青瑣丹楹，圖以雲氣，畫以仙靈。”案靈者，神靈奇異之物也，即王逸魯靈光殿賦所謂“圖畫天地，品類群生，雜物奇怪，山神海靈，寫載其狀，託之丹青”者也。**列錢青璅**，原作“綺□青鏁”，有誤，此依內典録改。文選班固西都賦云：“金釭銜璧，是爲列錢。”李善曰：“列錢，言金釭銜璧，行列似錢也。”又何晏景福殿賦云：“皎皎白間，離離列錢。”李善曰：“白間，青瑣之側，以白塗之。列錢，金釭也。”**赫奕華麗**。津逮本作“輝赫麗華”，如隱堂本、逸史本復闕“輝”字，此依內典録校。赫奕者，光明顯盛之意也。○自“南門”下，續僧傳、釋教録並作“正南三門，樓開三道三重，去地二百餘尺，狀若天門，赫奕華麗”。**拱門有四力士**，逸史本作“拱夾門有四力士”，續僧傳作“夾門列四力士”，內典録作“夾門兩旁有四力士”。案金剛力士，乃護法之神。仁王經有五大力菩薩：一金剛吼菩薩，手持千寶相輪。二龍王吼菩薩，手持金輪燈。三無畏十力吼菩薩，手持金剛杵。四雷電吼菩薩，手持千寶羅網。五無量力吼菩薩，手持五千劍輪是也。亦見辯正論卷一。**四師子**，“師”，今本作“獅”，後起字。此依內典録、續僧傳。案師子守護伽藍者也。佛説太子瑞應經云：“佛初生時，有五百師子從雪山來，侍列門側。”**飾以金銀**，“銀”，內典録作“碧”。**加之珠玉，莊嚴焕炳**，“莊”，今本作“裝”，誤。此從內典録、續僧傳改。○“焕炳”，續僧傳作“焕爛”，義同。文選張衡東京賦云：“瑰異譎詭，燦爛炳焕”。薛綜曰：“燦爛炳焕，絜白鮮明之貌也。”**世所未聞。東西兩門亦皆如之**，逸史本作“皆亦如之”，內典録作“悉亦如之”。**所可異者，唯樓兩重**。“兩”原作“二”，此依內典録、續僧傳及逸史本改。**北門一道，上不施屋**，“上”字今本無，此依內典録補。續僧傳、釋教録作“北門通道，但露而置”。**似烏頭門**。“烏頭門”，名“烏頭大門”，門有雙表，高八尺至二丈二尺，門之兩扉，各隨其長，於上腰中心分作兩分，腰上

安櫺子,故俗亦謂之"櫺星門"。見宋李誡營造法式卷六、卷三十二。其四門
外,"其"字今本無,此據内典録、續僧傳補。皆樹以青槐,"皆"字今本無,從
内典録補。亘以緑水,"緑",内典録、續僧傳均作"渌"。水清曰渌也。○文
選左思吴都賦云:"朱闕雙立,馳道如砥。樹以青槐,亘以緑水。玄蔭耽耽,
清流亹亹。"李善曰:"古之表道,或松或槐。亘,引也。耽耽,樹陰重貌。亹
亹,水流進貌。"案此所謂緑水者,蓋即引自陽渠者也。京邑行人,續僧傳作
"旅"。多庇其下。庇者,蔭也。文選左思魏都賦云:"疏通溝以濱路,羅青
槐以蔭塗。比滄浪而可濯,方步欄而有踰。"路斷飛塵,不由滂雲之潤;
"不",續僧傳同。内典録作"非"。又"滂"今本均作"奔",誤。此從續僧傳
改。内典録作"淹",亦非。詩小雅大田云:"有渰淒淒,興雨祁祁。"("淒
淒",今詩作"萋萋",此從韓詩外傳及吕覽務本篇。)傳曰:"淒淒,雲興貌。"
正義曰:"天將降雨,則地氣上騰,薰蒸爲濕潤,渰浸萬物。"説文曰:"渰,雲雨
貌。衣儉切。"案此云"滂雲",正用詩義,謂含雨之雲也。言緑樹交蔭,翛然
清寂,不待濕雲潤澤,而飛塵自絶也。清風送涼,豈藉合歡之發? 此言行旅
在途,清爽宜人,無煩紈扇在握,而涼風自至。合歡者,團扇也。文選班婕妤
怨歌行云:"新裂齊紈素,皎潔如霜雪。裁爲合歡扇,團團似明月。出入君懷
袖,動揺微風發。"是也。

詔中書舍人常景爲寺碑文。續僧傳、釋教録"詔"上有"乃"字。

　　景字永昌,河内人也。北史卷四十二常爽傳云:"景父文通,天水太守。"
敏學博通,知名海内。太和十九年,爲高祖所器,拔爲律博士,續僧傳引
作"擢爲修律博士"。本傳云:"廷尉公孫良舉爲律博士。"今各本作"律學
博士","學"字蓋衍文,今删。"律博士"見魏書官氏志。刑法疑獄,多訪
於景。正始初,詔刊律令,永作通式,世宗正始元年冬十二月詔群臣議定
律令,見魏書世宗紀及刑罰志。敕景共治書侍御史高僧裕、僧裕名綽,渤
海人,允孫。沈雅有度量,博涉經史,嘗爲洛陽令。爲政强直,不避豪貴。
歷位尚書右丞、散騎常侍、并豫二州刺史。正光三年冬暴疾卒,年四十八。

見魏書卷四十八高允傳。**羽林監王元龜**、元龜魏書無傳。**尚書郎祖瑩**、瑩字元珍,范陽遒人。年少好學,以晝繼夜,聲譽甚盛。嘗爲彭城王勰法曹參軍,文學秀出,與陳郡袁飜齊名。累遷國子祭酒,領給事黃門侍郎。歷車騎大將軍,遷儀同三司,進爵爲伯。有文集行於世。見魏書卷八十二本傳。**員外散騎侍郎李琰之等**,琰之字景珍,隴西狄道人。早有盛名,爲著作郎,修撰國史。歷員外散騎侍郎、尚書左僕射、儀同三司,永熙二年薨。見北史卷四十七本傳。**撰集其事。又詔太師彭城王勰**、勰字彦和,獻文帝(元弘)第六子。少而岐嶷,姿性不群。太和九年封始平王,車駕南伐,改封彭城王。世宗即位,進爲大司馬。尋除錄尚書侍中,又以爲太師。永平元年爲高肇所殺。見魏書卷二十一下本傳。**青州刺史劉芳**,芳字伯文,彭城人。才思深敏,特精經義。博聞强記,兼覽蒼雅,尤長音訓,辨析無疑。漢造三字石經於太學("漢"當作"魏"),學者文字不正,多往質焉。時人號爲"劉石經"。歷國子祭酒,散騎常侍,青州刺史。世宗詔議定律令,芳斟酌古今,爲大議之主。其中損益,多芳意也。終於太常卿。延昌二年卒,年六十一。見魏書卷五十五本傳。**入預其議。景討正科條,商榷古今,甚有倫序,見行於世,今律二十篇是也。**案此二十篇者,蓋即承晉世之舊而刊定者。晉武帝嘗詔賈充集諸儒學定律例二十卷,合二千九百餘條。**又共芳造洛陽宮殿門閣之名,經途里邑之號。出除長安令,時人比之潘岳。**潘岳字安仁,晉滎陽中牟人。晉惠帝元康二年爲長安令,有西征賦記其事。魏書云:"景於延昌初爲錄事參軍,襄威將軍,帶長安令。甚有惠政,民吏稱之。"其後歷位中書舍人,蕭宗初,景拜謁者僕射,以本官兼中書舍入。**黃門侍郎**,孝昌初,以征虜將軍兼給事黃門侍郎。**秘書監**,前廢帝(元恭)普泰初,除車騎將軍,右光禄大夫,秘書監。**幽州刺史**,此爲魏書本傳所未載。**儀同三司**。孝靜帝天平初,遷鄴,除儀同三司。**學徒以爲榮焉。景**武定六年以老疾去官,八年薨。**景入參近侍,出爲侯牧,居室貧儉,事等農家**,"等",續僧傳作"若"。**唯有經史,盈車滿架。**

魏書云:"景自少及老,恒居事任,清儉自守,不營産業;至於衣食,取濟而已。耽好經史,愛翫文詞,若遇新異之書,殷勤求訪,或復質買,不問價之貴賤,必以得爲期。善與人交,終始若一,其游處者,皆服其遠度。"所著文集,數百餘篇,給事中封暐伯作序行於世。"中"字各本脱,據續僧傳補。〇暐伯,魏書卷三十二作偉伯,渤海蓨人,封軌子。博學有才思,弱冠除太學博士。每朝廷大議,偉伯皆預焉。肅宗正光末,尚書僕射蕭寶夤以爲關西行臺郎。及寶夤爲亂,偉伯謀舉義兵,事發見殺,年三十六。魏書不云爲給事中,蓋失載也。〇案自"景字永昌"至此爲注文。釋教録引前後文,獨不引此,即其證也。蓋衒之此書以記伽藍爲主,凡記載當時之史事及一二人物之事跡者,皆附見之例耳,非正文也。

裝飾畢功,明帝與太后共登之。魏書卷六十七崔光傳云:"熙平二年八月,靈太后幸永寧寺,躬登九層佛圖。光表諫曰:永寧累級,閣道回隘,以柔懦之寶體,乘至峻之重峭,萬一差跌,千悔何追? 太后不從。"視宮中如掌内,各本作"視宮内如掌中",此依續僧傳、釋教録。臨京師若家庭,以其目見宮中,禁人不聽升之。"之"字各本無,續僧傳及釋教録作"禁人不聽登之",今據補。

衒之嘗與河南尹胡孝世共登之,孝世,魏書無傳,鉤沉本作"世孝"。下臨雲雨,信哉不虛! "衒之"下至此爲注文,釋教録不引。

時有西域沙門菩提達摩者,波斯國胡人也。釋教録引無"胡"字。〇沙門者,魏書釋老志云:"剃落鬚髮,釋累辭家,結師資,遵律度,相與和居,治心修靜,行乞以自給,謂之沙門。或曰桑門,亦聲相近。總謂之僧,皆胡言也。僧譯爲和命衆,桑門爲息心。"案沙門蓋由吐火羅文 saman 譯來,梵言 sramana,巴利文云 samana。宋釋道誠釋氏要覽曰:"沙門,唐言勤息,謂此人勤修善品,息諸惡故。長阿含經云:沙門者,舍離恩愛,出家修道,攝御諸根,不染外欲;慈心一切,無所傷害,逢苦不戚,遇樂不忻,能忍如地。"〇菩提達摩者(Bodhidharma),此云道法,南天竺人,爲中國佛教禪宗之祖。相傳梁武帝普通元年泛海至廣州,元魏孝明帝正光元年渡江,振錫嵩洛,止於嵩山少林寺。武泰元年(528)示寂(見宋釋契嵩傳法正宗記卷五,釋道原景德傳燈録卷三。陳垣先生釋氏疑年録作"梁大同二年卒",536)。續僧傳卷十六云:"達摩,南天竺婆羅門種(Brāhmana)(傳法正宗記等則云刹帝利種 Kṣatriya),神慧疎朗,聞皆曉悟,隨其所止,誨以禪教。自言年一百五十餘歲,游化爲務,不測於終。釋慧可傳其業。"此云波斯國人,與僧傳有異。○又傳法正宗記載楊衒之曾就達摩問何如謂之爲祖,達摩乃爲其説偈云云,事出附會,無足取焉。**起自荒裔,來游中土。**釋教録作"越自西域,來游洛京"。**見金盤炫日,光照雲表,寶鐸含風,響出天外,歌詠讚歎,**歌詠者,口詠梵唄也。**實是神功。自云:"年一百五十歲,歷涉諸國,靡不周遍,而此寺精麗,**"而",釋教録作"如"。**閻浮所無也。**"閻浮"上逸史本有"遍"字。釋教録引無。○閻浮者,洲名。字亦作"剡浮",並譯音字。或稱閻浮提(Jambudivipa),唐釋道宣釋迦氏譜云:"剡浮洲者,須爾山南一域之都名也。又剡浮洲者,是樹名(即 jambu),此樹生於南洲之北,枝臨大海,海底有金,金名閻浮,光浮水上,故此洲名從金受稱。若據唐譯,閻浮者,上勝金也。提者,洲也。此上勝洲,大夏天竺居其心矣。"案此云閻浮所無者,即五天竺所無也。**極佛境界,**"佛"原作"物",非。別本作"佛",與續僧傳合。**亦未有此!**"釋教録作"訖佛境界,亦無有比"。**口唱南無,**南無,譯音字,巴利文稱 namo,梵文云 namas,歸禮之義也。弘明集卷十三郗嘉賓奉法要云:"每禮拜懺悔,皆當至心歸命,外國音稱南無。"釋氏要覽卷中云:"南無即是歸趣之義也。"玄應一切經音義卷六云:"南無,或作南謨,或言那莫,皆以歸禮譯之。言和南者,訛也。正言煩淡,或言槃淡(vandana),此云禮也。或言歸命,譯人義安命字也。"案佛教儀軌,凡合掌低頭,口云南無,即致敬之義。或口云槃淡,譯爲我禮(vandāmi)。槃淡或作畔睇,或云畔憚南(見唐釋義净南海寄歸內法傳卷三),或稱槃邠寐(見翻譯名義集卷四),皆一語也。**合掌連日。**"合掌"上逸史本有"或"字,非。○釋氏要覽卷中云:"合掌,若此方之叉手也。必須指掌相著,不令虛。"

案中國舊日以拱手爲恭，天竺則以合掌爲敬，合掌乃恭敬之儀表也。

至孝昌二年中，“中”字逸史本無，續僧傳同。○孝昌，亦肅宗年號。自建塔至此凡十一年。大風發屋拔樹，刹上寶瓶，隨風而落，“落”，續僧傳作“墮”。入地丈餘。案魏書卷一百一十二靈徵志上大風條云：“肅宗孝昌二年五月京師暴風拔樹發屋，永寧九層塔折。”復命工匠更鑄新瓶。“鑄”，逸史本作“著”。續僧傳作“復命工人，更安新者”。

建義元年，建義，敬宗孝莊帝（元子攸）年號。太原王尒朱榮總士馬於此寺。

榮字天寶，北地秀容人也。魏書地形志云：“秀容郡，明元帝永興二年置。”唐韋澳諸道山河地名要略云：“秀容在宜芳縣南，劉元海所築也。元海因感神而生，姿容美秀，因以名其城也。”案秀容在今山西朔縣西北。世爲第一領民酋長，博陵郡公。第一領民酋長爲北朝頒予部落人民酋帥之官名。第一者，其品級也。見周一良先生領民酋長與六州都督一文。案魏書卷七十四榮傳云：“其先居於尒朱川，因爲氏焉。常領部落，世爲酋帥。高祖羽健，登國初爲領民酋長。祖代勤繼爲酋長。以征伐有功，除立義將軍。高宗末，除肆州刺史。高祖賜爵梁郡公，卒贈鎮南將軍、并州刺史。父新興，太和中繼爲酋長。朝廷每有征討，輒獻私馬，兼備資糧，助裨軍用。高祖嘉之，除平北將軍、秀容第一領民酋長。榮襲爵，以功除武衛將軍。俄加使持節、安北將軍，進封博陵郡公。”此云世爲博陵郡公，與魏書小異。部落八千餘，家有馬數萬匹，富等天府。魏書本傳云：“家世豪擅，財貨豐贏。牛羊駝馬，色別爲群，谷量而已。”○富等天府者，言其富饒有如天府之國也。史記留侯世家云：“關中所謂金城千里，天府之國也。”武泰元年二月中帝崩無子，立臨洮王世子釗以紹大業，魏書卷九肅宗紀云：“武泰元年二月癸丑，帝崩於顯陽殿，時年十九。”北史卷十三后妃傳云：“肅宗崩，胡太后奉潘充華女，言太子即位。經數日，見人心已安，始言潘嬪本實生女，今宜更擇嗣君，遂立臨洮王寶暉子釗爲主。年始三歲，天下愕然。”○案釗爲臨洮王元愉孫,高祖之曾孫也。年三歲,太后貪秉朝政,故以立之。榮謂并州刺史元天穆曰:天穆乃平文皇帝鬱律子,高凉王孤之後。史言天穆善射,有能名。起家員外郎。后尒朱榮與其結納,約爲兄弟,除并州刺史。見北史卷十五高凉王孤傳。并州治晉陽,今山西太原。“皇帝晏駕,天子崩曰晏駕。史記卷七十九范睢列傳云:“王稽謂范睢曰:宮車一日晏駕,是事之不可知者,一也。”應劭風俗通曰:“天子夜寢早作,故有萬機。今忽崩隕,則爲晏駕。”春秋十九,海内士庶,猶曰幼君。況今奉未言之兒,以臨天下,而望昇平,其可得乎?吾世荷國恩,不能坐看成敗,今欲以鐵馬五千,“五千”,逸史本作“三千”。○文選陸倕石闕銘云:“鐵馬千群,朱旗萬里。”李善曰:“鐵馬,鐵甲之馬。”赴哀山陵,哀,悼也。“山陵”謂“陵寢”。兼問侍臣帝崩之由,君竟謂何如?”“何如”原作“如何”,此從逸史本。○案史言肅宗之崩,事出倉卒,時論咸言鄭儼、徐紇之計,於是朝野憤歎。故尒朱榮與元天穆等密議稱兵,入匡朝廷。乃抗表上言,有云:“今從佞臣之舉潘嬪之女,以誑百姓;奉未言之兒,而臨四海;欲使海内安乂,愚臣所未聞。伏願聽臣赴闕,預參大議,問侍臣帝崩之由,訪禁旅不知之狀。以徐鄭之徒,付之司敗。雪同天之恥,謝遠近之怨”云云。見榮本傳。穆曰:“明公世跨并肆,并州、肆州也。肆州今屬山西忻縣。○榮世爲并肆二州刺史。見前。雄才傑出,部落之民,控弦一萬。盛言其部伍之衆。若能行廢立之事,伊霍復見於今日。”“於”字原脱,此依逸史本。○伊霍者,伊尹、霍光也。伊尹相殷,太甲立,不明,伊尹乃放諸桐,三年復歸於亳。見尚書太甲篇。霍光字子孟,漢霍去病之弟。昭帝時爲大將軍,輔政十三年,昭帝崩,無嗣,迎立昌邑王賀。賀即位失德,光復廢之,改立宣帝。事與伊尹廢太甲同。見漢書卷六十八光傳。榮即共穆結異姓兄弟。穆年大,榮兄事之。穆長榮四歲。榮爲盟主,穆亦拜榮。於是密議長君諸王之中不知誰應當璧。當璧者,爲社稷之主也。左氏昭公十三年傳云:“楚共王無冢適,有寵子五人,無適立焉。乃大有事於群望,而祈曰:請神擇於五人者,使主社稷。乃徧以璧見于群望曰:當璧而拜者,神所立也,誰敢違之。既乃與巴姬密埋璧於大室之庭,使五人齋而長入拜。**康王跨之,靈王肘加焉。"遂於晉陽,人各鑄像不成,**"人各",逸史本作"令別",真意本作"令各"。**唯長樂王子攸像光相具足,端嚴特妙。是以榮意在長樂。**子攸,即孝莊帝,彭城王勰第三子,肅宗孝昌二年封長樂王。見魏書卷十孝莊紀。○案以鑄像卜休咎,此乃北人之國俗。魏故事,將立皇后,必令手鑄金人,以成者爲吉,否則不得登后位。見北史后妃傳。即權臣之欲僭位者,亦往往鑄金爲己像,以成否驗天意,非特后妃然也。見趙翼廿二史劄記卷十四。榮之鑄長君諸王之像,亦即此意。魏書榮傳亦云:"榮發晉陽,以銅鑄高祖及咸陽王禧等六王子孫像,成者當奉爲主,惟莊帝獨就。"**遣蒼頭王豐入洛,**"王豐",魏書榮傳作"王相"。**約以爲主。**"約"原作"詢",此從逸史本。**長樂即許之,共剋期契。榮三軍皓素,揚旌南出。太后聞榮舉兵,召王公議之。時胡氏專寵,皇宗怨望,入議者莫肯致言。**"入"上原有"假"字,依逸史本删。**唯黃門侍郎徐紇**"紇"原作"統",誤。本書卷二"崇真寺"條及卷三"菩提寺"條均作"徐紇"。徐紇見魏書卷九十三恩倖傳。紇字武伯,樂安博昌人。家世寒微,少好學,有名理,頗以文詞見稱。高祖拔爲主書。世宗初,除中書舍人。肅宗時,靈太后秉政,以曲事鄭儼,特被信任。遷給事黃門侍郎,總攝中書門下之事。軍國詔命,莫不由之。然性浮動,慕權利,外似謇正,内實諂諛。與鄭儼、李神軌寵任相亞,時稱"徐鄭"。肅宗之崩,事出倉卒,時人咸謂二人之計也。**爾朱榮將入洛,既剋河梁,紇乃南奔蕭梁。"爾朱榮馬邑小胡,**馬邑即朔州。榮家起自朔北,故云。諸道山河地名要略云:"朔州州城本漢馬邑城也。昔秦人築城於武州塞,以備胡,城將成而崩者數矣。有馬馳走周旋,及後父老異之,因依走處築城,乃不崩。遂名馬邑也。"**人才凡鄙,不度德量力,長戟指闕,所謂窮轍拒輪,**言困頓途窮,徒奮螳蜋之臂也。莊子人間世云:"蘧伯玉謂顏闔曰:汝不知夫螳蜋乎? 怒其臂以當車輾,不知其不勝任也。"**積薪候燎！**言自取覆滅,何功之有。漢書卷四十八賈誼傳曰:"夫抱火厝之積薪之下,而寢其上,火未及然,因謂之安;方今之執,何以異此?"今宿衛文武足得一戰,但守河橋,在河南孟縣南。晉杜預造河橋於富平津。爲古兵戰必爭之地。**觀其意趣;榮懸軍千里,兵老師弊**,逸史本"弊"作"敝"。**以逸待勞,破之必矣。"后然紇言,即遣都督李神軌**、神軌,頓丘人,李崇子。受父爵,累出征討,頗有將領之氣。孝昌中爲靈太后寵遇,勢傾朝野。頻遷征東將軍,給事黃門侍郎,領中書舍人。尒朱榮向洛,爲大都督,率衆禦之。出至河橋,值北中不守,遂退還。及與百官候駕於河陰,乃遇害。見魏書卷六十六李崇傳。**鄭季明等**,季明,滎陽開封人,鄭德玄子。釋褐太學博士。正光中,累遷平東將軍、光禄少卿。武泰中,潛通尒朱榮,謀奉莊帝。及在河陰,遂爲亂兵所害。見魏書卷五十六鄭義傳。**領衆五千,鎮河橋。四月十一日榮過河內**,今河南沁陽縣治。**至高頭驛。**當在河內之南。**長樂王從雷陂北渡**,"雷陂",通鑑考異引作"雷陂",魏書作"高渚"。**赴榮軍所。**魏書尒朱榮傳云:"榮師次河內,莊帝與兄彭城王劭、弟始平王子正於高渚潛渡以赴之。時武泰元年四月九日也。十一日榮奉帝爲主,十二日百官皆朝於行宮。"**神軌、季明等見長樂王往,遂開門降。**魏書卷五十六鄭先護傳云:"莊帝之居藩也,先護深自結託。及尒朱榮稱兵,靈太后令先護與鄭季明等固守河梁,先護聞莊帝即位於河北,遂開門納榮。"**十二日榮軍於芒山之北**,文選潘岳河陽縣作云:"脩芒鬱岧嶢。"李善注引郭緣生述征記云:"北芒,城北芒嶺也。去大夏門不盈一里。"水經注穀水注云:"洛陽廣莫門北對芒阜,連嶺脩亘,苞總衆山。始自洛口,西踰平陰,悉芒壠也。"○案"芒"字亦作"邙",方輿紀要云:"邙山綿亘四百餘里,古陵寢多在其上。"清嘉慶洛陽志云:"邙山在今縣北五里許。"**河陰之野。**今河南孟津縣東。**十三日召百官赴駕,至者盡誅之。**王公卿士及諸朝臣死者二千餘人。"二千"原作"三千",逸史本作"二千",與魏書孝莊紀、北史卷四十八尒朱榮傳合。○魏書榮傳曰:

“十三日榮惑武衛將軍費穆之説，乃引迎駕百官於行宫西北，云欲祭天。朝士既集，列騎圍繞，責天下喪亂，明帝卒崩之由，云皆緣此等貪虐不相匡弼所致。因縱兵亂害，王公卿士皆斂手就戮，死者千三百餘人。皇弟皇兄並亦見害。靈太后、少主其日暴崩。”北史云：“榮既渡河，太后乃下髮入道。内外百官皆向河橋迎駕，榮惑費穆之言，謂天下乘機可取，乃譎朝士，共爲盟誓。將向河陰西北三里，至南北長隄，悉命下馬西度，即遣胡騎四面圍之，妄言丞相高陽王欲反，殺百官王公卿士二千餘人。又遷帝於河橋，沉靈太后及少主於河。榮遂鑄金爲己像，數四不成，遂便愧悔。至四更中，乃迎莊帝。十四日始奉車駕向洛陽宫。”十四日車駕入城，大赦天下，改號爲建義元年，是爲莊帝。于時新經大兵，人物殲盡，流迸之徒，驚駭未出。迸者，散走也。○魏書榮傳亦云：“于時或云榮欲遷都晉陽，或云欲肆兵大掠，迭相驚恐，人情駭震。京邑士子，十不一存，率皆逃竄，無敢出者。直衛空虛，官守曠廢。”莊帝肇升太極，太極殿也。解網垂仁，唯散騎常侍山偉一人拜恩南闕。偉字仲才，河南洛陽人。肅宗初，元匡爲御史尉，以偉兼侍御史。及領軍元乂秉政，偉復奏記，贊乂德美。引偉兼尚書二千石郎。僕射元順領選，表薦爲諫議大夫。尒朱榮之害朝士，偉時守直，故免禍。及莊帝入宫，仍除給事黄門侍郎。孝靜初，領著作，守舊而已，初無述著。故自崔鴻死後，迄終偉身，二十許載，時事蕩然，萬不記一。史之遺闕，偉之由也。見北史卷五十偉傳。加榮使持節中外諸軍事大將軍、開府北道大行臺、都督十州諸軍事大將軍、領左右、太原王。其天穆爲侍中、太尉公、世襲并州刺史、上黨王。起家爲公卿牧守者，不可勝數。二十日洛中草草，詩巷伯“勞人草草”，傳云：“草草，勞心也。”箋云：“草草者，憂將妄得罪也。”猶自不安。死生相怨，人懷異慮。貴室豪家，棄宅競竄；“棄”原誤作“并”。貧夫賤士，襁負爭逃。於是出詔，濫死者，普加褒贈。三品以上，贈三公。五品以上，贈令僕。令者，尚書令、中書令；僕者，太僕、太子僕等是也。七品以上，贈州牧。白民贈郡鎮。於是稍安。“白民”，北史尒朱榮傳作“白身”，義同。身無官爵，謂之白民。○郡鎮，郡守鎮將也。○由此可知當時名器之濫。故魏書榮傳云：“自兹已後，贈終叨濫，庸人賤品，動至大官，爲識者所不貴。”**帝納榮女爲皇后。**北史云：“榮女先爲明帝嬪，欲上立爲后。帝疑未決。給事黃門侍郎祖瑩曰：昔文公在秦，懷嬴入侍，事有反經合義，陛下獨何疑焉？上遂從之。榮意甚悦。”案此事不見魏書，蓋榮女後爲齊神武所納，故魏收諱而不言。見廿二史劄記卷十三。**進榮爲柱國大將軍録尚書事，餘官如故。進天穆爲大將軍，餘官皆如故。**

永安二年五月，莊帝於武泰元年四月即位，改號建義元年。是年九月，因葛榮亂平，境内安乂，復改稱永安元年。此永安二年者，即莊帝即位之次年也。**北海王元顥復入洛，在此寺聚兵。**

顥，莊帝從兄也。顥字子明，北海王詳子。明帝武泰初，爲侍中驃騎大將軍，開府儀同三司，相州刺史。見魏書卷二十一上本傳附。**孝昌末鎮汲郡。聞尒朱榮入洛陽，遂南奔蕭衍。**衍以顥爲魏王。是年入洛，見魏書莊帝紀及顥傳。**莊帝北巡。**魏書莊帝紀云：“五月甲戌車駕北巡，乙亥幸河内，丙子元顥入洛。”**顥登皇帝位，改年曰建武元年。**顥墓誌云：“公慮兼家國，舊身授手，府朝並建，作鎮鄴城。屬明皇暴崩，中外惟駭，尒朱榮因藉際會，窺兵河洛，遂遠適吳越，觀變而動。孝莊統歷，政出權胡，驕恣惟甚。公仰鼎命之至重，瞻此座之可惜，總衆百越，來赴三川。而金縢未刊，流言競起。兵次牢洛，輿輦北巡。既宗廟無主，而雄圖當就；不得不暫假尊號，奉祭臨師。覬當除君側以謝時，復明辟以歸老”云云。見河南金石志圖正編第一集。**顥與莊帝書曰：“大道既隱，天下匪公。**禮記禮運曰：“大道之行也，天下爲公。”又曰：“大道既隱，天下爲家。”**禍福不追，**“追”疑爲“述”字之誤。詩日月云：“報我不述。”傳曰：“述，循也。”案循者，順也。**與能義絶。**禮記禮運曰：“選賢與能，講信脩睦。”案“與”當作“舉”，與能者，舉能也。見王引之經義述聞。**朕猶庶幾五帝，無取六軍。**

五帝，謂黃帝、顓頊、帝嚳、帝堯、帝舜。○六軍者，萬二千五百人爲軍，古者天子六軍，諸侯三軍。左氏成公三年傳云：“晉作六軍”，言其僭越也。○此所謂庶幾五帝，無取六軍者，言其德如五帝，以禪讓爲先，無煩興兵動衆而奪帝位也。**正以糠粃萬乘**，“正”，逸史本作“故”。案“正”蓋“是”字之誤也。○孟子梁惠王上“萬乘之國”，趙岐曰：“萬乘，兵車萬乘，謂天子也。”糠粃萬乘者，言不以南面稱君爲可貴也。穀皮曰糠，穀不熟爲粃，皆猥瑣之物也。**錙銖大寶**，易繫辭下曰：“聖人之大寶曰位。”錙銖大寶者，言不以即位登膺爲重也。禮記儒行篇云：“儒有上不臣天子，下不事諸侯，雖分國如錙銖。”鄭注曰：“言君分國以禄之，視之輕如錙銖矣。”案權十黍爲絫，十絫爲銖，六銖爲錙。**非貪皇帝之尊，豈圖六合之富？** 四方上下爲六合。**直以尒朱榮往歲入洛**，順而勤王，左氏僖公二十五年傳云：“求諸侯莫如勤王。”呂覽不廣篇云：“勤天子之難。”高注曰：“勤，憂也。”**終爲魏賊。逆刃加於君親，鋒鏑肆於卿宰。**詩皇矣云：“是伐是肆。”鄭箋曰：“肆，犯突也。”**元氏少長，殆欲無遺。**魏之宗室死難者，據魏書孝莊紀所述已有十餘人。**已有陳恒盜齊之心**，陳恒即田常，陳屬公之後。相齊簡公。後子我欲誅田氏，田常殺子我，簡公亦被弑，乃立簡公弟驁，是爲平公。平公即位，政歸田氏。田常自爲封邑，大於平公之所食。其後田氏卒代齊爲侯矣。見史記田完世家。**非無六卿分晉之計。**六卿者，韓趙魏三卿及范氏、中行氏、智氏也。晉昭公時，六卿彊，公室卑。出公之世，智伯與韓趙魏共分范、中行地以爲邑。出公死，哀公立，智伯遂有范、中行地，最彊。哀公四年，韓趙魏共殺智伯，盡并其地。靜公二年，韓趙魏滅晉侯，遂三分其地。見史記晉世家。○案此言尒朱氏久已包藏禍心。**但以四海橫流**，孟子滕文公上曰：“洪水橫流，氾濫於天下。”案此喻天下大亂，民遭塗炭，如溺洪流，無以幸免也。文選傅亮脩張良廟教云：“夷項定漢，大拯橫流。”**欲篡未可；暫樹君臣，假相拜置。害卿兄弟**，河陰之難，莊帝兄無上王劭、弟始平王子正並遇害。**獨夫介立。**獨夫，猶言一夫也。書泰誓下：“獨夫受洪惟作威。”**遵養待時**，詩周頌酌云：“於鑠王師，遵養時晦。”毛傳曰：“遵率，養取，晦昧也。”鄭箋曰：“文王之用師，率殷之叛國，養是闇昧之君，以老其惡。”案左氏宣公十二年傳引詩，杜注曰：“言美武王能遵天之道，須暗昧者惡積而後取之。”此云遵養待時，即用鄭、杜義。**臣節詎久？朕覩此心寒，遠投江表**，即江左。**泣請梁朝，誓在復恥**。魏書顥傳云：“顥與子冠受率左右奔于蕭衍。顥見衍，泣涕自陳，言辭壯烈。衍奇之，遂以顥爲魏王。假之兵將，令其北入。永安二年四月於梁國城南登壇燔燎，號孝基元年。”**風行建業，電赴三川**，三川者，河、洛、伊也。見前。**正欲問罪於尒朱，出卿於桎梏，恤深怨於骨肉，解蒼生於倒懸**。孟子公孫丑上云：“萬乘之國，行仁政，民之悅之，猶解倒懸也。”趙岐曰：“倒懸，喻困苦也。”案賈誼新書解縣篇云：“足反居上，首顧居下，是倒縣之勢也。”**謂卿明眸擊節**，文選蜀都賦：“巴姬彈絃，漢女擊節。”此謂如響斯應，意旨相合，共赴家難也。**躬來見我，共叙哀辛，同討兇羯**。羯，五胡之一。自晉石勒居於上黨。**不意駕入成皋**，魏成皋屬滎陽郡，漢河南之縣，故虎牢郡。陸機洛陽記云：“洛陽四關，東有成皋關，在汜水縣東南二里。”案其地至險，聞於天下，在今河南汜水西北。**便爾北渡。雖迫於凶手，勢不自由；或貳生素懷**，“貳”，原空闕，津逮本作“貳”。逸史本作“訴”。案作“訴”文義不通。貳者，攜貳也。或爲“貣”字之誤，“貣”與“忒”字通，忒者，變也。**棄劍猜我**。棄劍不討兇羯，反而疑我也。**聞之永歎，撫衿而失。何者？朕之於卿，兄弟非遠**。同爲獻文帝之孫。詩小雅伐木云：“兄弟無遠。”**連枝分葉，興滅相依。假有内鬩**，原作“閟”，誤。**外猶御侮**；詩小雅常棣云：“兄弟鬩于牆，外御其務。”傳曰：“務，侮也。”**況我與卿，睦厚偏篤，其於急難**，詩常棣又云：“脊令在原，兄弟急難。”**凡今莫如**。詩又云：“凡今之人，莫如兄弟。”**棄親即讐，義將焉據也？且尒朱榮不臣之跡，暴於旁午**。漢書霍光傳云：“受璽以來，二十七日，使者旁午。”如淳曰：“旁午，分布也。”案一縱一橫謂之旁午。此指道路而言。○暴，蒲木切。**謀魏**

社稷，愚智同見。卿乃明白，疑於必然，託命豺狼，委身虎口，棄親助賊，兄弟尋戈。尋者，用也。左氏昭公元年傳云："日尋干戈，以相征討。"假獲民地，民地，一民尺寸之地。本是榮物；若克城邑，"克"，逸史本作"剋"，義同。絕非卿有。徒危宗國，以廣寇仇。快賊莽之心，莽，王莽也。假卞莊之利。卞莊亦稱卞莊子，國策秦策陳軫對秦惠王曰："亦嘗有以夫卞莊子刺虎聞於王者乎？莊子欲刺虎，館豎子止之，曰：兩虎方且食牛，食甘必爭，爭則必鬥，鬥則大者傷，小者死，從傷而刺之，一舉必有二獲。"事又見史記卷七十陳軫傳。此謂使榮得乘其利也。有識之士，咸為慚之。今家國隆替，"家國"，逸史本作"國家"，與通鑑合。替，廢也。在卿與我。若天道助順，誓茲義舉，則皇魏宗社，與運無窮。儻天不厭亂，"儻"，逸史本作"脫"，義同。脫為北人俗語，義云若也。胡羯未殄，"殄"，絕也，盡也。鴟鳴狼噬，鴟，惡聲鳥也，鳴則不祥。狼性狠戾，每每反噬。此喻其橫行殘暴也。宋傳亮宋公九錫文云："鮮卑負眾，僭盜三齊，狼噬冀、青，虔劉沂、岱。"荐食河北，荐者，數也。數，所角切。左氏定公四年傳云："申包胥如秦乞師，曰：吳為封豕長蛇，以荐食上國。"是也。在榮為福，於卿為禍。豈伊異人？詩小雅頍弁云："豈伊異人，兄弟匪他。"尺書道意，卿宜三復。復者，反復思之也。義利是圖，"義"字原誤作"兼"，各本均作"義"，今據正。富貴可保，徇人非慮。"徇"，從也。終不食言，自相魚肉。魚肉者，殘害之也。善擇元吉，易坤卦云："黃裳元吉。"干寶曰："上美為元。"勿貽後悔。"此黃門郎祖瑩之詞也。"瑩"原誤"榮"。北史瑩傳云："元顥入洛，以瑩為殿中尚書。莊帝還宮，坐為顥作詔罪狀尒朱榮，免官。後除秘書監。"○案此書北史不載，嚴可均輯北魏文，亦未收。時帝在長子城，長子，魏屬上黨郡，今山西長子縣。太原王、上黨王來赴急難。"難"字原脫。魏書卷七十四尒朱榮傳云："五月車駕出幸河北，事出不虞，天下改望。榮聞之，即時馳傳，朝行宮於上黨之長子。"六月帝圍河內，河內郡治野王。太守元桃湯、車騎將軍宗正珍孫等為顥守，"元桃湯”，魏書莊帝紀及尒朱榮傳並作“元襲”。此作“元桃湯”有異。元襲字子緒，墓誌稱京兆康王之孫，洛州刺史武公之子，以永安二年六月廿一日卒。宗正珍孫見魏書卷七十三崔延伯傳。攻之弗克。時暑炎赫，將士疲勞，太原王欲使帝幸晉陽，至秋更舉大義，未決，召劉助筮之，“劉助”，魏書作“劉靈助”。魏書卷九十一有傳云：“靈助燕郡人，尒朱榮性信卜筮，靈助所占屢中，遂被親待。”助曰：“必克。”於是至明盡力攻之，如其言。事詳魏書靈助傳。桃湯、珍孫並斬首，以殉三軍。顥聞河內不守，親率百僚出鎮河橋，特遷侍中安豐王延明往守硤石。延明，安豐王猛子。肅宗初，爲豫州刺史，累遷給事黄門侍郎。後遷侍中，詔爲東道行臺徐州大都督節度諸軍事。復遷都督徐州刺史。莊帝時，兼尚書令大司馬。及元顥入洛，乃與臨淮王彧帥百僚備法駕迎顥。見魏書卷二十延明傳及梁書卷三十二陳慶之傳。顥敗，遂將妻子奔梁，死於江南。○硤石，位馬渚之西，在河南孟津縣西二十里，爲黄河津渡處。七月帝至河陽，河陽，屬河內郡，見魏書地形志。與顥隔河相望。太原王命車騎將軍尒朱兆潛師渡河，破延明於硤石。魏書卷七十五尒朱兆傳云：“兆字萬仁，榮從子也。元顥之屯於河橋，榮遣兆與賀拔勝等自馬渚西夜渡數百騎，襲擊顥子冠受，擒之。又進破安豐王延明。”顥聞延明敗，亦散走。所將江淮子弟五千人，莫不解甲相泣，握手成別。“別”原作“列”，誤，此從逸史本。顥與數十騎欲奔蕭衍，“數十”原作“數千”，誤。此從逸史本。至長社，長社屬潁川郡。爲社民斬其首，傳送京師。“社”，逸史、真意二本作“村”。○案魏書顥傳云：“顥率帳下數百騎自轘轅南出至臨潁，部騎分散，爲臨潁縣卒所斬。”孝莊紀亦云：“臨潁縣卒江豐斬元顥，傳首京師。”又河南博物館所藏石刻有北海王元顥墓誌云：“以永安三年七月廿一日薨於潁川臨潁縣，時年卅六。”（見河南金石志圖正編第一集）據是則顥卒於臨潁也。二十日帝還洛陽，進太原王天柱大將軍，此官爵爲前代所未有。餘官亦如故；進上黨王太宰，餘官亦如故。

永安三年，逆賊尒朱兆囚莊帝於寺。

時**太原王**位極心驕，功高意侈，與奪任情，臧否肆意。"與"，津逮、真意二本作"予"。"任情"二字，各本並脫。案魏書孝莊帝紀詔稱："榮位極宰衡，與奪任情，臧否肆意，無君之跡，日月以甚。"與此字句相同，當據補。帝怒謂左右曰："怒"原誤作"恐"。**朕寧作高貴鄉公死**，"鄉"原作"卿"，誤。**不作漢獻帝生！**高貴鄉公，魏曹髦也。文帝孫，曹霖子。齊王芳廢，得即帝位。時大將軍司馬昭專權，髦見威權日去，不勝其忿。乃召侍中王沈、尚書王經等曰："司馬昭之心，路人所知也。吾不能坐受廢辱。今日當與卿自出討之。"經謂："宜見重詳。"帝乃出懷中版令投地曰："行之決矣！正使死何所懼，況不必死邪？"髦遂帥僮僕數百，鼓譟而出，竟爲賈允、成濟所弒，卒年二十。見三國志魏志四裴注引漢晉春秋。○漢獻帝建安十八年策命曹操爲魏公，並聘其三女爲貴人。十九年，曹操遣華歆勒兵入宮收伏后，后被髮徒跣，執帝手曰："不能復相活耶？"帝曰："我亦不自知命在何時也。"見三國志魏志一裴注引曹瞞傳。九月二十五日，詐言產太子，**榮、穆並入朝，莊帝手刃榮於明光殿**，"明光殿"，各本作"光明殿"，誤。今據魏書孝莊紀、尒朱榮傳及元天穆墓誌改正。案榮之被害，城陽王徽及侍中李彧主其謀。見本書卷四"宣忠寺"條及魏書榮傳。榮傳云："帝伏兵於明光殿東廊，引榮及榮長子菩提、天穆等俱入，坐定，光禄少卿魯安、典御李侃晞等抽刀而至，榮窘迫，起投御坐，帝先橫刀膝下，遂手刃之。安等亂斫，榮與天穆、菩提同時俱死，時年三十八。"穆爲伏兵魯遐所殺。"魯遐"，魏書榮傳作"魯安"。○又元天穆墓誌云："永安三年九月二十五日運巨橫流，奄離禍酷。春秋四十二，暴薨於明光殿。"**榮世子部落大人亦死焉。**即尒朱菩提也。**榮部下車騎將軍尒朱陽都等二十人，**"部"字原脫，據別本補。**隨入東華門，**宮城東西北邊一門。其南即雲龍門。**亦爲伏兵所殺。唯右僕射尒朱世隆素在家，**世隆，榮之從弟也。魏書卷七十五有傳。**聞榮死，總榮部曲，燒西陽門，**西陽門，洛陽西面南頭之第二門。**奔河橋。**

見前。至十月一日，**隆與榮妻北鄉郡長公主至芒山馮王寺爲榮追福薦齋**。原作"隆與妻鄉郡長公主"，非。北鄉郡長公主，榮之妻也。見魏書榮傳及世隆傳。別本"妻"字上有"榮"字，不誤。考魏書卷十九東平王略傳云："尒朱榮，略之姑夫，略所輕忽。"是榮妻爲南安王楨女也。○王應麟通鑑地理通釋云："芒山亦作邙山，郡縣志北邙山在河南府偃師縣北二里。十道志邙山在洛陽縣北十里。"○馮王寺者，馮熙所建之寺。北史外戚傳云："馮熙字晉昌，長樂信都人。文明太后之兄也。尚恭宗女，拜駙馬都尉，進爵昌黎王。高祖即位，文明太后臨朝，高祖以熙爲侍中、車騎大將軍、開府、都督、洛州刺史。熙爲政不能仁厚，而信佛法，自出家財在諸州鎮建佛圖精舍，合七十二處。其北邙寺碑文，中書侍郎賈元壽之詞，高祖頻登北邙寺，親讀碑文，稱爲佳作。"即此所稱馮王寺也。○"薦"字原脱，據逸史本補。追福者，以絹物奉寺主，以求冥助，而銷過往之愆也。**即遣尒朱侯討伐、尒朱那律歸等**，"那"，逸史、真意二本作"弗"。通鑑作"拂"。○案此侯、那二氏蓋爲朔北胡民附於尒朱者，故復冠尒朱之姓。**領胡騎一千，皆白服來至郭下，索太原王尸喪。帝升大夏門望之，遣主書牛法尚謂歸等曰："太原王立功不終，陰圖釁逆，王法無親，已依正刑，罪止榮身，餘皆不問。卿等何爲不降？官爵如故。"歸曰："臣從太原王來朝陛下，何忽今日枉致無理？臣欲還晉陽，不忍空去，願得太原王尸喪，生死無恨。"**魏書卷七十五世隆傳云："世隆攻河橋，殺武衛將軍奚毅，率衆還戰大夏門外。朝野震懼，憂在不測。莊帝遣前華陽太守段育慰喻，世隆斬之以徇。"**發言雨淚，哀不自勝。群胡慟哭，聲振京師。帝聞之，亦爲傷懷。遣侍中朱元龍齎鐵券與世隆**，朱元龍名瑞，代郡桑乾人。永安中，爲齊州恒州刺史。孝昌末，尒朱榮引爲其府戶曹參軍，甚爲榮所親任。後入朝爲侍中。及尒朱兆入洛，復爲尒朱世隆所殺。魏書卷八十有傳。○鐵券者，以鐵爲之，其狀如卷瓦，上書官職恩賚等，以賞殊功也。待之不死，官位如故。**世隆謂元龍曰："太原王功格天地**，格，至也。**道濟**

生民,“道”原作“造”,誤。今從逸史本。赤心奉國,神明所知。長樂不
顧信誓,枉害忠良,今日兩行鐵字,何足可信? 吾爲太原王報仇,終不歸
降!”元龍見世隆呼帝爲長樂,知其不款,款,誠也。且以言帝。帝即出
庫物置城西門外,募敢死之士,以討世隆,一日即得萬人。魏書孝莊紀
僅云募勇士八千討世隆,此言較詳。與歸等戰於郭外,兇勢不摧。歸等
屢涉戎場,便利擊刺;“利”字原脱,此依逸史本。便利者,捷速也。荀子
議兵篇云:“械用兵革攻完便利者强。”京師士衆未習軍旅,雖皆義勇,力
不從心。三日頻戰,而游魂不息。游魂者,游散之精氣也,以喻羯胡之散
勇。易繫辭上:“精氣爲物,游魂爲變。”隋虞世南出塞詩云:“山西多勇氣,
塞北有游魂。”帝更募人斷河橋。有漢中人李苗爲水軍,從上流放火燒
橋,“李苗”各本作“李荀”,此依魏書正。魏書孝莊紀云:“冬十月乙卯,通
直散騎常侍假平西將軍都督李苗以火船焚河橋。”又卷七十一苗傳曰:“苗
字子宣,梓潼涪人。尒朱世隆逼都邑,孝莊親幸大夏門,集群臣博議,百寮
悵懼,計無所出。苗獨奮衣而起曰:今小賊唐突如此,朝廷有不測之危,正
是忠臣烈士效節之日。臣雖不武,竊所庶幾。請以一旅之衆,爲陛下徑斷
河梁。莊帝壯而許焉。是役苗浮河而殁。世隆正欲大縱兵士焚燒都邑,
賴苗京師獲全。”世隆見橋被焚,遂大剽生民,北上太行。帝遣侍中源子
恭、子恭字靈順,賀孫。莊帝時爲征南將軍,給事黃門侍郎。世隆之據河
橋,詔子恭爲都督以討之。見魏書卷四十一源賀傳。黃門郎楊寬,寬華陰
人,儉弟。永安二年除中軍將軍太府卿,後爲散騎常侍驃騎將軍。至出帝
太昌初,方除給事黃門侍郎。見魏書卷五十八楊播傳。此云莊帝時爲黃
門郎,與史有異。領步騎三萬,鎮河内。世隆至高都,高都郡屬建州,晉
屬上黨。立太原太守長廣王曄爲主,逸史本作“長廣王等公瓦子爲王”,
誤。案曄字華興,小字盆子,南安王楨孫。起家秘書郎,稍遷通直散騎常
侍。莊帝初封長廣王,出爲太原太守,行并州事。尒朱世隆推曄爲主,尋
爲所廢。見魏書卷十九下南安王楨傳。改號曰建明元年。“明”字原闕,

依魏書孝莊紀及長廣王曄傳補。逸史、津逯二本作“建元”，誤。尒朱氏自封王者八人。據魏書卷七十五所載尒朱氏之爲王者六人，即尒朱兆、尒朱彥伯、尒朱仲遠、尒朱世隆、尒朱度律、尒朱天光是也。長廣王都晉陽，“都”字原闕，依逸史本補。遣潁川王尒朱兆舉兵向京師，案尒朱兆莊帝初都督潁川郡，後以平元顥功，除汾州刺史。及尒朱榮死，乃自汾州率騎據晉陽。元曄立，授兆大將軍，爵爲王。見魏書卷七十五本傳。此稱潁川王者，即其封爵矣。見魏書前廢帝紀。逸史本“潁川”下無“王”字，非是。子恭軍失利，魏書子恭傳云：“尒朱兆率衆南出，子恭所部都督史仵龍、羊文義開柵降兆。子恭退走，爲兆所破。衆既退散，兆因入洛。”兆自雷陂涉渡，“雷陂”原作“雷波”，依逸史本改。“雷陂”已見上文。魏書兆傳作“從河橋西涉渡”。孝莊紀作“自富平津上涉渡”。富平津即孟津，在河南孟縣南。擒莊帝於式乾殿。魏書孝莊紀云：“十二月壬寅朔，尒朱兆寇丹谷，源子恭奔退。甲辰，兆自富平津上率騎涉渡，以襲京城，事出倉卒，禁衛不守。帝出雲龍門，兆逼帝幸永寧佛寺。”帝初以黃河奔急，謂兆未得猝濟，原作“未謂兆得濟”，此從逸史本。不意兆不由舟楫，憑流而渡。論語述而篇“暴虎憑河”，皇疏：“無舟渡河曰憑河。”是日水淺，不没馬腹，“没”，逸史本作“及”。故及此難。書契所記，未之有也。衒之曰：昔光武受命，冰橋凝於滹水；“凝”原作“宜”，音近而訛。別本不誤。案漢更始二年正月光武徇薊，王郎移檄購求甚急。光武乃趣駕南轅，晨夜兼行，蒙犯霜雪，時天寒，面皆破裂。至滹沱河，無船可渡，適遇冰合乃過。由是馳赴信都，太守任光出迎，其勢始盛。見後漢書光武紀上。昭烈中起，的盧踊於泥溝，案蜀先主初依袁紹，紹敗，乃奔荊州，往依劉表。表憚其爲人，不任信用。曾請先主宴會，蔡瑁欲因會取之。先主覺，偽如厠，潛遁。乘所乘馬名“的盧”而去。走墮襄陽城西檀溪水中，溺不得拔。先主急曰：“的盧！今日厄矣！可努力！”的盧一踊三丈，遂得過。見三國志蜀先主紀裴松之注。伯樂相馬經曰：“馬白頟入口至齒者名曰榆鴈，一名的盧。奴乘客死，

主乘棄市，凶馬也。”見世説德行篇注引。“榆鴈”，齊民要術卷六作“俞
膚”，“的盧”作“的顱”。皆理合於天，神衹所福，故能功濟宇宙，大庇生
民。若兆者，蜂目豺聲，左氏傳文公元年：“楚子將以商臣爲大子，訪諸令
尹子上，子上曰：是人也，蠭目而豺聲，忍人也，不可立也。”行窮梟獍，梟獍
乃凶逆之禽獸。梟，鳥名，食母。獍，獸名，食父。見任昉述異記及史記封
禪書注。獍，居慶切。○窮，極也。阻兵安忍，左氏傳隱公四年“阻兵而安
忍”，正義曰：“阻，恃也。”案阻兵即以兵爲後衛也。賊害君親，皇靈有知，
皇靈，天神也。鑒其凶德！反使孟津由膝，贊其逆心，易稱天道禍淫，鬼
神福謙，“禍淫”，逸史本作“禍盈”。案易謙卦“天道虧盈而益謙，地道變
盈而流謙，鬼神害盈而福謙”。此云天道禍淫，蓋用書湯誥“天道福善禍
盈”之意。以此驗之，信爲虛説。案術之記伽藍而兼叙史事，且爲之評
議，亦史傳論之流也。時兆營軍尚書省，建天子金鼓，庭設漏刻，嬪御妃
主，皆擁之於幕。鏁帝於寺門樓上。時十二月，帝患寒，隨兆乞頭巾，通
鑑梁紀十胡注云：“頭巾，所謂袙頭。”兆不與，遂囚帝送晉陽，“送”原作
“還”，此從逸史本。縊於三級寺。三級寺在城内，寺塔三級，故名。帝崩
時年二十四。帝臨崩禮佛，願不爲國王。又作五言曰：“權去生道促，憂
來死路長。懷恨出國門，含悲入鬼鄉。隧門一時閉，幽庭豈復光？文選
卷二十八陶淵明挽歌詩：“幽室一已閉，千年不復期。”思鳥吟青松，文選
卷二十四陸機贈從兄車騎詩：“思鳥有悲音。”哀風吹白楊。昔來聞死苦，
何言身自當！”至太昌元年冬，太昌，孝武帝（元脩）即出帝之年號，此即莊
帝死後之第二年（532）。始迎梓宫赴京師，葬帝靖陵。“靖陵”，魏書作
“靜陵”。所作五言詩即爲挽歌詞。朝野聞之，莫不悲慟，百姓觀者，悉
皆掩涕而已。

永熙三年二月，孝武帝即位之三年。浮圖爲火所燒。續僧傳、釋教録作“爲
天所震”。帝登凌雲臺望火，“凌”，逸史、真意二本作“臨”，誤。案字當作
“陵”。元河南志卷三云：陵雲臺，魏文帝黄初二年築，在宣陽門内。楊龍驤

洛陽記曰：高二十丈，登之見孟津。世説曰：陵雲臺，樓觀極精巧，先稱平衆材，輕重當宜，然後造構，乃無錙銖，遞相負揭。臺雖高峻，常隨風揺動，而終無崩壞。明帝登臺，懼其勢危，別以大材扶持之，樓即頹壞。論者謂輕重力偏故也。”（此與今本世説巧藝篇文字有異同。）案劉孝標注引洛陽宮殿簿曰：“陵雲臺上，壁方十三丈，高九尺。樓方四丈，高五丈。棟去地十三丈五尺七寸五分也。”遣南陽王寶炬、寶炬，京兆王愉子。孝莊時封南陽王。出帝即位，除太尉公侍中太保。後從出帝没於關西。宇文黑獺害出帝，寶炬乃自稱帝。見魏書出帝紀及京兆王愉傳。録尚書〔事〕長孫稚，“事”字各本無，今補。稚字承業，代人。莊帝時爲司徒公，加侍中兼尚書令。前廢帝立，遷太尉公，録尚書事。出帝初，轉太傅録尚書事。見魏書卷二十五。將羽林一千救赴火所，莫不悲惜，垂淚而去。火初從第八級中平旦大發，當時雷雨晦冥，雜下霰雪，百姓道俗，咸來觀火。悲哀之聲，振動京邑。時有三比丘，赴火而死。續僧傳、釋教録作“有二道人不忍焚爐，投火而死”。○比丘，譯音字，梵語爲 bhikṣu，乃行乞之義。釋氏要覽卷上稱謂門云：“比丘，秦言乞士。謂上於諸佛乞法，資益慧命；下於施主乞食，資益色身。”道人者，亦即比丘也。比丘之赴火，乃佛家舍身救難之意。火經三月不滅。有火入地尋柱，周年猶有煙氣。

其年五月中，釋教録無“中”字。有人從東萊郡來云：“東萊郡”，各本作“象郡”。今從續僧傳改。太平御覽六百五十八及釋教録引亦均作“東萊郡”。魏書地形志無象郡。東萊郡屬光州，今山東掖縣治。“見浮圖於海中，光明照耀，儼然如新，海上之民，咸皆見之。俄然霧起，浮圖遂隱。”至七月中，平陽王爲侍中斛斯椿所挾，“挾”原作“使”，學津本作“逼”。此依續僧傳、釋教録。奔於長安。平陽王即孝武帝（出帝），名脩，字孝則，廣平武穆王懷之第三子。莊帝永安三年封平陽王。後廢帝安定王中興二年四月，自以疏遠，未協四海之心，乃遜大位。高歡奉王爲帝，改中興二年爲太昌元年。是年十二月改爲永熙元年。永熙三年七月從斛斯椿言，親總六軍次於河橋，以伐高歡，事不克濟，爲椿所迫，出於長安。見魏書卷十一。○椿字法壽，廣牧富昌人。魏書卷八十有傳。十月而京師遷鄴。孝武既入關，高歡乃奉清河王亶子善見爲帝。十月即位，改永熙三年爲天平元年，是爲孝靜帝。尋北遷於鄴，史稱東魏，十七年而亡。

○建中寺，普泰元年尚書令樂平王尒朱世隆所立也。普泰，前廢帝廣陵王恭之年號。其元年即莊帝卒之翌年。魏書尒朱世隆傳云："長廣王曄以世隆爲尚書令樂平郡王。"本是閹官司空劉騰宅。魏書卷九十四閹官傳云："騰字青龍，本平原城人，徙屬南兗州之譙郡。幼時坐事受刑，補小黃門。高祖時爲大長秋卿，太府卿。肅宗踐極，靈太后臨朝，除崇訓太僕，加中侍中，改封長樂縣開國公。騰幼充宮役，手不解書，裁知署名而已。姦謀有餘，善射人意，故特蒙進寵，多所干託。後與元乂害清河王懌，廢太后於宣光殿。又以騰爲司空公，表裏擅權，共相樹置。"

屋宇奢侈，梁棟踰制，一里之間，廊廡充溢。堂比宣光殿，宣光殿，沿晉殿名之舊。門匹乾明門，博敞弘麗，諸王莫及也。

在西陽門內御道北所謂延年里。

劉騰宅東有太僕寺，太僕掌皇帝之乘輿。寺東有乘黃署，晉制，太僕所掌有乘黃廄。署東有武庫署，晉制，衛尉統武庫。文選張衡西京賦"武庫禁兵"，薛綜注曰："武庫，天子主兵器之官也。"即魏相國司馬文王府庫，"庫"上逸史本有"武"字。司馬文王，司馬昭也。東至閶闔宮門是也。

西陽門內御道南，"南"字原闕，此從津逮本。元河南志云："永康里在西陽門內御道南。"即本此記也。有永康里。里內復有領軍將軍元乂宅。"乂"原作"义"，逸史本作"義"。此從學津本。下同。案魏書卷十六作"乂"，云："江陽王繼長子，字伯儁。"然河南博物館藏有元乂墓誌云："乂字伯儁，河南洛陽人也。尚宣武胡太后妹馮翊郡君，爲侍中領軍將軍。"是字當作"乂"。其名與字義正相應。"儁"同"俊"。書皋陶謨曰："俊乂在官。"馬融曰："才德過千人爲俊,百人爲乂。”

　掘故井得石銘,云是漢太尉荀彧宅。彧字文若,潁川潁陰人。漢獻帝建
安初爲侍中。見三國志魏志卷十。裴注引魏氏春秋曰:“魏元帝咸熙二年
贈彧太尉。”

正光年中,正光,孝明帝年號。元乂專權,太后幽隔永巷,騰爲謀主。騰與
太傅清河王懌有隙,於正光元年七月遂與元乂害懌,廢靈太后於宮中宣光
殿。騰閉永巷門,靈太后不得出,内外斷絶,騰自執管鑰,肅宗亦不得見。乂
總勒禁旅,決事殿中。乂爲外御,騰爲内防,生殺之威,皆決于騰、乂之手。
詳魏書二人本傳。

　乂是江陽王繼之子,太后妹婿。“婿”,永樂大典卷一三八二二引作
“壻”。熙平初,明帝幼沖,諸王權上,“權”,逸史本作“勸”,非。此指高
陽王雍、任城王澄、廣平王懷、清河王懌而言,諸王皆相繼位列三公。太后
拜乂爲侍中,領軍左右,令總禁兵,委以腹心,反得幽隔永巷六年,胡氏
於正光元年秋七月被廢,至孝昌元年夏四月反政,凡幽禁五年。下文云至
孝昌二年反政,故爲六年矣。太后哭曰:“養虎自齧,長虺成蛇!”
至孝昌二年太后反政,案魏書肅宗紀所載太后反政在孝昌元年,本書卷四
“沖覺寺”條同。元乂被殺在二年。遂誅乂等,没騰田宅。元乂誅日,騰已
物故,元乂之被誅在孝昌二年三月(見墓誌),劉騰之卒在正光四年三月。太
后追思騰罪,發墓殘尸,殘者,毀害之也。使其神靈無所歸趣。“趣”,逸史
本作“聚”。以宅賜高陽王雍。雍字思穆,獻文帝子。肅宗初,詔雍入居太
極西柏堂,諮決大政。靈太后預政,除侍中太師,後進丞相。元乂廢太后,雍
遂與乂同決庶政。歲禄萬餘,粟至四萬。榮貴之盛,昆弟莫及。然雍雖位重
於乂,而甚畏憚;因與肅宗、太后計,解元乂領軍,且除名爲民。太后以雍有
功,因以騰宅賜之也。雍,魏書卷二十一上有傳。建義元年尚書令樂平王
尒朱世隆爲榮追福,題以爲寺。朱門黃閣,所謂僭居也。以前廳爲佛殿,
後堂爲講室。“室”,大典引作“堂”,逸史本同。金花寶蓋,遍滿其中。金

花者,金銀蓮花也。寳蓋者,繒幡蓋也。法顯行傳云:"至竭乂國,值其王作
般遮越師(pañcapariṣad),漢言五年大會也,四方沙門皆來雲集,衆僧坐處,懸
繒幡蓋,作金銀蓮華,著僧座後。"是也。案金華寳蓋皆供具之物。唐道世諸
經要集卷四香燈部述意緣云:"夫因事悟理,必藉相以導真;瞻仰聖容,賴華
香以薦奉。是以寳華飄颺,含綺采而像紅蓮;名香鬱馥,若輕雲而似碧霧。"
有一涼風堂,本騰避暑之處,淒涼常冷,經夏無蠅,有萬年千歲之樹也。西
京雜記卷一,漢上林苑有千年長生樹、萬年長生樹。

○長秋寺,劉騰所立也。

騰初爲長秋令卿,魏書騰傳云:"高祖時,騰爲中黄門,後遷大長秋卿。"案
大長秋乃内侍官,爲後魏所置。因以爲名。

在西陽門内御道北一里。

亦在延年里,即是晉中朝時金市處。文選卷十六潘岳閒居賦云:"陪京泝
伊,面郊後市。"李善云:"陸機洛陽記曰:洛陽凡三市:大市名曰金市,在臨
商觀之西(臨商觀,宮中觀名,在宮之西)。馬市在大城之東。洛陽市在大
城南。"元河南志卷二云:"一説三市謂平樂市、金市、馬市也。金市在陵雲
臺西,北對洛陽壘。"寺北有濛汜池,元河南志卷二云:"魏明帝於宮西鑿
池,以通御溝,義取日入濛汜爲名。至晉張載作賦曰:幽瀆傍集,潛流獨
注。澹淡滂沛,更來迭去。仰承河、漢,吐納雲霧。"案楚辭天問:"出自暘
谷,入于濛汜。"汜音似。夏則有水,冬則竭矣。

中有三層浮圖一所,金盤靈刹,曜諸城内。作六牙白象負釋迦在虛空中。
逸史本脱"空"字。案修行本起經卷上云:"能仁菩薩化乘白象,來就母胎。"
普曜經卷二云:"菩薩從兜術天上化作白象,口有六牙,降神母胎。"此云作六
牙白象負釋迦在虛空中者,即佛降生之相也。○釋迦,佛名釋迦牟尼(Saky-
amuni),父爲迦毗羅衛城主淨飯王,母爲摩耶夫人。年三十五成道,行化四
十餘年,年八十,於拘尸那城跋提河邊示寂。去今已二千四百餘年。莊嚴佛

事,悉用金玉,**作工之異**,“作工”原作“工作”,津逮本同。案永樂大典卷一三八二二引作“作工”,逸史本同,今從之。**難可具陳。四月四日此像常出**,“四月四日”,各本同。案卷三“景明寺”條稱四月七日京師諸像皆至景明寺,本卷“昭儀尼寺”條亦云佛像於四月七日出詣景明,則此處“四日”當作“七日”。八日爲行像日,故先一日往詣景明寺也。案佛於四月八日夜從母右脅而生,佛既涅槃,後人恨未能親覩真容,故於是日立佛降生相,或太子巡城像,載以車輦,周行城市内外,受衆人之瞻仰禮拜,謂之行像。所以致其景慕之誠也。(見法顯行傳及義淨南海寄歸傳。)此事五天竺俱然,故中夏佛法既盛,亦染其風。魏書釋老志云:“魏世祖於四月八日興諸寺像行於廣衢,帝御門樓臨觀,散花致禮焉。”隋杜臺卿玉燭寶典卷四亦云:“四月八日行像供養。”此所稱佛像之出,正指出詣景明參與行像而言。此作“四日”,蓋傳寫之誤。**闢邪、師子導引其前**。闢邪、師子皆獸名。案佛説太子瑞應經云:“佛初生時,有五百師子從雪山來侍列門前。”故行像之時,即作師子爲導引。**吞刀吐火**,後漢書西南夷傳云:“永寧元年西南夷撣國王遣使者詣闕,獻樂及幻人,能變化吐火,自支解,易牛馬頭。”張衡西京賦云:“吞刀吐火,雲霧杳冥。”是此種伎藝漢時已由異域傳入中國。法苑珠林卷六十一引崔鴻十六國春秋北涼録云:“玄始十四年七月,西域貢吞刀嚼火,秘幻奇伎。”又引西京雜記云:“晉永嘉中有天竺胡人來渡江南,其人有數術,能斷舌續斷吐火,所在人士聚共觀視。其將斷舌,先吐以示賓客,然後刀截,血流覆地,乃取置器中,傳以示人。視之舌頭,半舌猶在。既而還取含續之,有頃,吐以示人,舌則如故,不知其實斷不也。其吐火,先有藥在器中,取一片與黍糠含之,再三吹呴,已而張口,火滿口中,因就爇處,取以爨之,則火便出熾也。又取書紙及繩縷之屬投火中,衆共視之,見其燒然,消糜了盡,乃撥灰中,舉而出之,故向物也。”(卷七十六亦有此文,第未舉出處,今合校。)**騰驤一面**。騰驤者,言馬之馳騁也。此指馬戲而言。西京賦所謂“百馬同轡,騁足并馳”也。**綵幢上索**,“綵”疑爲“緣”字之誤。“緣幢”見魏書樂志。幢者旌幢,樹之攀緣以爲戲。上索者,文選西京賦薛綜注云:"索上長繩繫兩頭於梁,舉其中央,兩人各從壹頭上,交相度,所謂舞絚者也。"又法苑珠林卷四引王玄策西國行傳云:"婆栗闍國王爲漢人設五女戲,其五女傳弄三刀,加至十刀;又作繩伎,騰虛繩上,著履而擲,手弄三仗刀楯槍等。種種關伎,雜諸幻術,截舌抽腸等,不可具述。"是皆異國之游戲伎藝也。**詭譎不常**。此指幻術而言,西京賦所記甚多。**奇伎異服,冠於都市。像停之處,觀者如堵,迭相踐躍,常有死人。**

○瑶光寺,世宗宣武皇帝所立。世宗名恪,高祖孝文皇帝第二子。雅好經史,尤長釋典。常於禁中式乾殿親講經論,廣集名僧,標明義旨。沙門條録爲内起居。延昌中,天下州郡僧尼寺多至一萬三千七百二十七所。景明初,詔白整於洛南伊闕山營石窟二所,窟頂去地三百一十尺,所費工力無算。見魏書世宗紀及釋老志。○瑶光寺爲尼寺,孝文廢皇后馮氏、宣武皇后高氏入道爲尼,皆居此寺。見北史后妃傳。**在閶闔城門御道北**,永樂大典卷一三八二二引同。逸史本"門"上無"城"字。案此別於閶闔宮門也,是當有"城"字。**東去千秋門二里**。元河南志卷三云:"千秋門,宮西門,西對閶闔門。"

　　千秋門内道北有西游園,園中有凌雲臺,"凌"當作"陵"。**即是魏文帝所築者。臺上有八角井,高祖於井北造涼風觀,登之遠望**,"遠望",逸史本作"望遠"。**目極洛川。**文選卷十九洛神賦云:"黃初三年,余朝京師,還濟洛川。"注:"洛水之川也。"**臺下有碧海曲池。臺東有宣慈觀,去地十丈。觀東有靈芝釣臺,累木爲之,出於海中,去地二十丈。風生户牖,雲起梁棟,丹楹刻桷**,桷,屋椽也。**圖寫列僊。刻石爲鯨魚,背負釣臺;既如從地踊出,又似空中飛下。釣臺南有宣光殿,北有嘉福殿,西有九龍殿。殿前九龍吐水成一海**。"九龍",大典及逸史本作"有龍"。案水經注卷十六穀水條云:"陽渠水枝流入石逗,伏流注靈芝九龍池。魏太和中皇都遷洛陽,經構宮極,修理街渠,務窮幽隱,發石視之,曾無毀壞。又石工細密,非今之所擬,遂因用之。"**凡四殿,皆有飛閣向靈芝往來。**"靈芝"下大典及逸史、真意二本並有"臺"字。三伏之月，皇帝在靈芝臺以避暑。

有五層浮圖一所，去地五十丈。僊掌凌虛，凌虛者，馮虛也。仙掌即仙人掌。史記武帝紀云："武帝作柏梁銅柱、承露仙人掌之屬。"班固西都賦云："抗仙掌以承露，擢雙立之金莖。"鐸垂雲表，作工之妙，埒美永寧。魏書李崇傳奏請置學及修立明堂有云："宜罷尚方雕靡之作，頗省永寧土木之功，並減瑤光材瓦之力，兼分石窟鎪琢之勞。"（亦見北齊書邢劭傳。）是瑤光、永寧之窮侈極度無獨有偶，有識之士所以爲之嗟歎也。金石錄卷二有瑤光寺碑，永平三年八月立，惜今已不傳。講殿尼房，"殿"，大典同。逸史本作"堂"。五百餘間。綺疏連亘，户牖相通，珍木香草，不可勝言。牛筋狗骨之木，毛詩草木疏云："杻，檍也，葉似杏而尖，白色，皮正赤。爲木多曲少直，枝葉茂好，人或謂之牛筋，或謂之檍，材可爲弓弩幹也。"詩小雅南山有臺云："南山有枸。"草木疏云："山木其狀如櫨，一名枸骨，理白。"陳藏器本草云："女貞似枸骨，枸骨樹如杜仲，皮堪浸酒，補腰腳，令健。木肌白似骨，故云枸骨。"案此作狗骨者，猶枸杞之亦可作狗杞也。見左傳昭公十二年釋文。雞頭鴨腳之草，"鴨"，大典作"鶏"。○説文云："芡，雞頭也。"方言云："雞頭或謂之雁頭。"齊民要術卷六云："芡一名雞頭，一名雁喙，由子形上花似雞冠，故名曰雞頭。"又卷三種葵法云："今世葵有紫莖白莖二種。種別，復有大小之殊。又有鴨腳葵也。"亦悉備焉。椒房嬪御，椒房者，后妃所居，以椒塗壁，取其香溫，故曰椒房。學道之所，掖庭美人，掖庭，宮禁兩旁之別院也。並在其中。亦有名族處女，性愛道場，落髮辭親，來儀此寺。逸史本"儀"作"依"，非。書云："鳳凰來儀。"方言卷二："儀，來也，陳潁之間曰儀。"屏珍麗之飾，屏，棄也。服修道之衣，投心八正，廣弘明集卷二十八北齊盧思道遼陽山寺願文云："投心覺海，束意玄門。"○八正，即八正道也。正見、正思惟、正語、正業、正命、正精進、正念、正定是也。歸誠一乘。一乘見序。廣弘明集卷十六沈約彌勒贊云："乘教本一，法門不二。"永安三年中尒朱兆入洛陽，大典無"兆"字。縱兵大掠，魏書兆傳稱兆入洛，縱兵擄掠，停洛旬餘。時有秀容胡騎數十人,原無"人"字,大典及逸史本有之。入寺婬穢,"寺"上原有"瑤光"二字,逸史本無,今删。自此後頗獲譏訕。京師語曰:洛陽男兒急作髻,"男兒",大典及逸史本作"女兒"。○髻,總髮也。當時男子總髮爲雙髻。見圖版七。瑤光寺尼奪作壻。"作壻",逸史本作"女壻"。

瑤光寺北有承明門,城之西北門也。有金墉城,"有"字上疑有脱文。即魏氏所築。水經注穀水條云:"魏明帝於洛陽城西北角築之,謂之金墉城。"又文選卷二十五陸機爲顧彦先贈婦詩"西城善雅儛",注引陸氏洛陽記曰:"金墉城在宫之西北角,魏故宫人皆在其中。"

晉永康中惠帝幽於金墉城。惠帝爲趙王倫所廢,居於此。晉書惠帝紀作永寧元年正月(301),此作永康,則爲永寧前一年矣,與晉書不合。東有洛陽小城,永嘉中所築。水經注云:"因阿舊城,憑結金墉,故向城也。永嘉之亂,結以爲壘,號洛陽壘。"○以上二十二字原無。案大典與逸史、津逮諸本有之,此當系注文。

城東北角有魏文帝百尺樓,水經注亦云:"魏文帝起層樓于東北隅。"趙一清云:"城爲明帝築,則樓不應云文帝起也。"案元河南志卷二引洛陽記曰:"洛陽城内西北隅有百尺樓,文帝造。"年雖久遠,"雖",逸史本作"歲"。大典作"年歲既久"。形製如初。"製",大典作"制",逸史本同。高祖在城内作光極殿,因名金墉城門爲光極門。水經注云:"皇居創徙,宫極未就,止蹕于此。構宵榭于故臺,所謂臺以停停也。南曰乾光門,夾建兩觀。觀下列朱桁于塹,以爲御路。東曰含春門,北有遟門。"又作重樓飛閣,遍城上下,從地望之,有如雲也。水經注云:"城上西面列觀五十步一睥睨,西北連廡函蔭,墉比廣榭。炎夏之日,高祖常以避暑。"案此即溫子昇詩所謂"兹城實佳麗,飛甍自相並。膠葛擁行風,岧嶤閟流景"也。

○景樂寺,太傅清河文獻王懌所立也。

懌是孝文皇帝之子,宣武皇帝之弟。懌字宣仁,博涉經史,有文才,且寬

仁容裕,喜怒不形於色。延昌四年肅宗即位,爲太傅,詔裁門下事。正光

元年七月爲元乂、劉騰所害。見北史卷十九本傳及魏書肅宗紀。

〔在〕閶闔南,“在”字各本並脱,今依文意補。○閶闔,宮門也。御道東。

“東”字各本並脱,今依鈎沉本增。案下云“寺西有司徒府,東有大將軍高肇

宅,北連義井里”。案司徒府者在太尉府之東。水經注穀水條云:“渠水南出

徑太尉、司徒兩坊間,謂之銅駝街。”是其證。義井里,元河南志卷三云:“在

永康里之東。”是此寺在御道之東無疑也。故下文曰“西望永寧寺正相當”。

西望永寧寺正相當。二寺蓋遥遥相對,故云。

寺西有司徒府,司徒乃古官,自漢與太尉、司空並爲三公。東有大將軍高

肇宅。肇字首文,高祖文昭皇太后之兄。自云本渤海蓨人,先世避亂入高

麗。景明初,世宗徵肇録尚書事,旋遷尚書左僕射。每事任己,抑黜勳臣,

由是怨聲盈路。延昌三年以肇爲大將軍,征蜀四年,罷軍,爲高陽王雍所

害。見魏書卷八十三下本傳。北連義井里。〔義〕井里北門外有叢樹數

株,“叢”原作“桑”,永樂大典卷一三八二二及元河南志並作“叢”。逸史

本同。○“數株”,照曠、真意二本作“數十株”。枝條繁茂。下有甘井一

所,石槽鐵罐,供給行人,飲水庇廡,“廡”字原作“陰”,此從大典。逸史

本作“蔭”,字通。多有憩者。義井里蓋以此得名。

有佛殿一所,像輦在焉。雕刻巧妙,冠絶一時。堂廡周環,曲房連接,輕條

拂户,花藥被庭。至於六齋,“六齋”原作“大齋”,今從大典及逸史本改。牟

子理惑論云:“持五戒者,一月六齋,專心壹意,悔過自新。”案釋氏修行者以

每月之八日、十四日、十五日、二十三日、二十九日、三十日爲六齋日。見優

陂夷墮舍迦經。常設女樂,歌聲繞梁,舞袖徐轉,絲管廖亮,廖亮,聲清也。

字亦作“嘹亮”。文選琴賦云:“新聲嘹亮。”諧妙入神。以是尼寺,丈夫不

得入。得往觀者,以爲至天堂。及文獻王薨,寺禁稍寬,百姓出入,無復

限礙。

後汝南王悦復修之。

悦是文獻之弟。悦亦孝文之子。尒朱榮之亂，奔梁。梁武厚遇之，立爲魏王。後復歸北，爲出帝所殺。北史卷十九有傳。

召諸音樂，逞伎寺内。奇禽怪獸，舞抃殿庭。“庭”，逸史本作“亭”，非。○“抃”，説文作“拚”，拊手也。皮變切。飛空幻惑，飛空即騰空也。世所未覩。異端奇術，總萃其中。異端奇術，或來自西南，或來自西域。剥驢投井，“投”，逸史本作“拔”，漢魏本作“扠”。○案此與植棗種瓜皆指幻術而言。剥驢，即肢解驢馬。見後漢書西南夷傳。植棗種瓜，須臾之間，皆得食之。原作“皆得食”。逸史本作“皆得賜食”。大典引與如隱本同，並無“食”下“之”字。今從津逮、真意二本補。○案法苑珠林卷六十一引孔煒七引曰：“弄幻之士，因時而作。植瓜種菜，立起尋尺。投芳送臭，賣黃售白。麾天興雲霧，畫地成河海。”又卷七十六云：“三國時吳有徐光者，不知何許人也，常行幻化之術。於市鄽内從人乞瓜，其主弗與，便從索子，掘地而種。顧眄之間瓜生，俄而蔓延生華，俄而成實，百姓咸矚目焉。子成，取而食之，因以賜觀者。”士女觀者，目亂精迷。“精”原作“晴”，此從大典及逸史本。精者，眸子也。自建義已後，京師頻有大兵，此戲遂隱也。

○昭儀尼寺，閹官等所立也。在東陽門内一里御道南。

東陽門内道北〔有〕太倉、導官二署。“有”字各本脱，今依文義增。又“太”下原衍“北”字，大典卷二二八二二引同，今删。元河南志云：“導官署在太倉署西。”東南治粟里，倉司官屬住其内。

太后臨朝，閹寺專寵，宦者之家，積金滿堂。是以蕭忻云：“高軒斗升者，“斗升”，鉤沉作“升斗”。案斗者，謂車帳也。帳如覆斗，則曰斗帳。升亦帷裳也。晉書張方傳謂：“方以所乘陽燧車青蓋素升三百人爲小鹵簿迎帝。”是也。盡是閹官之嫠婦；原無“盡是”二字，大典及逸史本同。此從津逮本。“嫠”原作“釐”，誤。嫠婦者寡婦。閹官亦役使嬪御，見魏書劉騰傳。胡馬鳴珂者，“珂”原作“呵”，誤。珂，馬上玉飾也。**莫非黃門之養息也。**”“莫非”原作“莫不”，此從逸史本。黃門即閹官。養息者，養子也。

忻，**陽平人也，**陽平，魏書地形志云：陽平郡治館陶。**愛尚文藉，少有名譽，見閹寺寵盛，**“閹”，大典及真意本同。逸史本作“閽”。**遂發此言，因即知名，爲治書侍御史。**

寺有一佛二菩薩，菩薩爲菩提薩埵（bodhisattva）之略稱，菩提言覺，薩埵言衆生，即以智上求菩提果，用悲下救衆生也。見翻譯名義集第五篇三乘通號章。案北魏所刻之石像，見於龍門者，多爲三尊式。中爲本尊，左右爲脇侍。**塑工精絕，京師所無也。四月七日常出詣景明，**景明寺在宣陽門外一里御道東，見卷三。四月七日出至景明者，翌日爲佛降生日，諸寺像輦均出行於廣衢，所謂行像是也。詳見“景明寺”條。**景明三像恒出迎之。伎樂之盛，與劉騰相比。**即前之長秋寺也。**堂前有酒樹麪木。**梁書卷五十四：“頓遜國有酒樹，如安石榴。取花汁貯盃中，數日成酒。”齊民要術卷十引劉欣期交州記曰：“椰子有漿，截花以竹筒承其汁，作酒飲之，亦醉也。”○後漢書西南夷傳，牂柯句町縣有桄桹木，可以爲麪，百姓資之。齊民要術曰：“都句樹似栟櫚，木中出屑，如麪可啖。”要術又引吳錄地理志曰：“交阯有桄木，其皮中有如白米屑者，乾擣之，以水淋之，似麪，可作餅。”**昭儀寺有池，京師學徒謂之翟泉也。**“謂之”，大典作“謂爲”。

衒之按，杜預注春秋云翟泉在晉太倉西南，見春秋僖公二十九年杜注。杜云：“翟泉，今洛陽城内太倉西南池水也。”**按晉太倉在建春門内，**水經注卷十六云：“翟泉在廣莫門道東，建春門路北。”於洛陽爲東北。今太倉在東陽門内，此地今在太倉西南，謂今太倉。明非翟泉也。水經注亦有辨。**後隱士趙逸云：**趙逸見卷四。**此地是晉侍中石崇家池，**崇，石苞子，渤海南皮人，晉書卷三十三有傳。武帝時爲散騎常侍、侍中，惠帝時爲趙王倫、孫秀所殺。**池南有綠珠樓。**晉書崇傳云：“崇有伎曰綠珠，美而艶，善吹笛。”**於是學徒始瘠，經過者，想見綠珠之容也。**

池西南有願會寺,中書侍郎王翊舍宅所立也。"侍郎",今本均作"舍人"。
太平廣記卷四百七、御覽卷九百七十三、元河南志卷三及永樂大典卷一三八
二二引並作"侍郎",今據改。案魏書卷六十三翊傳云:"翊字士游,琅邪臨沂
人,肅次兄琛子也。風神秀立,好學有文才。歷司空主簿,中書侍郎,濟州刺
史,國子監祭酒。永安元年冬卒。"是作"侍郎"與史合。○又"立"上"所"
字,逸史本與太平廣記及御覽、大典等並無。佛堂前生桑樹一株,"生",御
覽及大典引同,逸史、真意二本作"有"。直上五尺,枝條橫繞,柯葉傍布,形
如羽蓋。復高五尺,"復",逸史本作"覆",非。又然。廣記引同。大典作
"然又",誤。凡爲五重,每重葉椹各異。"重"上廣記、御覽引有"一"字。
又"葉"下逸史、真意二本有"生"字。京師道俗謂之神桑。觀者成市,布施
者甚衆。"布"字據御覽引補。廣記引此二句作"觀者甚衆"。帝聞而惡之,
帝蓋爲出帝。以爲惑衆。命給事黃門侍郎元紀伐殺之。"給事"下各本有
"中"字,廣記、御覽引並無。又"伐"下"殺"字,廣記、御覽引同,津逯及學津
二本無。○元紀,任城王元澄子,字子綱,永熙中爲給事黃門侍郎,隨出帝没
於關中。見魏書卷十九中任城王澄傳。其日雲霧晦冥,下斧之處,血流至
地,"血流",廣記、御覽引作"流血"。見者莫不悲泣。

寺南有宜壽里。內有苞信縣令段暉宅。苞信,魏屬新蔡郡。見魏書地形
志。故城在今河南息縣東北七十里。

　地下常聞有鐘聲,"有"字各本無,此依御覽卷六五八引增。時見五色光
明,照於堂宇。暉甚異之。遂掘光所,得金像一軀,"遂掘光所",御覽引
同。廣記卷九十九引作"遂掘地"。可高三尺,並有二菩薩。"並"字各本
無,此依廣記、御覽增。趺坐上銘云:"趺"下"坐"字原無,此從逸史、學
津、真意諸本增。○趺,足上也。趺坐,即佛跏趺下之石坐也。跏趺見"景
林寺"下。晉泰始二年五月十五日侍中中書監荀勗造。"泰始"原作"太
始",逸史本同,津逯、真意二本則誤作"大始"。此從廣記、御覽引改。泰
始者,晉武帝年號也(二年爲公元 266)。"中書監"原作"中書令"。惟津

逮、學津二本作“中書監”，與廣記、御覽、元河南志合。大典卷一三八二二引“中書”下無“監”字，非。案晉書卷三十九勗傳稱：勗字公曾，潁川潁陰人。漢司空爽之曾孫。嘗仕魏。晉武帝受禪，拜中書監，加侍中，領著作。據是則當作“中書監”也。暉遂舍宅爲光明寺。時人咸云此是荀勗故宅。“是”字各本無，此依廣記、御覽引增。又“故”字原作“舊”，此據廣記引改。御覽則作“時人咸云此地是荀勗宅”，此下復有“地”字。其後盜者欲竊此像，像與菩薩合聲喝賊，“與”上逸史、真意二本不重“像”字，廣記、御覽、大典引與如隱本同。盜者驚怖，應即殞倒。廣記引作“即時殞倒”。衆僧聞像叫聲，遂來捉得賊。廣記作“遂擒之”。

○胡統寺，胡統者，周一良先生云胡沙門統也。惟胡沙門亦有僧統，史乘闕載。太后從姑所立也。北史后妃傳稱后姑爲尼，頗能講道，世宗初入講禁中。入道爲尼，遂居此寺。在永寧南一里許。寶塔五重，金剎高聳。洞房周匝，對户交疏。大典卷一三八二二引“疏”作“牕”，逸史本作“窻”同。朱柱素壁，甚爲佳麗。其寺諸尼，帝城名德，善於開導，工談義理。常入宮與太后説法，其資養緇流，從無比也。“從”原作“徒”，非。逸史、真意二本並作“從”，今據改。“比”，逸史本作“此”。

○修梵寺，梵者，靜也，修梵猶言修靜。在青陽門内御道北。“青”原作“清”，非。逸史本同。津逮本不誤。嵩明寺，嵩者，高也，復在修梵寺西。並雕牆峻宇，“雕”，大典卷一三八二二引作“高”，逸史本作“墁”。比屋連甍，甍，屋脊也。亦是名寺也。修梵寺有金剛，金剛，即金剛力士也。梵言 vajrapāṇi，手執金剛杵，守於伽藍之門者。鳩鴿不入，鳥雀不棲。菩提達摩云得其真相也。“摩”原誤作“磨”。寺北有永和里，漢太師董卓之宅也。

里南北皆有池，卓之所造。今猶有水，冬夏不竭。

里中〔有〕太傅録尚書〔事〕長孫稚、“有”字“事”字原無，今補。○長孫稚，
亦見“永寧寺”條。稚從高祖南討，授七兵尚書。出帝初轉太傅録尚書事。
北史卷二十二作長孫幼，因稚與唐高宗諱“治”同音，故改“稚”爲“幼”也。
尚書右僕射郭祚、祚字季祐，太原晉陽人。高祖初，舉秀才，拜中書博士。遷
尚書左丞，兼給事黃門侍郎。世宗時爲侍中，遷尚書右僕射。魏書卷六十四
有傳。吏部尚書邢巒、“巒”原作“鸞”。魏書卷六十五作“巒”，云字洪賓，河
間鄚人也。案金石録目録二有後魏車騎大將軍邢巒碑，延昌三年十月立。
其跋尾十一稱“碑云：巒字山賓，而史作洪賓”。然則以作“巒”爲是。今據
改。魏書本傳云：“巒於世宗時爲尚書，屢有戰功，終殿中尚書。延昌三年暴
疾卒。”史不言爲吏部尚書。金石録跋尾謂碑稱徵爲都官尚書，而史作度支，
後改爲七兵尚書，而史不載云。廷尉卿元洪超、元洪超，遼西公意烈之玄孫，
爲北軍將軍、光禄大夫。北史卷十五附遼西公傳。然史不言爲廷尉卿。案
北史長孫稚傳稱：稚出帝初轉太傅録尚書事，以定策功，更封開國子。稚表
請回授其姨兄廷尉卿元洪超次子悰。是洪超乃稚之姨兄，嘗爲廷尉卿矣。
衛尉卿許伯桃、許伯桃魏書、北史無傳，惟廣弘明集卷一述孝明帝正光元年
召釋道二宗門人論議，有衛尉許伯桃。涼州刺史尉成興等六宅。“涼州”原
作“梁州”，大典同。逸史本作“涼州”，與廣記、河南志合。案魏書卷二十六
尉古真傳云：“古真，代人也。族玄孫聿，字成興，性耿介，肅宗時爲武衛將
軍。是時領軍元乂秉權，百寮莫不致敬，而聿獨長揖不拜。出爲平西將軍，
東涼州刺史。卒於州。”是當作“涼州”也。惟史稱“東涼州”，而魏書地形志
無“東涼州”，疑“東”字爲衍文。

皆高門華屋，齋館敞麗。楸槐蔭途，桐楊夾植。當世名爲貴里。掘此地
者，輒得金玉寶玩之物。時邢巒家常掘得丹砂，及錢數十萬，“時、得”二
字各本無，依廣記引補。河南志亦有“得”字。“常”，河南志作“嘗”。銘
云：“董太師之物。”後卓夜中隨巒索此物，巒不與之。經年巒遂卒矣。

廣記引作“經年而薨卒”。

○景林寺,在開陽門內御道東。講殿疊起,房廡連屬。丹楹炫日,繡栭迎風,“栭”,各本作“檻”,誤。案國語魯語云:“嚴公丹桓宮之楹,而刻其桷。”實爲勝地。寺西有園,多饒奇果。春鳥秋蟬,鳴聲相續。中有禪房一所,禪,梵曰禪那(dhyāna)。智度論云:“秦言思惟修。案即靜慮之意。”僧史略云:“禪者,即是定慧之通稱,明心達理之趣也。”此云禪房者,即習禪之所。內置祇洹精舍,“祇”,佛典中作“祇”。祇洹精舍,梵言 Jatavanavihār①,出賢愚經卷十。昔舍衛國王波斯匿有大臣名曰須達,居家巨富,財寶無限,好布施,賑濟貧乏及諸孤老,時人稱之曰“給孤獨長者”。須達以國王太子祇陀之園爲佛立精舍,因名“太子祇陀樹給孤獨園”。“祇洹”即祇陀,皆一語之異譯。“精舍”即塔廟,息心精練者所棲,故曰“精舍”。形制雖小,巧構難比。原無“比”字,大典卷一三八二二引同。“巧構”又作“巧稱”。此從逸史本。案此蓋依天竺精舍式樣所作,故置諸禪房之內。加以禪閣虛靜,隱室凝邃,嘉樹夾牖,芳杜匝階,杜者,杜若也。雖云朝市,想同巖谷。淨行之僧,“淨”,各本作“靜”誤。淨行者,修清淨行也。本書卷五“凝玄寺”下云“實是淨行息心之所也”,足證字當作“淨”。繩坐其內,繩,直也。殕風服道,“殕”即“餐”字,逸史本作“餐”。結跏數息。結跏,即結跏趺坐,以兩足趺加於兩髀而安坐也。“跏、趺”,慧琳一切經音義卷八稱皆俗字也。正體作“加跗”。跗者,足上也。○數息,即靜坐默數氣息之出入,乃僧人修靜攝心之法。

有石銘一所,國子博士盧白頭爲其文。

白頭,一字景裕,范陽人也。北史卷三十本傳云:景裕字仲孺,小字白頭,范陽涿人也。性愛恬靜,丘園放敖。“敖”,逸史、真意二本作“傲”,字通。

學極六經,說通百氏。“說”,逸史、真意二本作“疏”,非。“說”與“學”爲

---

① 本書卷四“白馬寺”條以“祇洹”爲“Jetavana”之譯音。按此處或當作“Jetavanaihār”。周先生所注梵文,或有與現行佛教辭典不一致者,一般不作改動;若前後文中同一詞之梵文拼寫有異者,則酌情改之或出注。

對文。普泰初，普泰，節閔帝(元恭)年號。起家爲國子博士。雖在朱門，以注述爲事，注周易行之於世也。北史本傳云："前廢帝初，除國子博士。元顥入洛，以爲中書郎。普泰初，復除國子博士。進退其間，未曾有得失之色。性清靜，淡於榮利。敝衣糲食，恬然自安。興和中，補齊王開府屬，卒於晉陽。景裕雖不聚徒教授，所注易大行於世。"

建春門内御道南有句盾、典農、籍田三署。自"建春門内"以下各本另爲一條，今從集證本。○句盾，晉書百官志屬大鴻臚所掌；籍田屬大司農所掌。"句"字作"鈎"。張衡東京賦云："奇樹珍果，鈎盾所職。"薛綜云："鈎盾，今官主小苑。"○籍田者，國廟社稷之田也。籍田南有司農寺。司農寺乃官署，非寺宇之寺。御道北有空地，擬作東宮，晉中朝時太倉處也。太倉西南有翟泉，"南"上各本無"西"字，此依太平寰宇記卷三及河南志補。又水經注卷十六亦稱：晉裴秀修輿地圖，作春秋地名，言今太倉西南池水名翟泉。足證當有"西"字。周迴三里，水經注云："池南北百一十步，東西七十步。"即春秋所謂"王子虎、晉狐偃盟於翟泉"也。見春秋僖公二十九年。

水猶澄清，洞底明淨。洞，徹也。"明淨"原作"明靜"，逸史本同。此從津逮本改。鱗甲潛藏，"藏"，逸史本作"泳"。辨其魚鱉。

高祖於泉北置河南尹。

中朝時步廣里也。水經注引陸機洛陽記曰："步廣里，在洛陽城内宮東。"泉西有華林園。文選卷二十應貞晉武帝華林園集詩李善注引洛陽圖經曰："華林園在城内東北隅，魏明帝起名'芳林園'，齊王芳改爲'華林園'。"高祖以泉在園東，因名爲"蒼龍海"。"爲"，各本無。據元河南志補。史記天官書："東宮蒼龍七宿。"此泉既在華林園東，故以名之。華林園中有大海，即漢天淵池。

池中猶有〔魏〕文帝九華臺。"魏"字各本無，今依文意增。案三國志魏志卷二文帝紀云："黄初七年三月築九華臺。"是"文帝"上當有"魏"字。高祖於臺上造清涼殿，世宗在海内作蓬萊山。山上有僊人館。〔臺〕上有釣臺殿。“臺上”之“臺”，各本並脱，今增。案水經注云：“穀水枝分，南入華林園，歷景陽山北，其水東注天淵池。池中有魏文帝九華臺。殿基悉是洛中故碑累之。今造釣臺于其上。”是釣臺殿在九華臺上也。並作虹蜺閣，虹蜺閣即閣道，高起有如虹蜺也。乘虚來往。水經注云：“景陽山有都亭堂，上結方湖，湖中起御坐石也。御坐前，建蓬萊山。曲池接筵，飛沼拂席。南面射侯，夾席武峙。背山堂上，則石路崎嶇，巖嶂峻險，雲臺風觀，縈巒帶阜。游觀者升降阿閣，出入虹陛，望之狀鳬没鷖舉矣。”至於三月禊日，古人以三月上巳日臨水修禊。季秋巳辰，“巳辰”，逸史本作“良辰”。津逮、真意二本作“九辰”。皇帝駕龍舟鷁首，游於其上。鷁首者，船前畫有鷁鳥。

海西有藏冰室。案“海”承上文“華林園中有大海”而言。唐晏鈎沉以此承上“蒼龍海”，蓋未詳考水經注耳。六月出冰，以給百官。海西南有景山殿。案“景山殿”當作“景陽山”，由下文可知。水經注云：“穀水枝分歷景陽山北，其水東注天淵池。”是景陽山正在天淵池之西南也。故曰“海西南有景陽山”。考景陽山爲魏明帝所起，取太行山之白石英及五色文石以成之。見水經注及元河南志卷二。山東有羲和嶺，羲和，日御也。嶺上有温風室。山西有姮娥峰，姮娥，月神。峰上有露寒館。並飛閣相通，文選東京賦“飛閣神行”，薛綜曰：“言閣道相通，不在於地，故曰飛。”凌山跨谷。山北有玄武池。玄武，北方水神之名。山南有清暑殿，殿東有臨澗亭，殿西有臨危臺。此上言景陽山之四圍。

景陽山南，“山”上逸史本有“觀”字。有百果園。果別作林，“別”原作“列”，各本同。御覽卷九六五引作“果別作一林”。事類賦卷廿六引“列”亦作“別”。今據改。案此言百果，各類分別爲林也。林各有堂。御覽引作“林各有一堂”。事類賦引與今本同。

有僊人棗，長五寸，把之兩頭俱出，核細如鍼，霜降乃熟，食之甚美。俗傳云出崑崙山，一曰西王母棗。齊民要術卷四引陸劇鄴中記曰：“石虎苑中有西王母棗,冬夏有葉,九月生花,十二月乃熟,三子一赤。"又有僊人桃,其色赤,表裏照徹,得霜乃熟。"乃"原作"即",此從御覽及事類賦引改。別本作"得嚴霜乃熟"。編珠四引述異記文同。亦出崑崙山,一曰王母桃也。酉陽雜俎續集十云:"王母桃,洛陽華林園内有之。十月始熟,形如括蔞。俗語曰:王母甘桃,食之解勞。"柰林南有石碑一所,**魏明帝所立也**。題云"苗茨之碑"。"云",曾慥類説引作"曰"。○水經注云:"天淵池南置魏文帝茅茨堂,前有茅茨碑,是黄初中所立也。"此稱明帝立有異。又"苗、茅"古通。**高祖於碑北作苗茨堂**。水經注云:"茅茨堂,爲魏文帝所建。"是堂爲舊有。案魏書卷十九中任城王澄傳云:"高祖引見王公侍臣於清徽堂,次之凝閑堂。高祖曰:名目要有其義,此蓋取夫子閑居之義,不可縱奢以忘儉,自安以忘危。故此堂後作茅茨堂。"此所稱之茅茨堂,又在凝閑堂之後,與此在柰林南者非一堂也。

永安中,"中"下原有"年"字,類説引無,今删。**莊帝馬射於華林園**,類説引無"馬"字。**百官皆來讀碑,疑"苗"字誤**。**國子博士李同軌曰**:魏書卷八十四本傳云:"同軌,趙郡高邑人。體貌魁岸,腰帶十圍,學綜諸經,多所治誦。年二十二,舉秀才射策,除奉朝請,領國子助教,遷國子博士。武定四年夏卒。""**魏明英才,世稱三祖**。明帝與武帝、文帝合稱三祖。**公幹、仲宣**,原脱"仲"字。"公"字又在"祖"字上,誤。今依其他諸本正。**爲其羽翼**。公幹劉楨,仲宣王粲。二人皆爲文帝侍從之臣。及明帝之時,則皆物故。同軌所言有誤。但未知本意如何,不得言誤也。"**衒之時爲奉朝請**,奉朝請,不爲官,但奉朝會請召也。通典云:"漢律春曰朝,秋曰請。"因即釋曰:"以蒿覆之,故言苗茨。何誤之有?"衆咸稱善,以爲得其旨歸。柰林西有都堂,都堂即都亭,在華林園之西隅。見魏書卷二十一上北海王詳傳。有流觴池。即曲水也。堂東有扶桑海。

凡此諸海,皆有石竇流於地下,西通穀水,東連陽渠,陽渠,自穀水引繞洛陽城南以至城東,皆名"陽渠"。亦與翟泉相連。詳見水經注及本書洛陽城圖。若旱魃爲害，詩雲漢云："旱魃爲虐。"毛傳曰："魃，旱神也。"説文云："魃，旱鬼也。"穀水注之不竭；離畢滂潤，"滂"原作"傍"，此從津逮本改。詩小雅漸漸之石云："月離于畢，俾滂沱矣。"是也。離者，歷也。畢，西方宿也。月歷于畢，則天雨。陽穀泄之不盈。至於鱗甲異品，羽毛殊類，濯波浮浪，如似自然也。

洛陽伽藍記卷第二

城　東

○<u>明懸尼寺</u>,<u>易繫辭</u>上云:"懸象著明,莫大乎日月。"<u>彭城</u><u>武宣王</u><u>勰</u>所立也。
勰,<u>高祖</u>弟。見卷一"<u>永寧寺</u>"條<u>注</u>。<u>魏書</u>卷二十一下有傳。在<u>建春門</u>外<u>石</u>
<u>橋</u>南。"<u>石橋</u>",各本作"<u>石樓</u>",誤。此從<u>鉤沉</u>本改。

　　<u>穀水</u>周圍繞城,至<u>建春門</u>外,"周圍",<u>元河南志</u>同。<u>大典</u>卷一三八二三引
　　及<u>逸史</u>本並作"周迴"。東入<u>陽渠石橋</u>。橋有四石柱,"石"字各本無,依
　　<u>河南志</u>補。<u>水經注</u>卷十六<u>穀水</u>條云:"<u>穀水</u>經<u>廣莫門</u>北,又東屈南,逕<u>建春</u>
　　<u>門石橋</u>下,橋首建兩石柱。"案"兩"字當爲"四"字之誤。在道南,銘云:
　　"<u>漢</u><u>陽嘉</u>四年將作大匠<u>馬憲</u>造。"<u>水經注</u>云:橋之右柱,銘云:"<u>陽嘉</u>四年
　　乙酉壬申詔書以城下漕渠東通<u>河濟</u>,南引<u>江淮</u>,方貢委輸所由而至,使中
　　謁者<u>魏郡清淵馬憲</u>監作石橋梁柱。"案<u>陽嘉</u>,<u>漢</u><u>順帝</u>年號(四年爲公元
　　135)。逮我<u>孝昌</u>三年大雨頹橋,<u>大典</u>及<u>逸史</u>本"頹"下無"橋"字,非。南
　　柱始埋没,"南"字各本無,依<u>河南志</u>補。"始"字<u>逸史</u>本作"如",非。道北
　　二柱,至今猶存。<u>衍之</u>按,<u>劉澄之</u><u>山川古今記</u>、<u>戴延之</u><u>西征記</u>並云<u>晉</u><u>太</u>
　　<u>康</u>元年造,此則失之遠矣。<u>隋書經籍志</u>:<u>永初山川古今記</u>二十卷,<u>齊</u>都官
　　尚書<u>劉澄之</u>撰。又<u>西征記</u>二卷,<u>戴延之</u>撰。按<u>澄之</u>等並生在<u>江表</u>,"生
　　在",<u>大典</u>作"生自"。未游中土,假因征役,假者,借也。暫來經過,至於
　　舊事,多非親覽,聞諸道路,便爲穿鑿,誤我後學,日月已甚。

　　有三層塔一所,未加莊嚴。寺東有<u>中朝</u>時<u>常滿倉</u>,<u>高祖</u>令爲<u>租場</u>,天下貢

賦所聚蓄也。

○龍華寺,宿衛羽林虎賁等所立也。在建春門外陽渠南。

寺南有租場。

陽渠北有建陽里,里内有土臺,“内”字各本無,依河南志補。高三丈,上作二精舍。

趙逸云:此臺是中朝時旗亭也。“時”字各本無,依河南志補。○旗亭者,市樓也。文選卷二張衡西京賦曰:“旗亭五重,俯察百隧。”上有二層樓,懸鼓擊之以罷市。

有鐘一口,撞之,聞五十里。太后以鐘聲遠聞,遂移在宮内。置凝閒堂前,“前”,逸史本作“所”。○魏書卷十九中任城王澄傳云:“澄從高祖於凝閒堂前,高祖曰:名目要有其義,此蓋取夫子閒居之義,不可縱奢以忘儉,自安以忘危。故此堂後作茅茨堂。”與内講沙門打爲時節。“與内講”三字原作“講内典”,此從逸史本。孝昌初,“孝昌”二字原無,此依逸史本增。蕭衍子豫章王綜來降,魏書卷五十九蕭贊傳云:“贊字德文,本名綜,孝昌元年秋降魏。”聞此鐘聲,以爲奇異,遂造聽鐘歌三首,“鐘”字原無,此依津逮本。逸史木作“遂造聽鐘歌詞三首”。行傳於世。逸史本無“行”字。案梁書卷五十五綜傳曰:“綜既不得志,嘗作聽鐘鳴、悲落葉辭,以申其志。大略曰:聽鐘鳴,當知在帝城。參差定難數,歷亂百愁生。去聲懸窈窕,來響急徘徊。誰憐傳漏子,辛苦建章臺。聽鐘鳴,聽聽非一所。懷瑾握瑜空擲去,攀松折桂誰相許。昔朋舊愛各東西,譬如落葉不更齊。漂漂孤雁何所栖,依依別鶴夜半啼。聽鐘鳴,聽此何窮極。二十有餘年,淹留在京城。窺明鏡,罷容色,雲悲海思徒撍抑。”藝文類聚所載則作“歷歷聽鐘鳴,當知在帝城。西樹隱落月,東窗見曉星。露霧胐胐未分明,烏啼啞啞已流聲。驚客思,動客情,客思鬱縱橫。翩翩孤雁何所棲,依依別鶴夜半啼。今歲行已暮,雨雪向淒淒。飛蓬旦夕起,楊柳尚翻低。氣鬱結,涕滂沱。愁思無所託,强作聽鐘歌”。此蓋亦節略之辭也。魏書云："綜有才思，文義可觀，而輕薄俶儻，猶有父風。"今觀其辭意，固曲抑不申其志者也。其悲落葉有云："悲落葉，連翩下重疊。重疊落且飛，從橫去不歸！悲落葉，落葉悲，人生譬如此，零落不可持。悲落葉，落葉何時還？夙昔共根本，無復一相關！"尤纏綿悽悗，情見乎辭矣。

綜字世謙，"謙"字原闕，此據梁書本傳補。逸史本作"世讀"，漢魏本作"世務"，非。案梁書曰："豫章王綜字世謙，高祖第二子也，天監三年封豫章王。"僞齊昏主寶卷遺腹子也。寶卷，齊東昏侯。寶卷臨政婬亂，吳人苦之。雍州刺史蕭衍立南康王寶融爲主，舉兵向秣陵，秣陵即建業。事既克捷，遂殺寶融而自立。寶卷有美人吳景暉，時孕綜經月，衍因幸景暉，及綜生，認爲己子，小名緣覺，封豫章王。綜形貌舉止甚似昏主，其母告之，令自方便。綜遂歸我聖闕，事詳魏書、梁書本傳。更改名曰纘，"纘"，各本並作"讚"，魏書作"贊"，此依梁書改。字德文，"德文"，各本並作"世務"，此依魏書、梁書。始爲寶卷追服三年喪。明帝拜綜太尉公，封丹陽王。

永安年中，尚莊帝姊壽陽公主字莒犁。公主容色美麗，綜甚敬之。與公主語，常自稱"下官"。授齊州刺史，"授"，逸史本作"後除"二字。○"齊"原作"徐"，逸史本作"齊"，與魏書合。加開府。及京師傾覆，即指尒朱兆入洛。綜棄州北走。魏書云："贊既棄州爲沙門，潛詣長白山，未幾趣白鹿山，至陽平遇病而卒。"梁書則謂蕭寶寅在魏，據長安反，綜自洛陽北遁，赴之，爲津吏所執，魏人殺之，時年四十九。時尒朱世隆專權，遣取公主至洛陽，世隆逼之，公主罵曰："胡狗，敢辱天王女乎！"此下津逮本有"我寧受劍而死，不爲逆胡所汙"十二字。世隆怒，"怒"下各本衍"之"字。遂縊殺之。逸史本"之"下有"矣"字。

○瓔珞寺，瓔珞，頸飾也。字亦作"纓絡"。在建春門外御道北，所謂建陽里也。

即**中朝時白社地**,白社,里名。"地"原作"池",誤。此從逸史本。**董威輦所居處**。"輦"原作"輩",誤。從逸史本改。晉書隱逸傳云:"董京,字威輦,初與隴西計吏俱至洛陽,被髮行吟,常宿白社中。時乞於市,得殘碎繒絮,結以自覆。孫楚時爲著作郎,數就社中與語,勸之仕。京以詩答之,遂遁去。"又抱朴子内篇卷十五雜應篇云:"洛陽有道士董威輦,常止白社中,了不食。"

里内有璎珞、慈善、暉和、通覺、暉玄、宗聖、魏昌、熙平、崇真、因果等十寺。里内士庶,二千餘户,信崇三寶。三寶者,佛寶、法寶、僧寶也。翻譯名義集十種通號引福田論叙三寶曰:功成妙智,遂登圓覺,佛也。玄理幽微,正教精誠,法也。禁戒守真,威儀出俗,僧也。

衆僧利養,"利"原作"刹",此從逸史本。**百姓所供也。**

○**宗聖寺**,釋教以佛爲聖人。**有像一軀,舉高三丈八尺**,"舉"字逸史本無。**端嚴殊特,相好畢備**,佛降生名薩婆悉達多(Saravārthasiddha),漢言頓吉。有三十二大人相,八十種好。好者,悉皆妙好之意,故統稱相好。見方廣大莊嚴經卷三及佛説太子瑞應本起經卷上。**士庶瞻仰,目不暫瞬。此像一出,市井皆空,炎光輝赫**,原作"炎光騰輝赫赫",此從逸史本。輝赫,光盛也。**獨絕世表。妙伎雜樂,亞於劉騰**。即騰所立之長秋寺,見卷一。**城東士女,多來此寺觀看也。**

○**崇真寺比丘慧嶷**,"慧嶷"各本作"惠凝"。太平廣記卷九十九引同。贊寧宋僧傳卷二十九作"慧凝",法苑珠林卷九十二及唐懷信釋門自鏡録並作"慧嶷",今從之,下同。**死經七日還活**,今本作"死一七日還活",廣記引無"一"字,珠林及自鏡録作"死經七日",今從之。**經閻羅王檢閲,以錯召放免。**"經",廣記作"云","召",各本作"名",此從珠林。案珠林云:"死經七日,時與五比丘次第於閻羅王所閲過,嶷以錯召,放令還活。"與此文字小異。○閻羅（Yama），釋氏要覽卷中云："梵音閻摩羅，此云遮，謂遮令不造惡故。"翻譯名義集第二十一云："琰魔，或云琰羅，此翻静息，以能静息造惡者不善業故。經音義應云：夜磨盧迦，此云雙世，鬼官之總司也。亦云閻羅、䤾魔，聲之轉也。"

慧嶷具説過去之時，有五比丘同閲，廣記引作"具説過去之事有比丘五人同閲"。珠林作"具説王前事，意如生官無異。五比丘者，亦是京邑諸寺道人，與嶷同簿而過"。**一比丘云是寶明寺智聖，**"聖"，珠林及自鏡録作"聰"。**以坐禪苦行得升天堂。**"以"各本無，此從廣記及宋僧傳增。珠林作"自云：生來坐禪，苦行爲業，得升天堂"。**有一比丘是般若寺道品，以誦經四十卷涅槃，**原作"四涅槃"，今據逸史本正。廣記及宋僧傳作"涅槃經四十卷"。珠林作"復有比丘云是般若寺僧道品，自云誦涅槃經四十卷"。**亦升天堂。**魏自孝明帝後禪法漸盛，此則故事正反映當時僧徒一派標榜禪誦，而抑黜講經，故詭稱智聖、道品俱升天堂。**有一比丘云是融覺寺曇謨最，講涅槃、華嚴，領從千人。**自鏡録作"復有一比丘云是融覺寺僧曇謨最，稱注講涅槃、華嚴二部，領從千人，解釋義理"。與此小異。按續高僧傳卷二十三云："魏洛都融覺寺釋曇謨最，姓董氏，武安人氏。靈悟洞微，飡寢立秘，諷誦經論，堅持律部，偏愛禪那，心虛静謐，時行汲引，咸所推宗。曾於邯鄲崇尊寺説戒，徒衆千餘。後勅住洛都融覺寺，常以弘法爲任。元魏正光元年，明帝加朝服大赦，請釋、李兩宗上殿齋訖，侍中劉騰宣勅請諸法師道士等論義。清通觀道士姜斌與最討論，斌不能勝。後不測其終。"**閻羅王曰："**曰"今本作"云"，此從廣記。下文亦作"曰"，於文例正合。**"講經者心懷彼我，以驕凌物，**珠林作"王曰：講經衆僧，我慢貢高，心懷彼我，憍己凌物"。**比丘中第一麤行。今唯試坐禪、誦經，不問講經。"其曇謨最曰："貧道立身以來，唯好講經，實不闇誦。"**自鏡録作"貧道立身已來，實不驕慢，惟好講經，敷演義理"。**閻羅王勅付司。**"勅"，逸史本作"曰"，廣記作"令"。**即有青衣十人送曇謨最向西北門。**珠林作

“送最向於西北入門”。屋舍皆黑,似非好處。有一比丘云是禪林寺道弘,自云教化四輩檀越,檀越,梵云 dāna,施主也。南海寄歸傳卷一注云:“施主,梵云陀那鉢底,譯爲施主。陀那是施,鉢底是主,而云檀越者,本非正譯,略去那字,取上陀音,轉名爲檀,更加越字。意道由檀施,自可越度貧窮。妙釋雖然,終乖正本。”案此義亦見法琳辯正論卷八。頗與梵言懺摩而釋爲懺悔者相同。“懺摩”爲梵語,義爲容恕,“悔”則華言,增益而成一詞,義轉爲悔矣。造一切經,人中金像十軀。“金”字各本無,此從珠林及自鏡録補。閻羅王曰:“沙門之體,必須攝心守道,志在禪誦。珠林及自鏡録作“必須攝心道場,志念禪誦”。不干世事,不作有爲。珠林及自鏡録作“不預世事,勤心念戒,不作有爲”。雖造作經像,正欲得他人財物,既得財物,“財”,今各本作“他”,此從廣記及宋僧傳。貪心即起,既懷貪心,此四字廣記無。便是三毒不除,“雖造”以下,珠林作“教化求財,貪心即起,三毒未除”。自鏡録作“教化求財,貪心即起,既懷貪心,則三毒不滅”。案三毒者,法門名義集云:“貪欲、嗔恚、愚癡是也。此毒能生萬咎。”具足煩惱。”珠林及自鏡録無此四字,亦付司,仍與曇謨最同入黑門。珠林作“付司依式。還有青衣執送,與最同入一處”。自鏡録略同。有一比丘云是靈覺寺寶真,“寶真”,各本作“寶明”,蓋因寶明寺而誤。珠林及自鏡録作“寶真”,今據改。下同。自云出家之前,“出家”上珠林有“未”字。嘗作隴西太守,造靈覺寺。珠林“造靈覺寺”上有“自知苦空,歸依三寶,割舍家資”十二字。自鏡録同。寺成,即棄官入道。珠林作“寺成,舍官入道”。今本“成”上無“寺”字,據珠林補。雖不禪誦,禮拜不闕。閻羅王曰:“卿作太守之日,曲理枉法,“曲理”,珠林作“曲情”。劫奪民財,珠林及自鏡録“財”下有“以充己物”四字。假作此寺,非卿之力,何勞説此!”亦付司,青衣送入黑門。自鏡録作“亦付司準式,青衣送入黑門,似非好處。慧嶷爲以錯召不問,放令還活,具説王前過事”。珠林略同。時太后聞之,“時”字各本無,今據廣記及宋僧傳補。珠林作“時人

聞已，奏胡太后，太后聞之，以爲靈異"。自鏡録略同。遣黃門侍郎徐紇
依慧嶷所説即訪寶明等寺。徐紇見卷一注。"寶明"下"等"字各本無，此
從廣記補。城東有寶明寺，城內有般若寺，城西有融覺、禪林、靈覺等三
寺，問智聖、道品、曇謨最、道弘、寶真等，皆實有之。珠林於"太后聞之
以爲靈異"下作"即遣黃門侍郎依嶷所陳訪問聰等五寺，並云有此。死來
七日，生時業行如嶷所論不差"。自鏡録略同。議曰人死有罪福。廣記
無此句。即請坐禪僧一百人常在內殿供養之。"請"，宋僧傳作"詔"。
"內殿"，各本作"殿內"，廣記作"殿中"，此從宋僧傳。詔不聽持經像沿路
乞索，"沿路"，廣記作"在巷路"。宋僧傳云："續有詔，不聽比丘持經像在
街路乞索。"若私有財物，"有"，廣記作"用"。造經像者任意。慧嶷亦入
白鹿山，隱居修道。今本作"嶷亦入白鹿山，居隱修道"。此從廣記。白
鹿山在河南輝縣西。自此以後，京邑比丘皆事禪誦，今本作"悉皆禪誦"。
此從廣記。不復以講經爲意。此節將當時僧徒之所爲表露無遺。其造作
佛寺經像者，廣營布施，貪斂財物，侵奪百姓，爲害殊甚。衒之記此，有深
義焉。

出建春門外一里餘，"建春"下原有"南"字，今據逸史本刪。至東石橋。
南北而行，南北而行者，謂橋通向南北也。津逮本作"西北"，非。見下條。
晉太康元年造。橋南有魏朝時馬市，逸史本作"橋南即中朝牛馬市"。
案文選潘岳閒居賦云："面郊後市。"李善注引陸機洛陽記曰："洛陽凡三
市，馬市，在大城之東。"刑嵇康之所也。水經注稱：建春門東、陽渠水南即
馬市，舊洛陽有三市，斯其一也。亦嵇叔夜爲司馬昭所害處也。

橋北大道西有建陽里，大道東有綏民里。里內有河間劉宣明宅。河間屬
瀛州。
神龜年中，以直諫忤旨，斬於都市。訖目不瞑，尸行百步，時人談以枉
死。宣明少有名譽，精通經史，危行及於誅死也。"也"字原無，據逸史
本增。

〇**魏昌尼寺**，閹官**瀛州**刺史**李次壽**所立也。**次壽**名**堅**，**高陽易**人也。**魏高宗**初坐事爲閹人，稍遷給事中，賜爵**魏昌伯**。**世宗**初，自太僕寺卿出爲**瀛州**刺史。其事詳**魏書**卷九十四及**北史**卷九十二。**瀛州**，**魏太和**十一年置，今之**河北河間縣**。此尼寺蓋即以其爵名稱之也。**在里東南角。**即**建陽里**。

即**中朝牛馬市**處也，刑**嵇康**之所。此與上文重複。

東臨石橋。

此橋南北行。**晉太康**元年**中朝**時市南橋也。**澄之**等蓋見此橋銘，因而以橋爲**太康**初造也。**水經注**云：“橋南有二石柱，並無文刻。”故**衒之**謂**劉澄之**或見此橋有銘也。

〇**石橋南道有景興尼寺**，亦閹官等所共立也。**有金像輦**，去地三丈，“丈”，各本作“尺”，非。此依**大典**卷一三八二三引正。**上施寶蓋**，“上”字各本無，此據**大典**增。**四面垂金鈴、七寶珠，飛天伎樂，望之雲表。作工甚精，難可揚榷。**“榷”，原誤作“推”，逸史本誤作“確”，此從**大典**改。案**法顯行傳**述于闐之像輦云：“作四輪像車，高三丈餘，狀如行殿，七寶莊校。縣繒幡蓋，像立車中，二菩薩侍，作諸天侍從，皆以金銀彫瑩，懸於虛空。”與此所言足以相發。像輦即所謂像車，飛天伎樂者，即諸天侍從也。七寶者，金、銀、瑠璃、頗梨、珊瑚、瑪瑙、硨磲是也。**像出之日，常詔羽林一百人舉此像，絲竹雜伎，皆由旨給。**

建陽里東有**綏民里**，津逮本、逸史本另爲一條。**里內有洛陽縣，臨渠水。**即**陽渠**也。**縣門外有洛陽令楊機清德碑。機**字**顯略**，**天水冀**人。少有志節，爲士流所稱。**延昌**中行**河陰縣**事，當官正色，不避權勢，明達政事，斷獄以情，甚有聲譽。**熙平**中爲**涇州平西府**長史，尋授**河陰**令，轉**洛陽**令。京輦服其威風，希有干犯。**永熙**中爲衛將軍、右光禄大夫，尋除度支尚書。史稱**機**方直之心久而彌厲，奉公正己，爲時所稱。家貧無馬，多乘小犢車，時論許其清白。**永熙**末（533）與**辛雄**等爲**高歡**所誅，年五十九。**綏民里**東，〔有〕**崇義**

里。"有"字各本無，依文意增。里內有京兆人杜子休宅。

地形顯敞，門臨御道。"道"，廣記八十一引作"路"。時有隱士趙逸，"趙逸"下廣記引有"者"字，御覽卷六五八引與今本同。云是晉武時人，晉朝舊事，多所記録。正光初來至京師，見子休宅，嘆息曰："此宅中朝時太康寺也。"廣記引作"此是晉朝太康寺也"。御覽引無"宅"字，餘與今本同。時人未之信，"之"字各本無，依廣記、御覽增。遂問寺之由緒。此句廣記作"問其由"，御覽作"遂問寺之由"，無"緒"字。逸云：御覽同，廣記作"答曰"。"龍驤將軍王濬平吳之後，王濬字士治，晉弘農湖人也。武帝太康元年二月平吳，以功拜輔國大將軍，封襄陽縣侯。後轉輔軍大將軍，開府儀同三司。太康六年卒。時年八十。見晉書卷四十二本傳。始立此寺。"此"字逸史本、漢魏本無。本有三層浮圖，用塼爲之。""塼"，別本作"甎"。指子休園中曰："中"，廣記及大典卷一三八二三引無，御覽與今本同。"此是故處。"子休掘而驗之，果得塼數萬。今本作"數十萬"，廣記、御覽引均無"十"字。并有石銘云："并"，今本作"兼"，此依廣記及御覽改。"晉太康六年歲次乙巳九月甲戌朔八日辛巳，太康六年（285）九月朔爲丙辰。儀同三司襄陽侯王濬敬造。"時園中果菜豐蔚，林木扶疎，乃服逸言，號爲聖人。子休遂捨宅爲靈應寺。所得之塼，還爲三層浮圖。"還"，廣記及大典作"造"。好事者遂尋問晉朝京師何如今日。"遂尋"原作"尋逐之"，此從大典及逸史本。又"京師"二字，大典及逸史本作"京民"。逸曰："晉時民少於今日，王侯第宅與今日相似。"又云："自永嘉已來二百餘年，建國稱王者十有六君，即指五胡十六國而言。吾皆游其都邑，吾，據廣記補。目見其事。國滅之後，觀其史書，皆非實録，莫不推過於人，引善自向。苻生雖好勇嗜酒，亦仁而不殺。觀其治典，未爲凶暴。及詳其史，天下之惡皆歸焉。苻堅自是賢主，賊君取位，妄書君惡。"君"原作"生"，今從逸史本。賊，害也。堅弑苻生自立，詳晉書載記。凡諸史官，皆是類也。"是"，廣記及逸史本作"此"。人皆貴遠賤近,文選魏文帝典論論文云:"常人貴遠賤近,向聲背實。"以爲信然。謂無可疑。當今之人,亦生愚死智,惑已甚矣。"人問其故,"人"字大典及逸史本無。逸曰:"生時中庸之人耳,及其死也,類説引作"其既死也"。碑文墓志,"志",大典及逸史本作"誌"。莫不窮天地之大德,盡生民之能事,爲君共堯舜連衡,連衡猶言比肩。爲臣與伊皋等跡。謂同於伊尹、皋陶也。廣記及大典"伊皋"作"伊尹",與上文"堯舜"不相應。○案尒朱榮之陵暴狠戾,魏人莫不切齒,而魏書榮傳反多曲筆,謂其"功烈弘茂,苟修德義,則彭韋伊霍,夫何足數"。又元义墓誌稱义之賢能曰:"類公旦之相周,等霍侯之輔漢。"此所謂爲臣與伊皋等跡也。牧民之官,浮虎慕其清塵;後漢書卷一百九劉昆傳云:"昆字桓公,陳留東昏人。光武時爲江陵令,後遷弘農太守。先是崤澠驛道多虎災,行旅不通,昆爲政三年,仁化大行,虎皆負子渡河。"執法之吏,埋輪謝其梗直。後漢書卷五十六張綱傳云:"綱字文紀,少明經學,司徒辟爲御史。時順帝委縱宦官,有識危心。漢安元年選遣八使,徇行風俗,皆耆儒知名,唯綱年少。餘人受命之部,而綱獨埋其車輪於洛陽都亭曰:豺狼當路,安問狐狸?遂奏大將軍梁冀無君之心十五事。"所謂生爲盜跖,死爲夷齊,佞言傷正,"佞",各本作"妄",此從類説改。華辭損實。"當時構文之士,慚逸此言。步兵校尉李澄問曰:李澄無考。步兵校尉屬領軍府。"太尉府前塼浮圖,形製甚古,"製",大典作"制"。猶未崩毁,未知早晚造?"廣記作"未知何年所造"。逸云:"云",逸史本作"曰"。"晉義熙十二年劉裕伐姚泓,軍人所作。"義熙爲晉安帝年號。十二年(416)八月劉裕及琅邪王德文率衆伐姚泓,十月衆軍至洛陽。姚泓將姚光降。見晉書卷十安帝紀及宋書卷二武帝紀中。汝南王聞而異之,大典作"聞之而異"。汝南王,汝南王悦也。見卷一"景樂寺"條。拜爲義父。因而問何所服餌,廣記引無"而"字。以致長年。廣記作"延年"。逸云:"吾不閑養生,閑,習也。大典作"聞",非。真意本作"闇"。自然長壽。郭璞嘗爲吾筮云,郭璞字景純,晉河東聞喜人。好經術,有高才,妙於陰陽卜筮之術,攘災轉禍,通致無方,後爲王敦所害。有爾雅、方言、山海經、穆天子傳諸書注及葬經。見晉書卷七十二本傳。**壽年五百歲。今始逾半。**"逾半"原作"餘半",廣記同。津逮本作"逾半",據改。**帝給步挽車一乘,游於市里。所經之處,多記舊跡。**"記",廣記作"説"。**三年以後遁去,莫知所在。**

崇義里東有七里橋,"義"原誤作"儀"。元河南志作"義",與上文亦合。**以石爲之。**

中朝〔時〕,"時"字原無,依上文例增。**杜預之荆州,出頓之所也。**杜預字元凱,京兆杜陵人。晉武帝太康元年率衆伐吳,一舉剋之。見晉書卷三十四本傳。〇頓者,猶今言屯也。世説新語卷三方正篇云:"杜預之荆州,頓七里橋,朝士悉祖。"是也。

七里橋東一里,郭門開三道,時人號爲三門。"時人"二字逸史、真意二本無,元河南志亦有此二字。

離別者多云:相送三門外。京師士子,送去迎歸,常在此處。

〇**莊嚴寺,在東陽門外一里御道北,所謂東安里也。北爲租場。里内有駙馬都尉司馬悦、**"悦"原作"恍",逸史本作"洗",並誤。此從元河南志改。案司馬悦字慶宗,爲司馬楚之之孫,魏書卷三十七有傳,惟未言其尚主。其子朏則尚世宗妹華陽公主,拜駙馬都尉。**濟州刺史刀宣、**"刀"原作"分",逸史本作"介",此從河南志改。刀宣史無傳記,惟魏書刀雙傳云:"東平王元略姊饒安公主,刀宣妻也。"是宣爲略之姊夫。又北海王元顥入洛後,刀宣嘗與陳慶之戰,戰敗降。見梁書卷三十二慶之傳。**幽州刺史李真奴、**魏書卷四十六稱:李訢字元盛,小名真奴,范陽人也。嘗爲相州刺史,終徐州刺史。史不言爲幽州刺史,其父崇則嘗爲幽州刺史也。**豫州刺史公孫驤等四宅。**公孫驤無考。

○秦太上君寺,胡太后所立也。寺之修建,爲劉騰所經營,見魏書騰傳。

當時太后,正號崇訓,晉書孝武帝紀云:"太元十九年尊皇太妃李氏爲皇太后,宮曰崇訓。"案北魏肅宗即位,曾尊胡后爲皇太妃,後尊爲皇太后,見北史后妃傳。此與晉之故事正同,故正號崇訓。魏胡昭儀墓誌云:"昭儀爲宣武皇帝崇訓皇太后之從姪。"崇訓皇太后即胡太后也。母儀天下,"儀"字原無,此依津逮本補。號父爲"秦太上公",后父胡國珍,神龜元年卒,贈"太上秦公"。國珍嘗領雍州刺史,故贈號"秦公"也。時張普惠以爲前世后父無太上之號,上疏陳其不可,竟不從。見魏書卷七十八張普惠傳。母爲"秦太上君"。后母景明三年卒,追贈爲"秦太上君"。見北史胡國珍傳。爲母追福,因以名焉。后爲父追福,復在城南立秦太上公寺,見卷三。○此段原在下文"李韶宅是晉司空張華宅"之下,依文義應爲"胡太后所立也"之注文,故從集證本移列於此。

在東陽門外二里御道北,"外"字各本無,此依河南志補。集證本有"外"字,是也。所謂暉文里。

里内有太保崔光、光字長仁,東清河鄃人也。太和六年拜中書博士,轉著作郎。世宗即位,拜侍中。肅宗正光元年爲司徒,三年九月進位太保。見魏書卷六十七本傳。太傅李延寔、"寔"原作"實",此依魏書卷八十三下本傳改。傳云:"延寔字禧,隴西人,尚書僕射沖之長子。少爲太子舍人,莊帝即位,授太傅。"冀州刺史李韶、"韶"原作"詔",大典同,逸史本空闕。案河南志作"韶",今從之。如隱本下文作"韶",不誤。韶,李寶之長子,字元伯,高祖時爲兗州刺史,肅宗時爲冀州刺史。見魏書卷三十九本傳。祕書監鄭道昭等四宅。道昭,鄭羲子,滎陽開封人,字僖伯。高祖時爲秘書郎,世宗時爲秘書監。見魏書卷五十六本傳。並豐堂崛起,高門洞開。

趙逸云:暉文里是晉馬道里,延寔宅是蜀主劉禪宅,延寔宅東有修和宅,"延寔宅"三字大典引無。是吳主孫皓宅,"吳主"原作"吳王",此從津逮本及河南志改正。李韶宅是晉司空張華宅。張華晉書卷三十六有傳。○大典及逸史本無“暉文里是晉馬道里”八字,而在下文“受業沙門亦有千數”下大典有“又云:暉文里是晉馬道里”十字。逸史本有“趙逸云:暉文里是晉馬道里,李□宅是晉司空張華宅”二十一字。大典及逸史本有錯亂。

中有五層浮圖一所,修刹入雲,高門向街,佛事莊飾,等於永寧。誦室禪堂,周流重疊。周流者,周帀流徧也。花林芳草,“芳草”,大典卷一三八二三引作“芳卉”。徧滿堦墀。常有大德名僧講一切經,受業沙門,亦有千數。

太傅李延寔者,“延寔”原作“延實”,太平廣記卷四九三及紺珠集引均作“延寔”,與魏書合,今據改。下同。莊帝舅也。按延寔爲李沖之長子,莊帝爲彭城王勰之第三子,勰妃李氏,即沖之女也(見魏書卷二十一下勰傳)。是延寔爲莊帝之舅。又魏彭城王妃李氏墓誌亦云“祖寶,父沖,兄延寔”,尤爲明證。永安年中除青州刺史,廣記“永安”下無“年”字。臨去奉辭。“臨去”,廣記作“將行”。帝謂寔曰:“懷塼之俗,“塼”,真意本作“甎”。今不從。世號難治;舅宜好用心,副朝廷所委。”寔答曰:“臣年迫桑榆,氣同朝露,人間稍遠,日近松丘。臣已久乞閒退,陛下渭陽興念,渭陽,渭水之陽也。詩秦風渭陽篇:“我送舅氏,曰至渭陽。”後人以此言舅甥之誼。寵及老臣,使夜行罪人,裁錦萬里,三國志魏志卷二十六田豫傳云:“正始初徵爲衛尉,屢乞遜位。太傅司馬宣王以爲豫克壯,書喻未聽。豫書答曰:年過七十而以居位,譬猶鐘鳴漏盡,而夜行不休,是罪人也。遂固稱疾篤。”今延寔年迫桑榆,出爲州牧,故曰夜行罪人也。裁錦者,喻學爲治邑,謙辭也。左氏傳襄公三十一年子皮欲使尹何爲邑,子產曰:“不可。子有美錦,不使人學製焉。大官大邑,身之所庇也,而使學者製焉,其爲美錦,不亦多乎?”製即裁也。謹奉明敕,不敢失墜。”“墜”,廣記作“墮”。時黃門侍郎楊寬在帝側,楊寬,周書卷二十二本傳云:“字景仁,弘農華陰人。孝莊踐阼,拜通直散騎侍郎。尒朱兆陷洛陽,遂奔梁,梁武待之甚厚。尋而禮送還朝。<u>孝武</u>初,改授散騎常侍、給事黄門侍郎。”是爲黄門侍郎在<u>孝武</u>帝時,<u>孝莊</u>時,<u>寬</u>爲散騎侍郎。**不曉懷塼之義,私問舍人<u>温子昇</u>。**<u>子昇</u>字<u>鵬舉</u>,<u>太原</u>人。<u>魏書</u>卷八十五及<u>北史</u>卷八十三有傳。**<u>子昇</u>曰:“**<u>子昇</u>”二字據<u>廣記</u>補。**“吾聞至尊兄<u>彭城王</u>作<u>青州</u>刺史,**“吾”字據<u>廣記</u>補。<u>彭城王</u>即<u>彭城王劭</u>。<u>魏書</u>卷二十一下本傳云:“<u>劭</u>字<u>子訥</u>,<u>肅宗</u>初起家宗正卿,又除使持節,假散騎常侍,平東將軍,<u>青州</u>刺史。<u>莊帝</u>即位,尊爲無上王。”案<u>彭城王</u>妃<u>李氏</u>墓誌云“<u>子訥</u>字<u>令言</u>”,史稱<u>劭</u>字<u>子訥</u>,蓋後改爲<u>劭</u>,因以原名爲字耳。**問其賓客從至<u>青州</u>者,云:“**問”,<u>廣記</u>作“聞”。又各本無“者”字,並從<u>廣記</u>引增改。**<u>齊</u>土之民,風俗淺薄,虛論高談,專在榮利。太守初欲入境,皆懷塼叩首,**<u>永樂大典</u>卷七三二八引“叩”作“扣”。“皆”上<u>廣記</u>引有“百姓”二字。又<u>廣記</u>及<u>紺珠集</u>引“首”作“頭”。**以美其意;**謂以此美其迎接之意也。<u>紺珠集</u>引“美”作“見”。**及其代下還家,以塼擊之。言其向背速於反掌。**<u>紺珠集</u>引作“言其始終向背也”。**是以京師謠語曰:獄中無繫囚,舍内無<u>青州</u>。假令家道惡,腸中不懷愁。**“腸”,各本作“腹”。此依<u>廣記</u>及<u>紺珠集</u>、<u>曾慥</u>類説改。**懷塼之義起在於此也。”**

<u>潁川荀濟</u>,風流名士,<u>北史</u>卷八十三云:“<u>荀濟</u>字<u>子通</u>,其先<u>潁川</u>人,世居<u>江左</u>,與<u>梁武帝</u>布衣交。<u>濟</u>上書譏佛法,<u>梁武</u>將誅之,遂奔<u>魏</u>。”案<u>濟</u>所上譏佛法書,見<u>廣弘明集</u>卷七。**高鑒妙識,獨出當世。**史稱<u>梁武</u>云“此人好亂者也”,後因與<u>元瑾</u>謀誅<u>高澄</u>見殺。而<u>衒之</u>盛讚其人,或以其譏彈佛法,與己見相合歟?**清河崔叔仁稱<u>齊</u>士大夫,曰:“**曰”上疑脱“濟”字。<u>叔仁</u>,<u>崔休</u>子,<u>清河</u>人。曾爲<u>潁州</u>刺史。<u>魏書</u>卷六十九有傳。<u>荀濟</u>入<u>魏</u>,即館於<u>崔悛</u>家。<u>悛</u>,<u>叔仁</u>之長兄也。**<u>齊</u>人外矯仁義,**“仁義”,<u>廣記</u>及<u>大典</u>卷七三二八引並作“庶幾”。<u>大典</u>一三八二三引則仍作“仁義”。**内懷鄙吝;**“吝”,<u>廣記</u>作“恪”。**輕同羽毛,**<u>廣記</u>作“毛羽”。**利等錐刀。好馳虛譽,阿附成名,威勢所在,側肩競入,求其榮利,甜然濃泗。**“濃”下“泗”

字原無,此從大典卷一三八二三及逸史本增。"濃泗",大典七三二八引又
作"濃厚"。廣記於"威勢所在"下作"促共歸之,苟無所資,隨即舍去,言
囂薄之甚也"。文字與今本不同。"側肩競入"以下未引。**譬於四方**,
"譬"字原無,此從大典卷一三八二三引及逸史本增。大典七三二八引作
"比於四方"。**慕勢最甚。"號齊士子爲"慕勢諸郎"**。指荀濟所言。**臨淄
官徒布在京邑**,"布",原誤作"有",此依逸史本。臨淄屬青州齊郡。**聞懷
塼慕勢,咸共耻之,唯崔孝忠一人不以爲意**。依文意崔孝忠當爲齊士,但
史稱崔孝忠爲博陵安平人,修和子。官侍御史、秘書郎。見魏書卷五十七
崔挺傳。**問其故,孝忠曰:"營丘風俗**,水經注卷二十六淄水條云:"今臨
淄城内有丘,在小城内,周迴三百步,淄水出其前,故有營丘之名。"案營
者,環也。**太公餘化**,周武王以營丘之地封太公望,見史記卷三十二齊太
公世家。**稷下儒林**,文選卷四十二曹植與楊德祖書注引七略曰:"齊有稷
城門也。齊談説之士期會於稷下者甚衆。"**禮義所出。今雖凌遲**,凌遲猶
言陵夷也,足爲天下模楷。**荀濟人非許郭**,許郭謂許劭、郭泰也。後漢書
卷九十八郭泰傳云:"泰字林宗,太原界休人也。性明知人,好獎訓士類。"
又許劭傳云:"劭字子將,汝南平輿人也。少峻節,好人倫,多所賞識。故
天下言拔士者,咸稱許郭。"**不識東家**,東家者,東家丘之義。孔子西家有
愚夫,不知孔子爲聖人,稱孔子爲東家丘,事見孔子家語。三國志卷十一
邴原傳注引原別傳云:"原遠游學,詣安丘孫崧。崧辭曰:君卿里鄭君,學
者之師模也,君乃捨之,躡屐千里,所謂以鄭爲東家丘也。"**雖復莠言自口**,
詩正月"莠言自口",傳云:"莠,醜也。"**未宜榮辱也。"**

〇**正始寺**,百官等所立也。

　　正始中立,因以爲名。

在東陽門外御道南,"南"原作"西",津逮本同。此從大典卷一三八二三引
及逸史本改正。案前言秦太上君寺在東陽門外御道北,則此當在御道南。

所謂<u>敬義里</u>也。

里内有<u>典虞曹</u>。<u>晉書職官志</u>典虞屬太僕。

籤宇清淨，“清”原作“精”，此從逸史本。美於叢林，“叢林”，津逮本同，<u>大典</u>及逸史本作“景林”。衆僧房前，高林對牖，青松緑檉，檉，<u>廣韻</u>丑貞切。<u>爾雅釋木</u>“檉河柳”，<u>郭璞</u>曰：“今河旁赤莖小楊。”連枝交映。多有枳樹，而不中食。<u>説文</u>云：“枳木似橘。”<u>周禮考工記</u>總目云：“橘踰淮而北爲枳。”有石碑一枚，背上有侍中<u>崔光</u>施錢四十萬，<u>崔光</u>見前。<u>世宗</u>即位，除侍中。<u>陳留侯李崇</u>施錢二十萬，<u>魏書</u>卷六十六<u>李崇</u>傳稱：崇字繼長，小名繼伯，頓丘人。<u>文成元皇后</u>第二兄誕之子，襲爵<u>陳留公</u>，鎮西大將軍。後例降爲侯，改授安東將軍。自餘百官各有差，少者不減五千已下。後人刊之。

<u>敬義里</u>南有<u>昭德里</u>。“昭”，河南志同。逸史本作“招”，非。里内有尚書僕射<u>游肇</u>、<u>魏書</u>卷五十五稱：肇字伯始，廣平任人也，明根子。<u>世宗</u>時爲黄門侍郎，兼侍中，<u>蕭宗</u>即位，遷中書令，後爲太常卿，遷尚書右僕射。御史中尉<u>李彪</u>、“中”字各本脱，此依<u>河南志</u>補。彪見原序注。七兵尚書<u>崔休</u>、“七兵尚書”原作“兵部尚書”，逸史本作“七兵書”。<u>大典</u>引及<u>河南志</u>作“七兵尚書”，是也。今據改。又“休”各本誤作“林”，今依<u>河南志</u>及<u>魏書</u>卷六十九休傳改。休字惠盛，清河人。少孤貧，矯然自立。<u>高祖</u>時，爲長史兼給事黄門侍郎。<u>蕭宗</u>時，進撫軍將軍，七兵尚書，又轉殿中尚書。<u>正光</u>四年卒。案七兵尚書即兵部尚書。<u>曹魏</u>嘗置五兵尚書，謂中兵、外兵、騎兵、別兵、都兵也。<u>晉</u>初無。<u>太康</u>中，始有五兵尚書，而又分中兵、外兵各爲左右，合舊五兵爲七曹。然尚書惟至五兵，至<u>後魏</u>始有七兵尚書。見<u>宋王益之職源撮要</u>。幽州刺史<u>常景</u>、見卷一注。司農<u>張倫</u>等五宅。倫字<u>天念</u>，上谷沮陽人，<u>白澤</u>子。<u>孝莊</u>初拜大司農卿。見<u>魏書</u>卷二十四本傳。

<u>彪</u>、<u>景</u>出自儒生，居室儉素，<u>李彪</u>性敦樸，而惡華靡。其上表有云：“消功者錦繡彫文也，費力者廣宅高宇、壯制麗飾也。夫尚儉者，開福之源；好奢者，起貪之兆。是以聖人留意焉，賢人希準焉。”<u>常景</u>居室貧儉，已見卷一。

惟倫最爲豪侈。齋宇光麗，服翫精奇，車馬出入，逾於邦君。園林山池之美，諸王莫及。倫造景陽山，有若自然。其中重巖複嶺，嶔崟相屬。嶔崟，高貌也。<u>原本玉篇</u>嶔音綺金反，崟音宜金反。案今音歆吟二音。深谿洞壑，邐迤連接。“谿”原作“蹊”，<u>大典</u>作“峻”，今依文意改。“迤”原作“遞”，<u>逸史</u>本作“逶”，今依<u>大典</u>引改。邐迤者，相連屬也。<u>廣韻</u>邐力紙切，迤移爾切，疊韻字也。高林巨樹，足使日月蔽虧；懸葛垂蘿，能令風煙出入。崎嶇石路，似壅而通；崢嶸澗道，“崢”字亦作“峥”。<u>原本玉篇</u>崝仕耕反，嶸胡萌反。<u>楚辭</u>“下崢嶸而無地”，<u>王逸</u>曰：“沉淪幽冥。”<u>廣雅</u>云：“崝嶸，深冥也。”盤紆復直。盤紆者，屈曲也。<u>文選琴賦</u>：“則盤紆隱深。”是以山情野興之士，游以忘歸。天水人姜質，<u>魏書</u>卷七十九<u>成淹傳</u>云：“淹子霄好爲文詠，但詞彩不倫，率多鄙俗。與河東姜質等朋游相好，詩賦間起，知音之士，所共嗤笑（“所共”原作“共所”，此依<u>北史</u>改）。間巷淺識，頌諷成群，乃至大行於世。”觀下文所載<u>姜</u>賦誠多鄙俗，蓋即<u>成霄</u>之友矣。惟史言<u>姜</u>爲<u>河東</u>人，此云<u>天水</u>人，不知孰是。志性疎誕，疎誕猶言疏放。<u>説文</u>：“誕，詞誕也。”是大言曰誕。麻衣葛巾，有逸民之操。逸民者，節性超逸之士也。見倫山愛之，各本作“見偏愛之”，此從<u>河南志</u>。如不能已，遂造庭山賦，“庭”，各本作“亭”，此從<u>河南志</u>。案賦云：“庭起半丘半壑，聽以目達心想。”又云：“庭爲仁智之田，故能種此名山。”是宜作“庭”也。行傳於世。其辭曰：

“夫偏重者，“夫”，各本作“今”，此依<u>孫星衍</u><u>續古文苑</u>卷二録舊寫本<u>洛陽伽藍記</u>改。愛昔先民之由樸由純，“之”下舊衍“重”字，依<u>孫星衍</u>校删。“樸”，<u>大典</u>作“朴”，下同。然則純樸之體，與造化而梁津。“梁津”原作“津勉”，<u>逸史</u>本作“津梁”，此依<u>孫</u>校。津純協韻。濠上之客，<u>莊子秋水</u>篇：莊子與惠施游於濠梁之上。濠，水名也。柱下之史，“史”原作“吏”，此依<u>逸史</u>本改。<u>老子</u>爲柱下史。悟無爲以明心，“悟”原作“臥”，此從<u>逸史</u>本。託自然以圖志。“志”，<u>逸史</u>本作“治”。輒以山水爲富，不以章甫爲貴，殷人謂冠曰章甫。冠章甫，是爲官也。**任性浮沈，若淡兮無味。**老子："道之出口，淡乎其無味。"楊雄解難："大味必淡，大音必希。"今司農張氏，**實踵其人，**"踵"原作"鍾"，津逮本同。此從逸史本。**巨量焕於物表，**"焕"原作"接"，大典同。此從逸史本。巨量，淵懿之量也。**夭矯洞達其真，**文選江賦："撫凌波而鳧躍，吸翠霞而夭矯。"李善曰："夭矯，自得之貌。"又思玄賦"偃蹇夭矯，娩以連卷兮"，注："夭矯，自縱恣貌也。"夭矯疊韻，字亦作"夭蟜"。真者，道真也。**青松未勝其潔，白玉不比其珍。心托空而栖有，**"栖"，大典作"棲"，同。**情入古以如新。**逸史本"新"作"心"，非。魏書卷九十逸士傳序云："冥心物表，介然離俗，望古獨適，求友千齡。"即此意也。**既不專流宕，**"宕"原作"蕩"，此從逸史本。案説文："宕，過也。"流宕者，放誕也。**又不偏華尚，**"尚"原作"上"，誤。此從逸史本。華尚，俗尚華靡也。**卜居動靜之間，不以山水爲忘，庭起半丘半壑，聽以目達心想。進不入聲榮，退不爲隱放。**論語微子："隱居放言。"**爾乃決石通泉，**決者，開也。**拔嶺巖前，**"巖"，大典及逸史本作"簮"。**斜與危雲等並，**"並"原作"曲"。非。今依逸史本、津逮本改。**旁與曲棟相連。**"旁"，各本作"危"，此從續古文苑。**下天津之高霧，**晉書天文志："天津九星橫河中，一曰天漢，一曰天江。"**納滄海之遠煙，**海内十洲記："滄海島在北海中，地方三千里，海四面繞島，各廣五千里。水皆蒼色，仙人謂之滄海也。"案滄海者，即東海也。**纖列之狀一如古，**"一如"，別本作"如一"，鉤沉本作"如上古"。説文："纖，細也。"**崩剥之勢似千年。若乃絶嶺懸坡，**"坡"，真意堂本作"陂"。**蹭蹬蹉跎，**文選海賦"或乃蹭蹬窮波"，注云："蹭蹬，失勢之貌。"説文新附："蹭蹬，失道也。"文選西京賦注："廣雅：蹉跎，失足也。"此言山勢陵峻，難以登陟也。廣韻蹭，千鄧切；蹬，徒亙切。疊韻。**泉水紆徐如浪峭，**"紆"原誤作"紓"。"泉"字原無，別本有之。**山石高下復危多。**原闕"石"字，別本有之。又"高下"，大典及逸史本作"不高"。**五尋百拔，十步千過，**過者，逾也。**則知巫山弗及，未審蓬萊如何。**

“未審”二字原闕，此從逸史本、津逮本補。其中烟花露草，“露”，逸史本作“霧”。或傾或倒，倒草協韻。逸史本作“頹”，誤。霜幹風枝，半聳半垂，枝垂協韻。玉葉金莖，散滿堦坪。“坪”，各本作“墀”，依孫校改。坪，廣韻：地平也，符兵切。案莖坪協韻。然目之綺，“然”原作“燃”，此從大典本改。逸史本作“然綺目之色”，鉤沉本從之，截去“然”字，並非。綺者，光色也；然者，明也。此言花色之明麗炫目也。若云綺目，則不辭矣。烈鼻之馨，“烈”原作“裂”，此從逸史本改。烈者，酷烈也。文選司馬相如上林賦云“應風披靡，吐芳揚烈”，是也。此言花氣之芬烈襲鼻也。作“裂”則非。既共陽春等茂，“陽”，大典及逸史本作“綠”，非。復與白雪齊清。言花發四時，終年不絕。或言神明之骨，陰陽之精，天地未覺生此，異人焉識其名？“名”，各本均作“中”，失韻。今從孫氏校改。“異人”二字，大典及逸史本作“人鬼”，亦通。此謂珍木奇卉，秉自然之化，曄曄猗猗，芬芳馥鬱，而種類殊特，非人之所能名也。羽徒紛泊，“紛”，逸史本作“分”，孫校同。案文選卷四左思蜀都賦云：“毛群陸離，羽族紛泊。”劉逵注曰：“毛群，獸也；羽族，鳥也。陸離，分散也；紛泊，飛薄也。”李善注：“泊，匹各反。”是字當作“紛”。紛泊乃雙聲連語，與陸離相同。羽徒者，猶言羽族也。色雜蒼黃，綠頭紫頰，鴨頭色綠，鶴頰色赤。好翠連芳，“芳”，大典作“房”，誤。白鸐生於異縣，“鸐”，逸史本同，大典及漢魏本作“鶴”。案字書無“鸐”字，廣韻十五青有“鷄”字，云鷄鳥，鶴別名也。“鷄、鸐”蓋即一字。丹足出自他鄉。皆遠來以臻此，藉水木以翺翔。不憶春於沙漠，遂忘秋於高陽。非斯人之感至，何候鳥之迷方？“何”，各本作“伺”，誤。此從孫校。候鳥者，隨時南北者也。張衡西京賦云：“上春候來，季秋就溫，南翔衡陽，北棲雁門。”是也。今者羽族棲止於是，冰泮而不北徂，木落而不南翔，故曰迷方。豈下俗之所務，“下俗”，大典及逸史本作“不俗”。實神怪之異趣。“趣”字原闕，據別本補。“實”，各本作“入”，大典及逸史本作“入有”，此從孫校。能造者其必詩，敢往者無不賦。或就饒風之地,或入多雲之處,□菊嶺與梅岑,"菊"原作"氣",孫氏校改作"菊",是也。孫氏又云:"菊上當脱一字,無以補之。"隨春秋之所悟。"秋"字各本無,孫云"春"下當脱"秋"字,是也。今據補。遠爲神僊所賞,近爲朝士所知,求解脱於服佩,佩,佩玉也。此謂將解纓組而託於此也。預參次於山陲。"陲"原作"垂",此從逸史本。"預",逸史本作"務"。子英游魚於玉質,列仙傳云:"子英者,舒鄉人也。善入水捕魚。得赤鯉,愛其色好,持歸著池中,數以米穀食之。一年長丈餘,遂生角,有翅翼。子英怪異,拜謝之。魚言:我來迎汝,汝上背,與汝俱升天。即大雨,子英上其背,騰昇而去。"又傳讚云:"子英樂水,游捕爲職。"即此所本。"玉質"二字疑有誤。王喬繫鵠於松枝,列仙傳云:"王喬者,周靈王太子晉也。好吹笙,作鳳鳴,游伊洛之間。道人浮丘公接以上嵩高山,三十餘年後,求之於山上,見桓良曰:告我家七月七日待我於緱氏山巔。至時,果乘白鶴駐山頭,望之不得到。舉手謝時人,數日而去。"文選何劭游仙詩云:"羨昔王子喬,友道發伊洛。迢遞陵峻岳,連翩御飛鶴。"此"鵠"字疑當作"鶴"。方丈不足以妙□,此句當有奪誤。疑"妙"下有脱字。詠歌此處態多奇。"歌"字大典及逸史本在"方丈"上,非。案方丈者,海中仙山名。文選孫綽游天台山賦序云:"涉海則有方丈、蓬萊。"是也。此言神山雖妙,未足方此,是以神人見之而興詠也。嗣宗聞之動魄,叔夜聽此驚魂。嗣宗,阮籍也;叔夜,嵇康也,皆精於音律者,晉書並有傳。言仙人之歌詠,其音要妙,二人聞之,必爲之悚動也。恨不能鑽地一出,醉此山門。別有王孫公子,遜遁容儀,遜遁者,隱退逃避也。後漢書卷八十二謝夷吾傳云:"念存遜遁,演志箕山。"思山念水,命駕相隨,逢岑愛曲,"逢",逸史本作"峰",非。"逢"與下句"值"爲互文。值石陵欹。陵,升也。欹,邪也。"欹"與"曲"爲對文。廣韻欹,居綺切,訓邪。案欹訓邪不見字書。釋名釋采帛云:"綺,欹也。其文欹邪,不順經之緯縱橫也。"是欹訓邪之證。庭爲仁智之田,"庭"字原闕,此依大典及逸史、津逮諸本補。續古文苑作"迺",非。姜質此賦既名庭山，此正一篇之警要。作“迺”，則泛而無當矣。“田”，逸史本作“由”，亦誤字也。故能種此石山。森羅兮草木，“森羅”，逸史本作“森列”。森羅者，草木翁蔚繁茂之意。長育兮風煙。孤松既能卻老，半石亦可留年。留年，猶延年也。若不坐卧兮於其側，“於”字疑衍。春夏兮共游陟，“共”，各本作“其”，此依續古文苑改。白骨兮徒自朽，方寸兮何所憶？“方寸”下原衍“心”字，今依逸史本删。方寸即心也。

○平等寺，廣平武穆王懷捨宅所立也。“捨”，法苑珠林卷三十九引作“舍”。廣平武穆王元懷，孝文帝子。魏書本傳闕，北史亦脱落不全，而“武穆王”作“文穆王”，復與此不合。考河南金石志圖有廣平王元懷墓誌，略云：懷字宣義，以熙平二年三月二十六日丁亥薨，謚曰武穆。是作“文穆”者誤矣。案魏書肅宗紀云：“延昌四年二月以驃騎大將軍廣平王懷爲司空，八月己丑爲太保領司徒。”與誌所記並合。○又永熙二年，出帝嘗至此寺，見魏書李同軌傳。在青陽門外二里御道北，所謂孝敬里也。堂宇宏美，林木蕭森，蕭森，枝條長貌。平臺複道，複道，閣道也。獨顯當世。齊武平三年馮翊王高潤修平等寺碑稱此寺“背負崇邙，面臨清洛，右依城雉，左帶洪陂。嵩岳攔其前，靈河行其後”。則其形勢崢嶸，允爲勝地也。碑文見金石萃編卷三十四。寺門外有金像一軀，高二丈八尺，馮翊王修平等寺碑云：“永安中造定光銅像一區，高二丈八尺。永熙年，金塗訖功，像在寺外，未得移入。”相好端嚴，常有神驗，國之吉凶，先炳祥異。案魏書卷一百十二上靈徵志金沴條云：“永安、普泰、永熙中京師平等寺定光金像每流汗，國有事變，時咸畏異之。”

　孝昌三年十二月中，公元528。此像面有悲容，兩目垂淚，遍體皆濕，時人號曰佛汗。京師士女空市里往而觀之。有一比丘，“一”字各本無，從法苑珠林補。以淨綿拭其淚，須臾之間，綿濕都盡。更换以它綿，法苑珠林作“更以他綿换拭”，逸史本作“更以他綿换”。俄然復濕。如此三日乃止。明年四月尒朱榮入洛陽，“明年”上法苑珠林有“至”字。誅戮百官,死亡塗地。永安二年三月,"永安"上珠林有"至"字。此像復汗,京邑士庶復往觀之。"京邑"二字各本無,依珠林補。又"之"字珠林作"視"。下"不聽觀之"亦同。五月,北海王入洛,莊帝北巡。七月,北海王大敗,所將江淮子弟五千,"將",逸史本作"陁",誤。"五千"下珠林有"餘人"二字。盡被俘虜,無一得還。永安三年七月,此像悲泣如初。"悲泣如初",金石錄馮翊王修平等寺碑跋尾引同。珠林作"悲泣復如初汗"。每經神驗,朝野惶懼,"朝野",各本作"朝夕",誤。此依珠林校改。金石錄跋尾引亦作"朝野"。禁人不聽觀之。至十二月,尒朱兆入洛陽,擒莊帝。句絶。帝崩於晉陽。"崩"上"帝"字依珠林補,各本並奪。逸史本且無"崩"字,尤非。莊帝崩於晉陽,見卷一"永寧寺"下。在京宮殿空虛,百日無主,唯尚書令司州牧樂平王尒朱世隆鎮京師。永安三年十月,尒朱世隆與尒朱度律共推長廣王元曄爲主。曄乃以世隆爲開府儀同三司、尚書令、樂平郡王,加太傅,行司州牧。見魏書卷七十五世隆傳。是年十二月三日尒朱兆入洛,尒朱度律與尒朱世隆鎮京師。及至建明二年三月,長廣王始從晉陽赴京師。故曰"在京宮殿空虛,百日無主"也。商旅四通,盜賊不作。

建明二年,長廣王從晉陽赴京師,至郭外,世隆以長廣本枝疏遠,政行無聞,逼禪與廣陵王恭。"禪與",逸史本作"禪位"。○魏書卷十一本紀云:"恭字脩業,廣陵惠王羽之子。正始中襲爵。"又云:"(建明二年)春二月,曄進至邙南,世隆等奉王東郭之外,行禪讓之禮。"恭是莊帝從父兄也。"是"上原無"恭"字,此依逸史本增。○莊帝者,彭城王勰子也,與恭並爲獻文帝孫。正光中爲黃門侍郎,見元乂秉權,政歸近習,逸史本作"見元義秉權,政多歸近習"。○近習者,諂佞之人也。遂佯啞不語,不預世事。永安中遁於上洛山中,上洛,今陝西商縣。州刺史泉企執而送之。泉企,上洛豐陽人,周書卷四十四有傳。莊帝疑恭姦詐,夜遣人盜掠衣物,復拔刀劍欲殺之,恭張口以手指舌,竟乃不言。莊帝信其真患,放令歸第。魏書本紀云：“王既絕言，垂將一紀，居於龍花寺，無所交通。永安末，有白莊帝者，言王不語，將有異圖。王懼禍，逃匿上洛。尋見追躡，執送京師拘禁多日，以無狀獲免。”恭常住龍華寺，龍華寺，廣陵王所立，見卷三。至是，“是”原誤作“時”，學津本作“是”，今據改。世隆等廢長廣而立焉。禪文曰：“皇帝咨廣陵王恭，咨，謀也。自我皇魏之有天下也，累聖開輔，開輔者，開拓輔翼也。重基衍業，重音平聲。衍者廣也。奄有萬邦，詩閟宮“奄有下國”，鄭箋曰：“奄猶覆也。”光宅四海，故道溢百王，德漸無外。謂德澤浹於四方。而孝明晏駕，人神乏主。“乏”，原空缺，此依逸史、津逮二本補。故柱國大將軍大丞相太原王榮，榮，尒朱榮也。地實封陝，封陝，猶言同於周召二公。公羊隱公五年傳曰：“天子三公者何？天子之相也。天子之相則何以三？自陝而東者，周公主之；自陝而西者，召公主之。一相處乎內。”任惟外相，處於外，故曰外相。晉書陶侃傳論：“超居外相，宏總上流。”乃心王室，書康誥“乃心罔不在王室”。乃者，汝也。此云“乃心王室”為省略之辭，意謂盡忠於王室也。大懼崩淪，故推立長樂王子攸以續絕業。庶九鼎之命日隆，漢書郊祀志曰：“禹收九牧之金，鑄九鼎，象九州，皆嘗鬺享上帝鬼神。”案左氏宣公三年傳：“王孫滿曰：夏之方有德也，遠方圖物，貢金九牧，鑄鼎象物，百物而為之備，使民知神姦。桀有昏德，鼎遷於商，載祀六百。商紂暴虐，鼎遷於周。成王定鼎於郟鄏，卜世三十，卜年七百，天所命也。”七百之祚唯永。“七百之祚”見上。然群飛未寧，楚辭天問曰：“會朝爭盟，何踐吾期？蒼鳥群飛，孰使萃之？”案汲冢周書：“武王曰：自發生六十年，飛鴻滿野，天不享殷。”故天問云云。此曰“群飛未寧”，言天下未安也。橫流且及，范甯春秋穀梁傳集解序云：“孔子觀滄海之橫流，迺喟然而歎曰：文王既沒，文不在茲乎！”橫流，喻世亂也。皆狼顧鴟張，文選卷四十四陳琳檄吳將校部曲文曰：“其餘鋒捍特起，鴟視狼顧，爭為梟雄者，不可勝數。”注云：“淮南子曰：鴟視虎顧。”案狼性多疑，行每四顧，故曰狼顧。以喻人之慮有憂患，而多所猜忌也。鴟張者，猶鴟視也。鷗鸒因駭而奮目雄視，以喻人之不能自安，而恫疑虚喝，多所窺覦也。
岳立棊峙。“棊峙”原作“基趾”，津逮本同。逸史本作“基址”。集證云：
“基趾”二字，疑是“棊峙”之誤。魏書李騫釋情賦中亦有“既雲擾而海沸，
亦岳立而棊峙”之語。案吳説是也，今據改。又三國志吳志陸遜傳有云：
“方今英雄棊峙，豺狼窺望，克敵寧亂，非衆不濟。”丞相一麾，大定海内。
而子攸不顧宗社，讐忌勳德，招聚輕俠，左右壬人，爾雅釋詁：“壬，佞
也。”漢書元帝紀“是故壬人在位”，服虔曰：“壬人，佞人也。”遂虐甚剖心，
比干，紂諸父，紂爲炮烙刑，比干諫，紂殺之，剖其心。見韓詩外傳。痛齊
鉗齒。鉗齒，不詳。范睢曾爲魏人拉脇折齒，事見史記范睢傳。豈直金版
造怨，“版”原作“板”，今據逸史本改。案文選任彦昇百辟勸進今上牋云：
“金版出地，告龍逢之怨。”李善云：“論語陰嬉讖曰：庚子之旦，金版剋書，
出地庭中，曰臣族虐王禽。宋均曰：謂殺關龍之後，庚子旦，庭中地有此版
異也。”大鳥感德而已！後漢楊震字伯起，弘農華陰人，清白自守。安帝
時爲太尉，樊豐譖震於帝，因免官飲酖而卒。順帝即位，詔以禮葬。先葬
十餘日，有大鳥，高丈餘，集震喪前，俯仰悲鳴，淚下霑地。葬畢，乃飛去。
郡以狀上。時連有災異，帝感震之枉，下詔使太守丞以中牢具祠。事見後
漢書卷八十四本傳。於是天下之望，俄然已移。竊以宸極不可久曠，
“久”原作“以”，今據逸史本。神器豈容無主？神器，天子位也。老子二
十九章：“天下神器，不可爲也。”故權從衆議，暫馭兆民。今六軍南邁，
已次河浦，瞻望帝京，赧然興愧。自惟寡薄，原作“薄寡”，此從逸史本。
寡薄，鮮德也。本枝疏遠，豈宜仰異天情，俯乖民望？惟王德表生民，聲
高萬古，往以運屬殷憂，時遭多難，“時”下原無“遭”字，“難”上亦空闕，
依逸史本補。○文選晉劉琨勸進元帝表云：“或多難以固邦國，或殷憂以
啟聖明。”卷懷積載，論語衛靈公篇：“邦無道，則可卷而懷之。”括囊有年。
易坤卦：“括囊無咎無譽。”案括囊者，寡言也。今天眷明德，民懷奧主，書
皋陶謨：“安民則惠，黎民懷之。”左傳昭公十三年：“共有寵子，國有奧主。”

案奧亦主也。**歷數允集**，論語堯曰篇“天之歷數在爾躬”，何晏集解云：
“歷數謂列次也。”**歌訟同臻**。訟通頌。**乃徐發樞機**，易繫辭上：“言行君
子之樞機，樞機之發，榮辱之主也。”**副茲佇屬**。佇立屬望。**便敬奉璽綬**，
歸於別邸。王其寅踐成業，寅，敬也。**允執其中**，“其”，逸史本作“厥”。
案書大禹謨、論語堯曰篇均有此語。**雖休勿休**，書呂刑：“雖畏勿畏，雖休
勿休。”**日慎一日，敬之哉**！逸史本重“敬之哉”三字。**恭讓曰**：“**天命至
重，歷數匪輕，自非德協三才**，天道、地道、人道，謂之三才。見易繫辭。
功濟四海，無以入選帝圖，帝圖謂帝王譜錄。**允當師錫**。師，衆也。錫，
與也。師錫見書堯典。**臣既寡昧，識無先遠**，“先”原作“光”，非。此從逸
史本。**景命雖降**，景，大也。**不敢仰承。乞收成旨，以允愚衷。**”**又曰**：
“**王既德應圖錄，僉屬攸歸，便可允執其中，入光大麓。**謂即帝位也。書
舜典云：“納於大麓。”晉書樂志云：“登大麓而御萬乘。”**不勞揮遜，致爽人
神。**”此爲長廣王曄重讓之辭。○人神爲古人習用語，逸史本作“神人”，
非。**恭凡讓者三**，“恭凡”，原作“凡恭”，“三”原作“二”，此依逸史本。**於
是即皇帝位，改號曰普泰。黃門侍郎邢子才爲赦文**，子才，河間人，名
邵。因避彭城王劭嫌名，以字行。文筆華贍，在魏與溫子昇齊名。北齊書
卷三十六有傳。**叙述莊帝枉殺太原王之狀，廣陵王曰**：“**永安手翦强臣**，
翦，滅也。**非爲失德；直以天未厭亂，故逢成濟之禍。**”“故”字原無，此從
逸史本補。○魏高貴鄉公曹髦杖劍攻司馬昭，爲太子舍人成濟所刺殺，見
三國志魏志卷四。莊帝爲尒朱兆所弑，故曰“逢成濟之禍”。**謂左右**：“**將
筆來**，“筆”原作“詔”，此從逸史本。**朕自作之。**”**直言門下**：門下省。“**朕
以寡德，運屬樂推，思與億兆同茲大慶。肆眚之科**，眚者，過也。春秋莊
公二十二年“春王正月，肆大眚”，注云：“赦有罪也。放赦罪人，盪滌衆故，
以新其心。”**一依恒式。**”**廣陵杜口八載，至是始言，海內士庶**，“士庶”原
作“庶士”，此依鈎沉改。**咸稱聖君。於是封長廣爲東海王。世隆加儀
同三司、尚書令、樂平王，餘官如故。贈太原王相國晉王**，謂尒朱榮也。

加九錫,賜命曰錫。九錫者,車馬、衣服、樂器、朱戶、納陛、虎賁、弓矢、斧鉞、秬鬯是也。所以優禮大臣之異數也。立廟於芒嶺首陽。上舊有周公廟,畢沅中州金石記卷二有周公祠碑,開元二年十二月立,賈大義撰,在偃師。碑云:“負陽岑之巖險,面通谷之縈紆。”案所謂陽岑者,即首陽山也。畢氏云:“當是魏時舊廟,唐人所修。”世隆欲以太原王功比周公,故立此廟。廟成,爲火所災。有一柱焚之不盡,後三日雷雨震電,霹靂擊爲數段,柱下石及廟瓦皆碎於山下。復命百官議太原王配饗。“議”,逸史本作“設”。司直劉季明議云不合。魏書禮志神龜元年十一月下有四門博士劉季明,蓋即此人。世隆問其故,季明曰:“若配世宗,於宣武無功;若配孝明,親害其母;若配莊帝,爲臣不終,“終”,逸史本作“忠”。爲莊帝所戮。以此論之,無所配也。”世隆怒曰:“卿亦合死!”季明曰:“下官既爲議臣,依禮而言,不合聖心,俯蹔惟命。”議者咸歎季明不避强禦,莫不歎伏焉。世隆既有忿言,逸史、漢魏二本無以上十七字。季明終得無患。初世隆北叛,莊帝遣安東將軍史仵龍、平北將軍楊文義各領兵三千守太行嶺,楊文義,魏書莊帝紀及源子恭傳並作羊文義,與史仵龍同爲都督。侍中源子恭鎮河内。見卷一注。及尒朱兆馬首南向,仵龍、文義等率衆先降,子恭見仵龍、文義等降,亦望風潰散。兆遂乘勝逐北,直入京師,兵及闕下,矢流王室。至是論功,仵龍、文義各封一千户。廣陵王曰:“仵龍、文義於王有勳,於國無功。”竟不許。時人稱帝剛直。彭城王尒朱仲遠,仲遠,魏書卷七十五有傳。世隆之兄也,鎮滑臺,滑臺,在河南滑縣。表用其下都督□瑗爲西兗州刺史,“瑗”上原缺一字,逸史本同。案此稱西兗州刺史,蓋乙瑗也。魏書卷四十四乙瑗傳稱瑗曾孫瑗字雅珍,尚高祖女淮陽公主,累遷西兗州刺史。先用後表。廣陵答:“已能近補,何勞遠聞!”世隆侍宴,帝每言:“帝”字原無,依逸史本增。太原王貪天之功以爲己力,罪亦合死。“亦”原作“有”,此從逸史本。世隆等愕然。自是已後,不敢復入朝。輒專擅國權,兇慝滋甚。坐持臺省,“坐持臺

省”，逸史本作“坐符臺省掾”，非。○魏書卷七十五世隆傳云：“常使尚書
宋游道、邢昕在其宅廳視事，東西別坐，受納訴訟，稱命施行，其專恣如
此。”家總萬機，事無大小，先至隆第，然後施行。天子拱己南面，無所
干預。

永熙元年平陽王入纂大業，始造五層塔一所。

平陽王，武穆王少子。平陽王，即孝武帝也。名脩，字孝則，廣平武穆王
懷之第三子也。永安三年封平陽王。後廢帝安定王遜位，高歡奉立爲帝。
詔中書侍郎魏收等爲寺碑文。魏收字伯起，鉅鹿下曲陽人，事跡見北齊書
卷三十七本傳。至二年二月五日土木畢功，“功”原作“工”，此依逸史本。
帝率百僚作萬僧會。萬僧會，蓋與西土之般遮越師 pañcha parishad 相似①。
法顯行傳云：“到竭乂國，值其王作般遮越師。般遮越師，漢言五年大會也。
時請四方沙門，皆來雲集，發願布施衆僧。”其日寺門外有石像，無故自動，
低頭復舉，竟日乃止。帝躬來禮拜，怪其詭異。中書舍人盧景宣曰：“石
立社移，社者，后土也。上古有此，陛下何怪也？”盧景宣，即盧辯，景裕弟
也。普泰初爲中書舍人。此事亦見北史卷三十盧辯傳。帝乃還宮。七月
中，帝爲侍中斛斯椿所使，詳卷一“永寧寺”條注。案出帝入關，在永熙三年
七月，非二年七月也。此“七月”上當有脫奪。上文稱造五層塔至二年土木
畢功，二字不誤。北史盧辯傳謂“永熙二年平等浮屠成，孝武會萬僧於寺”，
李同軌傳稱“永熙二年出帝幸平等寺”，是其證。奔於長安。至十月終，而
京師遷鄴焉。出帝既入關，高歡乃立清河王亶世子善見爲帝，遷都於鄴，史
稱東魏。

○景寧寺，太保司徒公楊椿所立也。椿字延壽，恒農華陰人，楊播之弟也。自
高祖至肅宗時，累爲州牧，都督軍事，建義元年爲司徒公，永安初進位太保、
侍中。普泰元年爲尒朱世隆所害，年七十七。見魏書五十八本傳。在青陽

① 本書卷一“建中寺”條括注“般遮越師”梵文爲“pañcapàriṣad”。

門外三里御道南，所謂景寧里也。

高祖遷都洛邑，椿創居此里，遂分宅爲寺，因以名之。制飾甚美，綺柱珠簾。椿弟慎，冀州刺史，“慎”，魏書卷五十八作“順”。案唐人寫書“慎、順”二字，每每互易。魏書云“順字延和”，義正相應，是當作“順”也。史云：“順於莊帝初爲平北將軍，冀州刺史。”慎弟津，司空，津字羅漢，莊帝時爲司空，普泰元年卒，年六十三。見魏書卷五十八。並立性寬雅，魏書所述亦同。貴義輕財，四世同居，一門三從。三從者，從祖祖父、從祖父及從父也。爾雅釋親曰：“父之世父、叔父爲從祖祖父，父之從父昆弟爲從祖父，兄之子、弟之子相謂爲從父昆弟。”從並讀去聲。朝貴義居，未之有也。史云：“播家世純厚，並敦義讓，昆季相事，有如父子。一家之内，男女百口，緦服同爨，庭無間言。魏世以來，唯有盧淵兄弟及播昆季，當世莫逮焉。”普泰中爲尒朱世隆所誅，永安末椿子昱曾率衆拒尒朱仲遠，普泰元年尒朱世隆誣椿等爲逆，椿家無少長皆遇害。見魏書卷五十八。後捨宅爲建中寺。

出青陽門外三里，御道北有孝義里。里西北角有蘇秦冢，“角”，河南志作“隅”。冢旁有寶明寺。

衆僧常見秦出入此冢，車馬羽儀，若今宰相也。

孝義里東，即是洛陽小市。北有車騎將軍張景仁宅。張景仁，史書無傳。

景仁，會稽山陰人也。正光年初從蕭寶寅歸化，“寶”，各本作“保”，此從河南志。寶寅字智亮，齊蕭鸞第六子，景明二年歸魏，見魏書卷五十九本傳。此云正光初，與史有異。拜羽林監，賜宅城南歸正里。民間號爲“吳人坊”，南來投化者多居其内。近伊洛二水，任其習御。里三千餘家，“三千”，河南志作“三十”。自立巷市。“市”原作“寺市”，別本作“市”，元河南志及大典卷一三八二三引同，今據改。所賣口味，多是水族，時人謂爲魚鱉市也。“市”原作“寺”，此從大典引及逸史本改，景仁住此以爲恥，遂徙居孝義里焉。

時朝廷方欲招懷荒服，荒服，遠方也。周書王會篇云："方三千里之內爲荒服。"待吳兒甚厚，"吳兒"，逸史、漢魏、真意等本作"吳人"。褰裳渡於江者，"裳"，逸史本作"衣"。皆居不次之位。景仁無汗馬之勞，高官通顯。永安二年蕭衍遣主書陳慶之送北海入洛陽僭帝位。梁書卷三十二慶之傳云："慶之字子雲，義興國山人。高祖東下平建鄴，稍爲主書。大通初，魏北海王元顥來降，求立爲魏主。高祖納之，以慶之爲假節飈勇將軍，送顥還北。"慶之爲侍中。景仁在南之日與慶之有舊，遂設酒引邀慶之過宅。司農卿蕭彪、尚書右丞張嵩並在其座，二人史書無傳。彪亦是南人。案由下文"慶之謂蕭、張等曰"可知二人皆南人也，則"彪"字爲衍文。唯有中大夫楊元慎、給事中大夫王昫是中原士族。二人史書無傳。慶之因醉謂蕭、張等曰："魏朝甚盛，猶曰五胡，正朔相承，"相"，大典引同，逸史本作"之"。當在江左。秦朝玉璽，今在梁朝。"元慎正色曰："江左假息，假息猶言苟安也。僻居一隅，地多濕墊，"墊"原作"蟄"。案字當作"墊"，墊下濕也。釋名釋地云："下濕曰隰，隰墊也，墊墊濕意也。""墊"，今本作"蟄"，亦誤。原本玉篇隰下引作"墊"，是也。攢育蟲蟻，攢，聚也。廣韻在玩切。疆土瘴癘，"疆"原作"壃"，此依逸史本。蛙黽共穴，"黽"，逸史本作"龜"，誤。黽亦蛙屬也。文選魏都賦云："句吳與鼃黽同穴。"人鳥同群。短髮之君，無杼首之貌；短髮者，即斷髮也，與文身爲對文。都管切，上聲，與短同音，故或作短。作短則爲長短之短矣。"杼首"原作"抒首"，誤。此從大典及真意堂本改。方言卷一云："燕記曰：豐人杼首。杼首，長首也。"魏都賦云："巷無杼首，里罕耆耋。"杼音佇。文身之民，文身者，刺膚爲花紋也。稟蕞陋之質。"蕞"，各本作"叢"，誤。蕞音罪，小貌也。魏都賦云："宵貌蕞陋，稟質遄脆。"宵者，小也。蕞者，亦小貌。浮於三江，棹於五湖，書禹貢"三江既入"，孔疏引吳地記云："松江東北行七十里得三江口，東北入海爲婁江，東南入海爲東江，並松江爲三江。"案周禮職方氏亦云："東南曰揚州，其川三江，其浸五湖。"後漢書馮衍傳注引虞翻云："**太湖南五湖**,滆湖、洮湖、射湖、貴湖及太湖爲五湖。並太湖之小支俱連太湖,故太湖兼得五湖之名。"**禮樂所不沾**,"沾"原作"沽",誤。此依逸史本。**憲章弗能革。雖復秦餘漢罪**,魏都賦云:"漢罪流禦,秦餘徙翎。"**雜以華音**,"音",大典及逸史本作"言"。**復閩楚難言,不可改變。**"改變",大典及逸史本作"變改"。**雖立君臣,上慢下暴。是以劉劭殺父於前**,劉劭,宋文帝子,元嘉六年立爲太子。元嘉三十年,文帝欲廢劭,爲劭所弒。見宋書卷九十九元凶劭傳。**休龍淫母於後**,宋孝武帝劉駿,文帝第三子,字休龍。魏書卷九十七謂駿淫亂無度,烝其母路氏,穢汙之聲布於甌越。宋書卷四十一后妃路淑媛傳云:"民間誼然,咸有醜聲。宮掖事秘,莫能辨也。"**見逆人倫**,"見",逸史本同,津逮本作"悖"。**禽獸不異。加以山陰請壻賣夫**,山陰公主,宋廢帝子業之姊,名楚玉,孝武帝后王氏所生。宋書卷七廢帝紀云:"山陰公主淫恣過度,謂帝曰:妾與陛下雖男女有殊,俱託體先帝,陛下六宮萬數,而妾唯駙馬一人,事不均平,一何至此?帝乃爲主置面首左右三十人。"亦見魏書九十七子業傳。**朋淫於家,不顧譏笑。卿沐其遺風,未沾禮化**,"沾"原作"沽"。非。別本不誤。**所謂陽翟之民不知瘻之爲醜。**瘻,瘤也。陽翟,魏陽翟郡,今爲河南禹縣治。南近汝水,西與汝州相接,人多生瘻。韻語陽秋云"汝人多苦瘻",是也。**我魏膺錄受圖**,見序文。**定鼎嵩洛,五山爲鎮**,五山者,華山、首山、太室山、泰山、東萊山是也。見漢書郊祀志。**四海爲家。移風易俗之典,與五帝而並跡**,"五帝"原作"五常",非。逸史本亦誤。別本則作"五帝"。**禮樂憲章之盛,凌百王而獨高。**"凌",大典引及逸史本作"陵"。**豈卿魚鼈之徒**,"豈",逸史本作"宜"。**慕義來朝,飲我池水,啄我稻粱**,"粱"原誤作"梁"。**何爲不遜,以至於此?**慶之等見元慎清詞雅句,縱橫奔發,杜口流汗,含聲不言。"含"原作"合",此從逸史本。

於後數日,慶之遇病,心上急痛,訪人解治。"治",大典作"悟",非。元慎自云能解,以上逸史本脫去十八字。慶之遂憑元慎。元慎即口含水噀慶之曰：噀，噴也。音巽。古者方技之士往往行符勑水，以消災滅禍，是以元慎含水噀慶之也。"吳人之鬼，住居建康。小作冠帽，古者有冠，無帽。晉以後江左之人著帽，上不施屋。短製衣裳。自呼阿儂，吳人自稱曰儂，見子夜歌。如"寧枕北窗下，郎來就儂嬉"是也。阿爲語首。語則阿傍。菰稗爲飯，茗飲作漿。呷啜蓴羹，"蓴"，逸史本及大典所引作"鱒"。案鱒者，赤目魚也，非易得之物（詳爾雅釋魚孫炎注），此當作"蓴"。晉書卷九十二張翰傳稱"翰，吳郡吳人也，在洛見秋風起，乃思吳中菰菜、蓴羹、鱸魚膾"。蓴羹蓋吳人日常所食者，故曰呷啜蓴羹耳。呷者，吸也。啜者，茹也。廣韻呷，呼甲切，啜，殊雪切。唼喋鱓黃。唼喋，猶言唼喋也。鳧雁食物聲。唼，所甲切，喋，所角切。今北人謂吸食曰喋。手把荳蔻，"荳"，逸史本作"豆"。○荳蔻，草實，生越南，皮殼小厚，核似石榴，氣味辛香。口嚼檳榔。"檳"原作"梹"，此從逸史本。乍至中土，思憶本鄉。急手速去，"急手"，逸史本作"急急"。還爾丹陽。丹陽，今江蘇江寧縣東南五里。若其寒門之鬼，□頭猶脩。"頭"字上闕一字，逸史本無"頭"字，空二格。網魚漉鼈，在河之洲。咀嚼菱藕，文選上林賦："唼喋菁藻，咀嚼菱藕。"捃拾雞頭。芡曰雞頭。蛙羹蚌臛，臛，羹也。廣韻呵各、火酷二切。以爲膳羞。布袍芒履，倒騎水牛。沅湘江漢，鼓棹遨游。隨波遯浪，逆流而行曰遯。噞喁沈浮。噞喁，魚口上出貌。文選吳都賦云："泝洄順流，噞喁沈浮。"白紵起舞，"紵"原作"苧"，此從逸史本。○紵，葛布也。吳人著紵衣絺服，見文選左思吳都賦。樂府詩集卷五十五有晉白紵舞歌。揚波發謳。急手速去，"急手"，逸史本作"急急"。還爾揚州。"慶之伏枕曰："楊君見辱深矣。"自此後，吳兒更不敢解語。"解語"二字逸史本空闕，大典作"解悟"。此謂不再敢請人解病矣。北海尋伏誅，其慶之還奔蕭衍，衍用其爲司州刺史，"衍"字、"其"字原無，此從大典及逸史本增。○司州，梁置，僑治義陽，在今河南信陽縣南四十里。欽重北人，特異於常。朱异怪，復問之。津逮本作"怪而問之"。朱异，梁書有傳。曰：

“自晉宋以來，號洛陽爲荒土，“土”，逸史本作“中”，大典同。此中謂長江以北盡是夷狄。“中”字逸史本無，大典同。昨至洛陽，始知衣冠士族並在中原，禮儀富盛，人物殷阜，目所不識，逸史本作“耳目所識”。口不能傳。所謂帝京翼翼，四方之則，詩殷武云：“商邑翼翼，四方之極。”如登泰山者卑培塿，“如”原作“始”，此從逸史本。○培塿者，小丘也。涉江海者小湘沅，湘水、沅水也。北人安可不重？”慶之因此羽儀服式悉如魏法，羽，羽蓋也。江表士庶競相模楷，“競”，大典作“竟”，誤。褒衣博帶，褒，説文云：“衣博裾也。”被及秣陵。秣陵即金陵。

元慎，弘農人，晉冀州刺史嶠六世孫。曾祖泰，從宋武入關，爲上洛太守七年，宋武帝劉裕北伐姚泓入關，事在晉安帝義熙十三年（417）八月。背偽來朝，“偽”，逸史、真意各本作“魏”，誤。明〔元〕帝賜爵臨晉侯，“元”字各本無，今補。案晉義熙十三年爲明元帝泰常二年。廣武郡、陳郡太守，廣武在今甘肅平番縣東南，陳郡在今河南項城縣東北。贈涼州刺史，“涼”，大典作“梁”。謚烈侯。“烈”字逸史本空闕。祖撫，明經，爲中博士。父辭，“辭”，逸史本作“甜”，誤。自得丘壑，不事王侯。叔父許，河南令，蜀郡太守。世以學行著聞，名高州里。元慎清尚卓逸，“清”原作“情”，此從逸史本。少有高操，任心自放，“任”原作“仁”，誤。不爲時覊。樂山愛水，好游林澤。博識文淵，清言入神，造次應對，莫有稱者。稱者，比也。讀老莊，善言玄理。性嗜酒，飲至一石，神不亂常。慷慨嘆不得與阮籍同時生。阮籍，晉陳留尉氏人，阮瑀子。晉書卷四十九有傳。不願仕宦，“願”，逸史本作“愿”，同。爲中散，常辭疾退閑，未嘗修敬諸貴，亦不慶弔親知。貴爲交友，“貴”上逸史本有“諸”字，非。故時人弗識也。或有人慕其高義，投刺在門，元慎稱疾高臥。加以意思深長，善於解夢。孝昌年，廣陽王元淵初除儀同三司，孝昌年，津逮本作“孝昌元年”，誤。案元淵除儀同三司在孝昌二年，見魏書卷九肅宗紀，非元年之事也。御覽卷九五四引亦無“元”字。○又“廣陽王”原作“廣陵王”，逸史本“陽”亦作“陵”，非是。案廣陽王元淵者，元嘉之子，北史卷十六有傳，但“淵”作“深”，乃唐人避諱所改，魏書肅宗紀仍作“淵”。唐段成式酉陽雜俎前集卷八引作“廣陽王元淵”，今據正。**總衆十萬北討葛榮**，“北”字各本無，據御覽引增。○孝昌二年正月五原降戶鮮于脩禮反於定州，二月淵與章武王融北討脩禮，葛榮亦脩禮之黨也。**夜夢著袞衣，倚槐樹而立，以爲吉徵。問於元慎。元慎曰**：“曰”上原無“元慎”二字，逸史本同。今依酉陽雜俎及御覽所引補。**“三公之祥。”淵甚悦之。元慎退還，告人曰：“廣陽死矣。**“陽”亦作“陵”，據酉陽雜俎改。**‘槐’字是木傍鬼，死後當得三公。”廣陽果爲葛榮所殺**，史言：鮮于脩禮爲葛榮所殺，榮乃自立，北度瀛州，淵與章武王融攻之，戰敗，融没於陣，淵亦尋爲葛榮所殺。見北史淵傳。**追贈司徒公。**“司徒”，各本作“司空”，酉陽雜俎及御覽引並作“司徒”，與北史合，今據改。**終如其言。建義初**，原無“初”字，此依大典及逸史本增。**陽城太守薛令伯聞太原王誅百官**，見卷一“永寧寺”。**立莊帝，棄郡東走，忽夢射得雁，以問元慎。元慎曰：“卿執羔，大夫執雁。**此見周禮春官大宗伯。**君當得大夫之職。”俄然令伯除爲諫議大夫。京兆許超夢盜羊入獄，問於元慎。〔元慎〕曰：**“元慎”二字原無，今從上文文例增。**“君當得城陽令。”**原作“陽城令”，酉陽雜俎及大典引並作“城陽令”，今據改。案城陽、陽城均爲魏地，城陽在今河南泌陽縣南，陽城在今河南登封縣東南。**其後有功，封城陽侯。**“城陽”，酉陽雜俎及大典引同。逸史本作“陽城”。**元慎解夢，義出萬途**，“萬”原作“方”，大典及逸史本作“萬”，則“方”乃“萬”字之誤也。**隨意會情，皆有神驗。雖令與侯小乖，按令今百里，即是古諸侯，以此論之，亦爲妙著。**“著”，大典作“着”。**時人譬之周宣。**周宣，曹魏時人，字孔和，樂安人，善占夢。見三國志卷二十九。**及尒朱兆入洛陽，即棄官與華陰隱士王騰周游上洛山。**上洛縣，在今陝西商縣。

孝義里東市北殖貨里。“殖”，太平廣記卷四三九及大典所引並作“植”，逸史本同。里有太常民劉胡兄弟四人,以屠爲業。永安年中,胡殺猪,猪忽唱乞命,聲及四鄰。鄰人謂胡兄弟相毆鬪而來觀之,廣記、大典所引及逸史本並無“毆”字。乃猪也。胡即捨宅爲歸覺寺,“胡”字各本無,依廣記引增。合家人入道焉。普泰元年,公元531。此寺金像生毛,眉髮悉皆具足。“髮”上廣記引有“鬢”字。尚書左丞魏季景謂人曰:季景,魏收族叔,文才與收齊名。北史卷五十六稱“普泰中爲尚書右丞”,此作“左丞”,有異。“張天錫有此事,張天錫,安定烏氏人,張駿之少子。駿祖軌,晉惠帝永寧初爲涼州牧,稱霸河西,至晉穆帝永和元年,駿自稱涼王。哀帝興寧元年,天錫立。孝武帝太元元年爲苻堅所滅。見晉書卷八十六本傳。其國遂滅,自張軌爲涼州牧至天錫,凡九世,七十六年而國亡。此亦不祥之徵。”至明年而廣陵被廢死。大典無“死”字,廣記引有之。

洛陽伽藍記卷第三

城　南

○景明寺，宣武皇帝所立也。宣武帝元恪，高祖孝文皇帝第二子，史稱世宗。

景明年中立，因以爲名。

在宣陽門外一里御道東。元河南志云："御道東曰利民里。"

其寺東西南北方五百步，前望嵩山少室，文選卷二十二沈約鐘山詩李善注引戴延之西征記曰："嵩高，中嶽也。東謂太室，西謂少室，相去十七里。嵩高，總名也。"又卷十六潘岳懷舊賦注引河南郡圖經曰："嵩丘在縣西南十五里。"卻負帝城，青林垂影，綠水爲文，形勝之地，爽塏獨美。説文：塏，高燥也。左氏傳昭公三年"請更諸爽塏者"，注曰："塏，燥也。"塏音愷。山懸堂光觀盛，此句有脱誤。永樂大典卷一三八二二作"山縣堂觀光盛"。逸史本、漢魏本作"山縣臺觀光盛"，真意本同。津逮本"縣"作"懸"。一千餘間。複殿重房，原無此四字，大典本、逸史本有此，今據補。交疏對霤，疏者，文窗也。文選卷二十九古詩："交疏結綺牕，阿閣三重階。"霤者，承霤也。釋名釋宮室："霤，流也，水從屋上流下也。"禮記檀弓上"池視重霤"，鄭玄曰："承霤以木爲之，用行水，亦宮之飾也。"此云對霤者，即承霤相對距也。文選卷五左思吳都賦云："玉堂對霤，石室相距。"青臺紫閣，青紫皆言其色。浮道相通。浮道者，猶言飛道也。雖外有四時，而内無寒暑。房簷之外，皆是山池。山池者，山林池沼也。松竹蘭芷，"松竹"原作"竹松"，津逮本、真意堂本同，此依大典及逸史本改。垂列堦墀，含風團露，團，聚也。詩野有蔓草

"零露漙兮"。流香吐馥。馥，香氣也。至正光年中，太后始造七層浮圖一
所，"太后"即胡太后。去地百仞。

是以邢子才碑文云"俯聞激電，旁屬奔星"，"屬"，大典同，真意本作
"矚"。矚，望也。是也。案藝文類聚卷七十七所載子才碑文無此二句。

妝飾華麗，侔於永寧。金盤寶鐸，煥爛霞表。魏書釋老志亦云："永寧寺佛
圖九層，景明寺佛圖亦其亞也。"

寺有三池，萑蒲菱藕，萑，細葦也，一名蒤。詩七月曰："八月萑葦。"水物生
焉。或黃甲紫鱗，文選蜀都賦："觴以清醥，鮮以紫鱗。"出沒於蘩藻，案左氏
傳隱公三年云："蘋蘩蘊藻之菜。"蘋、蘩皆爲水草。蘩音煩。或青鳧白雁，
"或"字原脫，此據逸史本補。沈浮於綠水。"沈浮"原作"浮沈"，此依逸史
本。礓磑舂簸，"礓"字字書無，蓋即今之"碾"字。磑，廣韻五對切，磨也。
皆用水功，伽藍之妙，最爲稱首。"爲"字原作"得"，津逮本同。大典作
"爲"，逸史本同，今據改。

時世好崇福，四月七日京師諸像皆來此寺，尚書祠部曹錄像凡有一千餘
軀。"部"字原無，今據大典及逸史本增。案"祠部曹"見魏書卷一百八之四
禮志神龜元年下。又"凡"，大典作"名"，逸史本同。真意本作"名凡"二字。
至八日，"八日"原作"八月節"，非。此據逸史本改正。以次入宣陽門，向闉
闍宮前受皇帝散花。按此即行像也。魏書釋老志云："世祖於四月八日輿
諸寺像，行於廣衢，帝御門樓臨觀，散花致禮焉。"于時金花映日，寶蓋浮雲，
旛幢若林，香煙似霧，梵樂法音，聒動天地。聒音括，喧嘩也。百戲騰驤，
見卷一"長秋寺"下。所在駢比。名僧德衆，負錫爲群，錫者，錫杖也。釋氏
要覽卷中云："梵云隙棄羅，此云錫杖，由振時作錫聲故。"信徒法侶，持花成
藪。車騎填咽，文選吳都賦："冠蓋雲蔭，閭閻闐噎。"劉逵注："閭閻闐噎，言
人物遍滿之貌。"案闐噎即填咽也。梁書陶弘景傳："永明十年，上表辭祿，公
卿祖之，供帳甚盛，車馬填咽。"繁衍相傾。文選蜀都賦："輿輦雜沓，冠蓋混
幷，累轂疊跡，叛衍相傾。"李善注："司馬彪莊子注曰：叛衍，猶漫衍也。"案繁

衍亦即叛衍，言其連屬之盛。或曰夵衍，或曰紛衍，義並相同。相傾者，相傾側也。時有西域胡沙門見此，唱言佛國。盛贊佛事之盛儼如佛國也。

至永熙年中始詔國子祭酒邢子才爲寺碑文。碑文見藝文類聚卷七十七，然所載非全文，節略甚多。

子才，河間人也。北齊書卷三十六邢邵傳云："邵字子才，河間鄭人。父虯，魏光禄卿。邵小字吉，少時有避，遂不行名。"案邵蓋避魏彭城王元劭嫌名，故以字行也。志性通敏，風情雅潤，逸史本作"風雅潤□"。下帷覃思，下帷者，垂下書帷也。漢書董仲舒傳稱仲舒爲博士，下帷講誦，三年不窺園，是也。溫故知新。文宗學府，騰班馬而孤上，"騰"，逸史本作"跨"。班馬者，班固、司馬遷也。英規勝範，凌許郭而獨高。"凌"，大典及逸史本作"陵"。許郭者，漢許劭、郭泰也。此謂其匪特文采華贍，學識淵廣，爲一時之宗主，且有許郭之風範也。許郭見卷二"秦太上君寺"條注。是以衣冠之士，輻輳其門，輻輳，聚集也。懷道之賓，去來滿室。升其堂者，若登孔氏之門；揚子法言吾子篇云："詩人之賦麗以則，辭人之賦麗以淫。如孔氏之門用賦也，則賈誼升堂，相如入室矣。"沾其賞者，猶聽東吳之句。"聽"，大典引作"德"。逸史本作"得"。事未詳。藉甚當時，史記陸賈傳："陸生以此游漢廷公卿間，名聲藉甚。"集解："漢書音義曰：言狼藉甚盛。"聲馳遐邇。"馳"，大典引作"布"。北齊書邢邵傳曰："邵雅有才思，聰明强記，文章典麗，既贍且速。年未二十，名動衣冠。孝明之後，獨步當時。每一文出，京師爲之紙貴。與濟陰溫子昇爲文士之冠，世論謂之溫邢。"正光末，此從大典及逸史本。"末"原作"中"。解褐爲世宗挽郎，奉朝請。案北齊書邵傳云："釋巾爲魏宣武挽郎，除奉朝請，遷著作佐郎，深爲領軍元乂所禮。乂新除遷尚書令，令邵作謝表，須臾便成。"考元乂之爲尚書令，當肅宗孝明帝孝昌元年，是邵之爲奉朝請，即在正光末也。解褐，或曰釋褐、釋巾。褐，短衣也，貧者之所服。解褐，謂釋巾褐而衣官服，喻爲官也。尋進中書侍郎、黃門〔侍郎〕。"黃門"下"侍郎"二字各本並無,今補。案北齊書本傳云:"永安初,累遷中書侍郎,普泰中,兼給事黃門侍郎。"此稱爲黃門侍郎似在普泰以前,與正史不同。**子才洽聞博見,無所不通,軍國制度,罔不訪及。自王室不靖,虎門業廢。**周禮地官:"師氏居虎門之左,司王朝,掌國中之事,以教國子弟。"鄭注曰:"虎門,路寢門也。門外畫虎焉,以明勇猛,於守宜也。"案虎門即指國子學而言。劉芳請立學表云:"今之祭酒,即周之師氏。洛陽記:國子學宫在天子宮對,太學在開陽門外。"莊帝永安三年尒朱兆入洛,京師擾亂,邵與弘農、楊愔俱避地嵩高山,故曰"王室不靖,虎門業廢"。**後遷國子祭酒,**"後",津逮本同,大典及逸史本作"復",非。北齊書邢邵傳云:"(孝武帝)太昌初,敕令恒直内省,後除衛將軍,國子祭酒。"**謨訓上庠。子才罰惰賞勤,專心勸誘,青領之生,**青領,猶青衿也,謂國子生徒也。詩子衿"青青子衿",傳曰:"青衿,青領也。"顏氏家訓書證篇云:"古者斜領下連於衿,故謂領爲衿。"**競懷雅衍。**"競"原作"竟",非。此從津逮、逸史本改。**洙泗之風,**謂禮樂教化也。孔子曾講學於洙泗之間。洙、泗,魯國二水名。**茲焉復盛。**永熙年末,鉤沉作"末年"。**以母老辭,帝不許之。子才恪請,**逸史本、津逮本無"恪請"二字。**辭情懇至,**原作"懇至"。逸史本作"辭請懇至"。此依津逮本。**涕淚俱下,**"涕"原作"辭",此從逸史本。**帝乃許之。詔以光禄大夫歸養私庭,**所在之處,"在"原誤作"生",大典本及逸史本、津逮本不誤。**給事力五人,歲一入朝,**"入"字各本無,今據史傳補。**以備顧問。**北齊書本傳云:"邵以親老還鄉,詔所在特給兵力五人,并令歲一入朝,以備顧問。"文與此同。**王侯祖道,**詩烝民"仲山甫出祖",鄭玄曰:"祖者,行犯軷之祭也。"案後世飲酒餞行曰祖餞。**若漢朝之送二疏。**漢書疏廣傳云:廣字仲翁,東海人也。明春秋,爲太子太傅。兄子受,字公子,亦以賢良爲太子家令。廣謂受曰:吾聞知足不辱,知止不殆。今仕至二千石,宦成名立,如此不去,懼有後悔。豈如父子相隨出關,歸老故鄉,以壽命終,不亦善乎?遂上疏乞骸骨。上以其年篤老,皆許之。公卿大夫故人邑子爲設祖道供帳東都門外，送者車數百兩，辭訣而去。道路觀者曰：賢哉二大夫！或歎息，爲之下泣。文選張協詠史詩曰："藹藹東都門，群公祖二疏。"暨皇居徙鄴，民訟殷繁，前革後沿，原作"前格後詔"，此從逸史本。自相與奪，"與"，津逮本作"予"。案魏書刑罰志亦云："天平後，遷移草剏，百司多不奉法。"法吏疑獄，簿領成山，文選卷二十九劉楨雜詩云："沈迷簿領書，回回自昏亂。"李善注云："簿領，謂文簿而記録之。司馬彪莊子注曰：領，録也。"乃敕子才與散騎常侍溫子昇撰麟趾新制十五篇。麟趾，鄴京宮禁閣名。魏書卷十二孝靜帝紀云："興和三年冬十月癸卯齊文襄王自晉陽來朝，先是詔文襄王與群臣於麟趾閣議定新制，甲寅班於天下。"省府以之決疑，州郡用爲治本。武定中，除驃騎大將軍、西兗州刺史。爲政清靜，吏民安之。後徵爲中書令。"後"，大典及逸史本作"復"。時戎馬在郊，朝廷多事，國禮朝儀，咸自子才出。"咸"，逸史本作"或"，非。案北齊書本傳云："邵博覽墳籍，無不通曉，晚年尤以五經章句爲意，窮其指要。每公卿會議，事關典故，邵援筆立成，證引該洽。帝命朝章，取定俄頃。詞致宏遠，獨步當時。"所製詩賦詔策章表碑頌讚記五百篇，皆傳於世。"讚"，大典及逸史本作"贊"。北齊書云："有集三十卷，見行於世。"鄴國欽其模楷，朝野以爲美談也。

○**大統寺**，在景明寺西，即所謂利民里。逸史本無"即"字。寺南有三公令史高顯略宅。"高顯略"，太平廣記卷三九一引作"高顯洛"。太平寰宇記作"尚書高顯業"。酉陽雜俎前集十作"洛陽令史高顯"。

　　每於夜見赤光行於堂前，"每"字上廣記引有"洛"字。"於"字原無，逸史本有，與廣記引合，今據補。如此者非一。向光明所掘地丈餘，廣記引"光"下無"明"字。得黃金百斤，"百"，逸史本作"千"。銘云："蘇秦家金，得者爲吾造功德。"顯略遂造招福寺。"顯略"，廣記作"洛"。人謂此地是蘇秦舊宅。"人謂此地是蘇秦舊宅"，逸史本作"以世人謂此地是蘇秦舊宅”，廣記引作“世又謂此地蘇秦舊時宅”。鉤沉改作“以是人謂此地是蘇秦舊宅”。當時元乂秉政，聞其得金，就略索之，“略”原作“洛”。“之”字逸史本脫。以二十斤與之。

衒之按：蘇秦時未有佛法，功德者不必是寺，“是”，廣記引作“起”。應是碑銘之類，“應”，廣記引作“或”。頌其聲績也。“績”字各本作“跡”，此依廣記引改正。

○東有秦太上公二寺，原與上文連爲一條，今從逸史本別爲一條。“太上”原作“太師”，誤。在景明寺南一里。“寺”字原無，據永樂大典卷一三八二二增。西寺，太后所立；秦太上公，靈太后父胡國珍之封號。此寺爲劉騰所監造，見魏書騰傳。東寺，皇姨所建。大典及逸史本“建”作“造”。並爲父追福，因以名之，時人號爲雙女寺。

並門鄰洛水，大典及逸史本“門”下有“俱”字。林木扶疎，“扶疎”，大典作“齊竦”。布葉垂陰。各有五層浮圖一所，高五十丈，素綵畫工，“畫”原作“布”，此從大典及逸史本改。比於景明。至於六齋，六齋見卷一“景樂寺”條。常有中黃門一人監護，僧舍襯施供具，襯施指衣物。釋氏要覽卷上嚫錢條云：“梵語達嚫拏，此云財施。今略達拏，但云嚫。五分律云：食後施衣物，名達嚫。”諸寺莫及焉。

寺東有靈臺一所，文選卷十六潘岳閒居賦李善注引陸機洛陽記曰：“靈臺在洛陽南，去城三里。”基址雖頹，猶高五丈餘，即是漢光武所立者。“漢光武”原作“漢武帝”，此依元河南志及逸史本改。靈臺，望雲物者。水經注穀水注云：“高六丈，方二十步。”靈臺東有辟雍，“有”字各本脫，此從元河南志補。是魏武所立者。大典作“是魏武所立作者”，逸史本同。文選閒居賦李善注引陸機洛陽記云：“辟雍在靈臺東，相去一里，俱魏武所建。”案辟雍即太學。班固白虎通德論云：“天子立辟雍者，所以行禮樂，宣教化。辟者，象璧，圓以法天；雍者，擁之以水，象教化流行也。”至我正光中造明堂於辟雍之西南，<u>正光</u>，<u>孝明帝</u>年號。上圓下方，八牕四闥。闥，門也。案<u>明堂</u>五室九階，四户八窗。<u>封軌明堂辟雍議</u>稱："明堂者，布政之宫，在國之陽，所以嚴父配天，聽朝設教。"又稱："四户者，達四時；八窗者，通八風。若其上圓下方，以則天地，通水環宫，以節觀者。"見<u>魏書卷三十二</u>。<u>汝南王</u>復造磚浮圖於<u>靈臺</u>之上。汝南王元悦見卷一。

　　<u>孝昌</u>初，<u>孝昌</u>亦<u>孝明帝</u>年號。妖賊四侵，州郡失據，朝廷設募征格於堂之北，從戎者拜曠掖將軍、"曠掖"，<u>大典</u>及<u>逸史</u>本作"曠夜"，<u>魏書官氏志</u>作"曠野"。偏將軍、裨將軍。皆八九品職。當時甲胄之士，號"明堂隊"。<u>大典</u>及<u>逸史</u>本脱"隊"字。時有虎賁<u>駱子淵</u>者，"時"下原無"有"字，此依<u>法苑珠林卷九十四</u>及<u>太平廣記卷二九二</u>引補。"駱"，兩書所引均作"洛"。自云<u>洛陽</u>人。昔<u>孝昌</u>年戍在<u>彭城</u>，<u>珠林</u>及<u>廣記</u>引作"<u>孝昌</u>中戍於<u>彭城</u>"，無"昔"字。其同營人<u>樊元寶</u>得假還京師，"師"字原無，<u>珠林</u>、<u>廣記</u>引及<u>大典</u>均有"師"字，今據增。<u>子淵</u>附書一封，令達其家。<u>廣記</u>引無此四字。云："宅在<u>靈臺</u>南，"宅"上<u>珠林</u>引有"某"字。近<u>洛河</u>，卿但至彼，"但"下原有"是"字，依<u>廣記</u>删。<u>廣記</u>引作"近<u>洛</u>水鄉，但至彼"，<u>大典</u>及<u>逸史</u>本作"近<u>洛</u>水鄉即是，至彼"云云。家人自出相看。"<u>元寶</u>如其言，至<u>靈臺</u>南，了無人家可問。<u>廣記</u>引作"見無人家"。徙倚欲去，忽見一老翁來，"翁"，<u>逸史</u>本作"公"，下同。問從何而來，<u>大典</u>作"何從而來"。徬徨於此。<u>元寶</u>具向道之，老翁云："是吾兒也。"取書引<u>元寶</u>入，遂見館閣崇寬，屋宇佳麗。既坐，"既"字原無，據<u>珠林</u>、<u>廣記</u>引補。命婢取酒。須臾見婢抱一死小兒而過，<u>元寶</u>初甚怪之，<u>廣記</u>引無"初"字。俄而酒至，色甚紅，<u>珠林</u>、<u>廣記</u>引"色"上有"酒"字。香美異常。兼設珍羞，海陸備具。"備具"原作"具備"，<u>大典</u>及<u>逸史</u>本作"備具"，今據改。<u>珠林</u>及<u>廣記</u>引作"備有"。飲訖，辭還。"辭還"，<u>珠林</u>、<u>廣記</u>引並作"告退"。老翁送<u>元寶</u>出云："後會難期，以爲悽恨！"別甚殷勤。<u>珠林</u>引"殷"作"慇"，<u>大典</u>作"慇懃"。老翁還入，<u>元寶</u>不復見其門巷，"巷"，<u>珠林</u>引作"衖"。

但見高岸對水，"岸"，珠林、廣記引並作"崖"。渌波東傾，廣記引同，大典及逸史本作"緑波連漪"。唯見一童子可年十五，"可年十五"，珠林引同，廣記引作"可年十四五"。新溺死，鼻中出血，"出血"，廣記引作"血出"。珠林引同。方知所飲酒是其血也。珠林引作"乃是血也"。及還彭城，子淵已失矣。元寶與子淵同戍三年，不知是洛水之神也。

○報德寺，高祖孝文皇帝所立也。

爲馮太后追福。高宗文成帝后，馮朗女，孝文帝祖母，魏書卷十三后妃傳有傳。

在開陽門外三里。

開陽門御道東有漢國子學堂，文選卷十六閒居賦李善注引郭緣生述征記曰："國學在辟雍東北五里，太學在國學東二百步。"後漢書蔡邕傳注引洛陽記云："太學在洛陽城南開陽門外，講堂長十丈，廣二丈。"堂前有三種字石經二十五碑，表裏刻之，寫春秋、尚書二部，作篆、科斗、隸三種字，此所指即魏正始所立三體石經也。太平御覽卷五八九引戴延之西征記云："國子堂前有列碑南北行三十五枚，刻之表裏，書春秋經、尚書二部，大篆、隸、科斗三種字。碑長八尺，今有十八枚存，餘皆崩。"所稱碑數與本書不同。所寫之經數，就今日所見殘石考之，有尚書、春秋及春秋左氏傳之一部分。每字有古、篆、隸三體。此所稱科斗，即古文壁中書也。先列古文，次列篆文，再次爲隸書。晉書衛恒傳云："漢武時，魯恭王壞孔子宅，得尚書、春秋、孝經，時人以不復知有古文，謂之科斗書。漢世秘藏，希得見之。魏初傳古文者，出於邯鄲淳。恒祖敬叔寫淳尚書，後以示淳，而淳不別。至正始中立三字石經，轉失淳法。因科斗之名，遂效其形。"漢右中郎將蔡邕筆之遺跡也。案魏三字石經與漢熹平一字石經不同。一字石經爲隸書，書石者爲蔡邕等人。三字石經爲魏正始年間所立，書石者無可考。以實物考之，亦非一人所書。楊衒之所記以魏石經與漢熹平石經相混，故謂爲蔡邕所書也。猶有十八碑，餘皆殘毀。

復有石碑四十八枚，亦表裏隸書，寫周易、尚書、公羊、禮記四部。案此所指爲漢熹平一字石經。漢靈帝熹平四年（175）刻石，至光和六年（183）始成。包括周易、尚書、魯詩、儀禮、春秋及公羊傳、論語。後漢書蔡邕傳注引洛陽記云：“本碑凡四十六枚。”此云四十八枚，數目不同。水經注卷十六穀水注云：“漢魏以來，置太學于國子堂東。漢靈帝光和六年刻石鏤碑，載五經立于太學講堂前，悉在東側。”今所見殘碑中，禮記碑有馬日磾、蔡邕等名，則一字石經爲蔡邕等所書也。別詳張國淦歷代石經考。又讚學碑一所，“讚學碑”原作“讀書碑”，津逮本同，此依元河南志及逸史本改。並在堂前。案“讚學碑”，御覽卷五八九引西征記作“太學讚碑”。水經注卷十六云：“陸機言太學贊，別一碑，在講堂西。下列石龜，碑載蔡邕、韓說、堂谿典等名。大學弟子贊復一碑，在外門中。今二碑並無。”然則衒之所記皆本之前代所記，非由目驗至明。魏文帝作典論六碑，“六”原作“云”，誤。今依逸史本校正。至太和十七年猶有四碑。“四”下原空格，津逮本作“存”。此依上文文例及元河南志補。案御覽引西征記亦云：“有魏文典論六碑，今四存二敗。”高祖題爲勸學里。

　　武定四年，大將軍遷石經於鄴。“鄴”原作“穎”，此依逸史本改正。此十二字原在下文“寧遠三寺”數字下，文意不相連，今依吳若準集證說移前。武定爲孝靜帝年號，大將軍即高澄。高澄所遷漢魏石經凡五十二枚，見北齊書卷四文宣帝紀。

里內有大覺、三寶、寧遠三寺。“里”下“內”字原無，據津逮本增。“大覺”原作“文覺”，據津逮本、逸史本校改。週迴有園，珍果出焉，有大谷梨、承光之柰。津逮本此處作“有含消梨，重十斤，從樹着地，盡化爲水。有承光之柰”二十字。案太平御覽卷九六九引作“有含消梨，重六斤，禁苑所無也。從樹投地，盡散爲水焉。世人云：報德之梨，承光之柰”。宋吳淑事類賦卷二十六引云：“報德寺有含消梨，重六斤，從樹投地，盡化爲水。”是津逮本亦有所

據。惟“含消梨重十斤”，十斤當作六斤。酉陽雜俎前集卷十云：“洛陽報德
寺梨重六斤。”與御覽、事類賦並同，可證“十”爲“六”字之誤。如隱本所云大
谷梨，大谷乃地名，在洛陽城南數十里。文選潘岳閒居賦云：“張公大谷之
梨，梁侯烏椑之柿。”大谷梨亦洛陽名産也。承光寺亦多果木，奈味甚美，冠
於京師。

○勸學里東有延賢里，“勸學里東”云云原與上文相連，津逮本同。今從逸史
本別爲一條。里內有正覺寺，尚書令王肅所立也。

　　肅字恭懿，琅琊人也，“恭”原作“公”，此依逸史本。僞齊雍州刺史奐之
子也。奐字彥孫，齊永明間爲鎮北將軍、雍州刺史。永明十一年以殺寧蠻
長史劉興祖罪，爲州司馬黃瑤起所殺。見南齊書卷四十九奐傳。贍學多
通，才辭美茂，爲齊秘書丞，太和十八年背逆歸順。魏書卷六十三王肅
傳稱：“肅於太和十七年自建業來奔。高祖至鄴，聞肅至，虛襟待之。肅陳
説治亂，音韻雅暢，深會帝旨，高祖嗟納之。”時高祖新營洛邑，多所造制，
“制”下原有“論”字，各本無。又“制”字津逮本作“製”。肅博識舊事，大
有裨益，高祖甚重之，常呼王生。延賢之名，因肅立之。“因”字津逮本、
逸史本無。肅在江南之日，聘謝氏女爲妻，陳郡謝莊之女，見肅女王普賢
墓誌。及至京師，復尚公主。宣武時尚陳留長公主。公主本劉昶子婦，高
祖妹，原封彭城長公主。見魏書卷六十三王肅傳。太平廣記卷一七四引
此下有“其後謝氏入道爲尼，亦來奔肅，見肅尚主”十六字。謝作五言詩
以贈之。津逮本無“以”字。其詩曰：“本爲箔上蠶，今作機上絲。得路
逐勝去，頗憶纏綿時。”丁福保輯北魏詩“路”作“絡”，是也。絡爲繞絲者。
勝爲機上之持經者。勝或呼爲甑，説文字從木作“滕”。絡、勝皆就機上絲
而言，但語意雙關。公主代肅答謝云：“針是貫綫物，“是”，真意堂本作
“自”。又“綫”，逸史本作“綿”。目中恒任絲。得帛縫新去，何能納故
時。”納者，縫也。肅甚有愧謝之色，“甚”下原無“有”字，今依逸史本補。

遂造正覺寺以憩之。案魏書傳稱：蕭子紹，爲謝氏所生。蕭臨薨，謝始攜二女及紹至壽春。與伽藍記所載不同。考其女王普賢，世宗納爲貴華。普賢墓誌云：“考昔鍾家恥，投誠象魏。夫人痛皋魚之晚悟，感樹靜之莫因，遂乘險就夷，庶恬方寸。惟道冥昧，仍羅極罰。茹荼泣血，哀深乎禮。”由是觀之，史傳蓋得其實。蕭憶父非理受禍，常有子胥報楚之意，伍子胥父奢、兄尚爲楚平王所殺，子胥奔吳，佐吳伐楚。見史記卷六十六伍子胥列傳。卑身素服，“卑”，逸史本、津逮本作“畢”。不聽音樂，原無“音”字，據逸史本增。魏書亦云：“清身好施，簡絕聲色，終始廉約，家無餘財。”時人以此稱之。蕭初入國，不食羊肉及酪漿等物，常飯鯽魚羹，“飯”，太平御覽卷九三七引同，紺珠集作“食”。渴飲茗汁。京師士子道蕭一飲一斗，“道”，津逮本、逸史本作“見”。號爲漏卮。漏酒器曰漏卮。經數年已後，“已”，津逮本作“以”。蕭與高祖殿會，食羊肉酪粥甚多。高祖怪之，怪者，以其可異也。謂蕭曰：“卿中國之味也，“卿”，逸史本作“即”，真意堂本同。羊肉何如魚羹？茗飲何如酪漿？”逸史本作“魚羹何如？茗飲酪漿何如？”真意堂本作“茗飲何如？酪漿何如？”案紺珠集與如隱堂本同。此高祖問蕭羊肉與魚羹孰優，茗飲與酪漿孰優也。蕭對曰：“羊者是陸產之最，魚者乃水族之長。“乃”，逸史本作“是”。所好不同，並各稱珍。以味言之，甚是優劣。“甚是”，逸史本作“是有”，紺珠集作“甚有”。羊比齊魯大邦，魚比邾莒小國，邾莒皆春秋時鄰近齊魯之小國，後爲楚所滅。唯茗不中與酪作奴。”謂茗汁遠不堪與酪漿相比也。高祖大笑。因舉酒曰：太平廣記卷一七四引作“因舉卮屬群臣及親王等酒曰”。“三三橫，兩兩縱，此設字謎也。橫即橫畫，縱即豎畫。誰能辨之，賜金鐘。”鐘，酒器。御史中尉李彪曰：“御史中尉”，各本作“御史中丞”，誤。御史中尉李彪，見卷二“正始寺”條。魏書本傳亦作“御史中尉”。太平廣記及紺珠集引同，今據改。“沽酒老嫗瓮注瓨，“瓮”，廣記引及逸史本均作“甖”。又“瓨”，各本均作“垭”，紺珠集引作“瓨”。案作“瓨”是也。瓨者，長頸罌也。**屠兒割肉與秤同**。"秤"，紺珠集同。廣記引及逸史本作"稱"。"稱、秤"通用字。**尚書左丞甄琛曰**："左丞"原作"右丞"，此依廣記及紺珠集改。案琛字思伯，中山無極人，頗學經史。太和初，拜中書博士，遷諫議大夫。世宗時，曾隨高肇伐蜀。正光間，爲車騎將軍。死贈尚書左僕射。魏書卷六十八有傳。**"吳人浮水自云工，妓兒擲繩在虛空"**。"妓"，廣記引作"技"。"繩"原作"絕"，津逮本、逸史本作"繩"，紺珠集同。廣記引作"袖"。**彭城王勰曰**：元勰事跡見卷一"永寧寺"條。**"臣始解此字是'習'字"**。廣記引作"臣思解此是'習'字"，紺珠集作"臣始解此乃是'習'字爾"。**高祖即以金鐘賜彪**。**朝廷服彪聰明有智**，"智"，廣記引及逸史本作"知"。"知、智"通用。**甄琛和之亦速**。**彭城王謂蕭曰**：太平御覽卷八六七引作"彭城王勰戲謂王蕭曰"，事類賦卷十七引作"彭城王嘗戲謂蕭曰"。**"卿不重齊魯大邦，而愛邾莒小國。"蕭對曰："鄉曲所美，不得不好。"彭城王重謂曰**：御覽引作"勰復謂曰"。**"卿明日顧我，爲卿設邾莒之食**，"食"，事類賦引作"飱"。"飱"即"餐"字。**亦有酪奴。"因此復號茗飲爲酪奴**。

時給事中劉縞慕蕭之風，"縞"，逸史本作"鎬"。案御覽及事類賦引均作"縞"。**專習茗飲**。**彭城王謂縞曰："卿不慕王侯八珍，好蒼頭水厄**。"好"字上御覽引有"如"字，事類賦不作"如"，作"而"。紺珠集云："王濛好茶，人至輒飲，士大夫甚以爲苦。每飲候濛，必云今日有水厄。"**海上有逐臭之夫，里內有學顰之婦**。曹植與楊德祖書云："蘭蕙之芳，眾人所好，而海畔有逐臭之夫。"見文選卷四十二。莊子天運篇云："西施病心而矉，其里之醜人見而美之，歸亦捧心而矉。""顰、矉"字通用。**以卿言之，即是也。"其彭城王家有吳奴**，"吳奴"，御覽引作"吳嫗"，事類賦引作"吳妓"。**以此言戲之。自是朝貴讌會雖設茗飲，皆恥不復食，唯江表殘民遠來降者好之**。逸史本作"遠來降者飲焉"。**後蕭衍子西豐侯蕭正德歸降**，蕭正德，蕭宏子，梁武帝善之爲子。後封爲西豐侯。梁書卷五十五本傳稱：

孝昌元年逃奔於魏,七年又自魏逃歸,與侯景接納,終爲景所殺。案正德降魏,本書下文稱在正光四年中,魏書肅宗紀稱在正光三年,若爲孝昌元年,則元乂已除名爲民。梁書所載,可能有誤。時元乂欲爲之設茗,先問卿於水厄多少。正德不曉乂意,答曰:"下官雖生於水鄉,"雖"字原無,御覽引及逸史本有之,今據增。水鄉指江南而言。文選卷二十六陸機答張士然詩云:"余固水鄉士。"而立身以來,未遭陽侯之難。"陽侯,水神名。本爲陽國侯,溺死於水,其神能爲大波。見漢書揚雄傳注。元乂與舉坐之客皆笑焉。

○龍華寺,廣陵王所立也。廣陵王元恭常住龍華寺,見卷二"平等寺"。鉤沉以此寺爲廣陵王元欣所立。元恭、元欣皆廣陵王元羽之子。疑此寺爲元羽所立。元羽及北海王元祥皆高祖弟也。追聖寺,北海王所立也。北海王,元祥也。金石萃編卷二十七有法生爲北海王母子造像記。元祥,獻文帝子,元顥父。宣武時爲侍中大將軍,録尚書事。見魏書卷二十一上本傳。並在報德寺之東。"德"原誤作"恩"。別本不誤。法事僧房,比秦太上公。京師寺皆種雜果,而此三寺園林茂盛,"三寺",津逮本作"二寺"。莫之與爭。宣陽門外四里,此條原與上文分寫,另爲一條。逸史本與上條相連。今依逸史本。至洛水上,作浮橋,文選閑居賦李善注引楊佺期洛陽記曰:"城南七里,名曰洛水。"所謂永橋也。文選閑居賦李善注引河南郡縣境界簿曰:"城南五里,洛水浮橋。"此云四里,有異。

神龜中,常景爲汜頌。事亦見魏書常景傳,魏書云:"景經洛汭,乃作銘焉。""汜頌"二字當作"洛汜頌"。洛汜爲洛水隈曲之處。"汜頌"二字逸史本作"勒銘"。其辭曰:"浩浩大川,泱泱清洛。"泱泱"原作"決決",誤。此依孫星衍續古文苑校。泱泱,深廣貌。詩小雅:"瞻彼洛矣,維水泱泱。"導源熊耳,熊耳山,在河南盧氏縣南。尚書禹貢云:"導洛自熊耳。"控流巨壑。納穀吐伊,穀者穀水,伊者伊水。穀水源出澠池穀陽谷,伊水源出盧氏熊耳山，均流入洛水。**貫周淹亳**。周即成周，亳即偃師。水經注卷十六穀水條云："皇甫謐曰：帝嚳作都于亳，偃師是也。"**近達河宗，遠期海若。兆唯洛食**，"兆"，逸史本作"非"，誤。尚書洛誥云："我乃卜澗水東，瀍水西，惟洛食。"兆者，卜兆也。食謂吉兆。張衡東京賦云："召伯相宅，卜惟洛食。"**實曰土中**。"曰"原作"同"，此據逸史本。土中，土地之中也。尚書召誥云："王來紹上帝，自服于土中。"**上應張柳**，張、柳皆二十八宿名。漢書地理志云："周地，柳、七星、張之分野也。"**下據河嵩**。河謂黃河，嵩謂嵩山。**寒暑攸叶**，"叶"即"協"字。攸，所也。**日月載融**。載，則也。融，明也。**帝世光宅**，宅，居也。**函夏同風**。原作"囗函下風"，續古文苑作"函夏同風"，今據正。逸史本作"函夏囗風"，闕"同"字。函夏者，全中國也。**前臨少室**，少室山在嵩高。**卻負太行**。太行山在河南之北。**制巖東邑**，左傳隱公元年"制，巖邑也"。制在今河南汜水。巖，險也。**峭峘西疆**。峘，大山。"峭"疑當作"崤"。**四險之地，六達之莊**。莊，道路也。爾雅釋宮云："六達謂之莊。"**恃德則固，失道則亡。詳觀古列，考見丘墳**。續古文苑作"詳觀古昔，列見丘墳"。丘墳，即典籍也。三墳五典，八索九丘，皆上古之書。**乃禪乃革，或質或文**。指堯舜禪讓，湯武革命而言。**周餘九裂**，"裂"原作"列"，據逸史本及續古文苑改正。周餘即周末，九裂者，九州分裂也。**漢季三分**。謂漢末魏蜀吳三分天下。**魏風衰晚，晉景彤曛**。"彤"，津逮本作"雕"，誤。日晚餘光曰曛。**天地發輝**，"輝"原作"揮"，此從逸史本正。輝，光也。**圖書受命**。圖書，指河圖、洛書而言。**皇建有極，神功無競**。競，並進也。無競者，無比也。**魏籙仰天，玄符握鏡**。皆指符命而言。籙，亦符也。文選卷四十八揚雄劇秦美新云："玄符靈契。"李善注："玄符，天符也。"梁元帝玄覽賦云："粵我皇之握鏡，實乃神而乃聖。"握鏡，即班固典引所謂"榮鏡宇宙"之意。**璽運會昌**，文選卷四左思蜀都賦云："天帝運期而會昌。"李善注云："昌，慶也。"**龍圖受命**。上言"天地發輝，圖書受命"，此又云"龍圖受命"，意思重複。孫星衍謂此二句爲衍文。**乃睠書軌，永懷保定。**“保”原作“寶”，此依逸史本。

詩小雅：“天保定爾，亦孔之固。”**敷茲景跡，流美洪模。**“模”原作“謨”，

今從逸史本。模者，規模也。**襲我冠冕，正我神樞。**樞爲樞紐，以喻政權。

水陸兼會，周鄭交衢。爰勒洛汭，敢告中區。”

南北兩岸有華表，元河南志作“有四華表”。案華表所以表識道路者也。以

横木交於柱頭，形似桔槔。古代建築前路邊每有石華表。**舉高二十丈，華表**

上作鳳凰似欲冲天勢。元河南志“鳳凰”上有“金”字。

永橋以南，此下原別爲一條，逸史本與上爲一條。今從逸史本。**圜丘以北，**

圜丘，祭天之所。**伊洛之間，夾御道，東有四夷館，一曰金陵，二曰燕然，三**

曰扶桑，四曰崦嵫。道西有四夷里，一曰歸正，二曰歸德，三曰慕化，四曰

慕義。“夾御道”下，原作“有四夷館，道東有四館”，下接“一曰歸正”云云，

無“一曰金陵”以下二十二字。津逮本在“道東有四館”下作“一名金陵，二名

燕然，三名扶桑，四名崦嵫。道西有四館，一曰歸正”，云云。案元河南志在

“夾御道”下作“東有四夷館，一曰金陵，二曰燕然，三曰扶桑，四曰崦嵫。道

西有四夷里，一曰歸正”，云云。語意極清順。御道兩邊，東有四夷館，西有

四夷里，故曰夾御道。金陵、燕然、扶桑、崦嵫爲館舍之名，歸正、歸德、慕化、

慕義爲里衖之名，均見下文。如隱堂本有脱文，至爲明顯。津逮本有四夷館

名，而作“夾御道有四夷館，道東有四館，道西有四館”，亦不合。今並據元河

南志校正。**吳人投國者，處金陵館。**金陵即建業。吳人來歸者居此，故名金

陵館。**三年已後，賜宅歸正里。**卷二“景寧寺”條下稱：“民間號爲吳人坊，

里三千餘家。”

景明初，景明，宣武帝元恪年號。**僞齊建安王蕭寶寅來降，**楊衒之仕北

魏，故稱南朝爲僞。蕭寶寅，逸史本作“夤”，下同。寶寅在齊，蕭鸞封之爲

建安王。蕭衍克建業以後，寶寅於景明二年逃歸北魏。後入關征万俟醜

奴，連年不勝，慮見猜責，遂反。永安三年，尒朱天光破醜奴，並擒寶寅，賜

死。寶寅在關中時，肅宗遣御史中尉酈道元爲關中大使，路中爲寶寅將郭

子恢所殺。見魏書卷五十九竇寅傳。封會稽公,爲築宅於歸正里,後進爵爲齊王,“進”,元河南志作“晉”。景明四年竇寅除揚州刺史,晉爲齊王。尚南陽長公主。竇寅恥與夷人同列,“列”,原空格,逸史本、津逮本均作“列”,元河南志同。令公主啟世宗,世宗,即宣武帝。求入城内,世宗從之,賜宅於永安里。元河南志“賜宅”上有“乃”字。正光四年中,蕭衍子西豐侯蕭正德來降,處金陵館,爲築宅歸正里。後正德捨宅爲歸正寺。“後”,各本無,此據元河南志增。

北夷來附者處燕然館,燕然,山名。東漢竇憲破北單于,登燕然山刻石紀功而還。燕然館,即取燕然山爲名。**三年已後,賜宅歸德里。**

正光元年,蠕蠕主郁久閭阿那肱來朝,“蠕蠕主”三字原作“□□至”。逸史本作“芮□”。“郁久閭阿那肱”原作“都久閭阿郍舷”。津逮本無空格,作“蠕蠕主郁久閭阿郍舷”。元河南志作“北夷郁久閭阿郍舷”。案郁久閭是姓氏,阿那肱乃人名。“郍”即“那”字別體。今據津逮本及元河南志校正。魏書肅宗紀及蠕蠕傳“阿那肱”作“阿那瓌”。“蠕蠕”,史書亦作“茹茹”,本東胡苗裔,自稱柔然。居於漠北,至社崙遂強大。西至焉耆,東至朝鮮,皆爲其所有。阿那瓌乃伏圖之子,爲族兄所攻,故投奔魏國。詳魏書卷一百三蠕蠕傳。執事者莫知所處,中書舍人常景議云:“咸寧中單于來朝,咸寧,晉武帝年號。晉咸寧五年(279)匈奴都督曾率部落歸化。見晉書武帝紀。晉世處之王公特進之下。可班那肱蕃王儀同之間。”“蕃”與“藩”通用。事亦見魏書常景傳。朝廷從其議。魏書蠕蠕傳云:“謁者引王公以下升殿,阿那瓌位於藩王之下。”又處之燕然館,賜宅歸德里。北夷酋長遣子入侍者,常秋來春去,避中國之熱,時人謂之雁臣。雁爲候鳥,春則北去,秋則南來。雁臣之名,亦見北史卷五十四斛律金傳。斛律金,朔州敕勒部人,統所部歸魏,魏除爲第二領民酋長,秋朝京師,春還部落。故稱爲雁臣。

東夷來附者,處扶桑館,扶桑,木名。山海經海外東經云:“湯谷上有扶桑,

十日所浴。"上古神話謂日出於扶桑,後人乃稱東海以外之國,如日本等,曰
扶桑。賜宅慕化里。西夷來附者,處崦嵫館,崦嵫,山名。上古神話謂日入
於崦嵫。崦嵫山在甘肅天水縣西。賜宅慕義里。自葱嶺已西,至於大秦,
古人稱東羅馬帝國爲大秦。百國千城,莫不款附。"款"原作"歡"。今從逸
史本作"款"。款附者,誠心歸附也。商胡販客,日奔塞下。所謂盡天地之
區已。"已",逸史本作"矣"。樂中國土風因而宅者,不可勝數。是以附化
之民,萬有餘家。門巷修整,閭闔填列。填列,言其多。青槐蔭陌,綠柳垂
庭。"柳"原作"樹",此依逸史本、津逮本改。天下難得之貨,咸悉在焉。

　　別立市於洛水南,"洛"原作"樂",誤。號曰四通市。民間謂爲永橋市。
"謂"下"爲"字原無,逸史本有"爲"字,無"謂"字。今依元河南志校正。
"市"字逸史本作"寺",誤。伊洛之魚,多於此賣,士庶須膾,須,要也。
皆詣取之。詣,至也。魚味甚美。京師語曰:"洛鯉伊魴,逸史本作"伊
洛鯉魴"。案酉陽雜俎前集卷十六亦作"洛鯉伊魴",如隱堂本不誤。"洛
鯉、伊魴"爲對文。貴於牛羊。"

永橋南道東有白象、獅子二坊。"獅子",元河南志作"師子"。案"獅"爲後
起字,古代多寫作"師"。坊者,里巷之名。

　　白象者,永平二年乾陀羅國胡王所獻。永平,宣武帝年號。"乾陀羅國"
原作"乾羅國",各本同。今據太平廣記卷四四一引及元河南志校正。乾
陀羅,在北天竺。大唐西域記作健馱羅。大唐西域記云:"健馱羅國東西
千餘里,南北八百餘里,東臨信度河。"本書卷五記宋雲西行求法曾至乾陀
羅城。案魏書宣武帝紀云:"永平二年春正月嚈噠薄知國遣使來朝,貢白
象一。"此云乾陀羅國,與史異。背設五采屏風、七寶坐床,"背設五采"原
作"皆施五綵",今據太平廣記引及元河南志校改。此指白象背上施設坐
床,且有屏風,其形製似轎。七寶者,即金、銀、瑠璃、瑪瑙之類。容數人,
廣記引作"容數十人",蓋誤。真是異物。常養象於乘黃曹,"常",元河
南志作"詔"。乘黃曹,掌皇帝車輿者。象常壞屋毀牆,元河南志無"常"

字,廣記引"常"下有"曾"字。又"毀"原作"敗",此依廣記引及元河南志校改。走出於外。逢樹即拔,遇牆亦倒。"亦",逸史本、津逮本作"則"。百姓驚怖,奔走交馳。太后遂徙象於此坊。太后,即指胡太后。

獅子者,波斯國胡王所獻也。"波斯國",太平廣記卷四四一引同,元河南志作"嚈噠國"。案魏書西域傳稱:嚈噠國於正光末遣使貢師子,至高平,遇万俟醜奴反,因留之。醜奴平,送京師。與本書所記爲一事。史不稱波斯國貢師子。案嚈噠國爲大月氏種,在于闐之西,去長安一萬一百里,王都曰拔底延。爲逆賊万俟醜奴所獲,"俟"原作"侯",誤。万俟醜奴,高平鎮(今甘肅固原)人,建義元年夏反,自立朝廷。尒朱天光與賀拔岳入關討之,擒之於平涼。見魏書卷七十五尒朱天光傳。嚈噠進師子,路經甘肅,故爲醜奴所獲也。留於寇中。永安末,醜奴破滅,原無"滅"字,此依逸史本增。始達京師。魏書孝莊帝紀云:"永安三年六月嚈噠國獻師子一。"莊帝謂侍中李彧曰:"彧",各本作"或",誤。此依元河南志改正。彧字子文,隴西李延寔子。尚莊帝姊,封東平郡公,位侍中,左光禄大夫,中書監。見魏書卷八十三下李延寔傳。"朕聞虎見獅子必伏,可覓試之。""試"原作"誠",誤。此依逸史本。於是詔近山郡縣捕虎以送。"郡縣",元河南志作"州縣"。鞏縣、山陽並送二虎一豹。帝在華林園觀之。於是虎豹見獅子,悉皆瞑目,不敢仰視。園中素有一盲熊,"有",逸史本作"育"。性甚馴,廣記引"馴"下有"善"字。帝令取試之。虞人牽盲熊至,虞人,掌獸者。聞獅子氣,驚怖跳踉,踉音良。跳踉,跳動也。曳鎖而走。帝大笑。衒之記此,正足以見統治者但求荒樂而不恤民力也。普泰元年,廣陵王即位,廣陵王,即前廢帝。詔曰:"禽獸囚之則違其性,宜放還山林。"獅子亦令送歸本國。送獅子者以波斯道遠,不可送達,"者"原作"胡",津逮本、逸史本均作"者",今據正。"達"上逸史本無"送"字。遂在路殺獅子而返。有司糾劾,罪以違旨論。廣陵王曰:"豈以獅子而罪人也?"遂赦之。

○菩提寺,西域胡人所立也。在慕義里。

　沙門達多發塚取甎,"達多"無考。得一人以進。"進",法苑珠林卷九十七引作"送"。時太后與明帝在華林都堂,以爲妖異。謂黃門侍郎徐紇曰:徐紇,見卷一"永寧寺"條。"上古以來,頗有此事否?"頗,或也。紇曰:"昔魏時發塚,得霍光女婿范明友家奴,范明友,見漢書卷六十八霍光傳。光兩女婿,爲東西宮衛尉,明友爲未央衛尉。説漢朝廢立,與史書相符,此不足爲異也。"此事見晉張華博物志。后令紇問其姓名,死來幾年,何所飲食。死者曰:珠林引"曰"上有"答"字。"臣姓崔,名涵,字子洪,珠林引及酉陽雜俎前集卷十三同。太平廣記卷三七五引亦作"崔涵字子洪"。逸史本作"姓崔,名洪,字子涵",蓋因下文云"有息子涵"而改。博陵安平人也。崔氏爲博陵大姓。博陵在今河北安平。逸史本作"博令",非。父名暢,母姓魏,家在城西阜財里。"阜財",逸史本作"準財",誤。珠林引作"埠財",足見字不作"準"。阜者,殷厚也。死時年十五,今滿二十七,"滿",珠林引作"乃"。在地十有二年,逸史本"地"字下有"下"字,珠林引同。常似醉卧,無所食也。時復游行,或遇飯食,"飯",珠林引作"飲"。如似夢中,不甚辨了。"后即遣門下録事張雋詣阜財里,"張雋",各本作"張秀攜",下同。珠林引作"張俊",太平廣記卷三七五引作"雋",清嘉慶洛陽縣志亦作"雋",今據改。又"阜"原誤作"準",據上文正。訪涵父母,果得崔暢,"得",珠林引作"有"。其妻魏氏。雋問暢曰:"卿有兒死否?"暢曰:"有息子洪,息,即子也。"子洪"原作"子涵",今據珠林及上文改正。年十五而死。""死",珠林引作"亡"。雋曰:"爲人所發,今日蘇活,"蘇",珠林引作"穌"。在華林園中,主人故遣我來相問。""主人",珠林引作"主上"。"故"字珠林引無。暢聞驚怖曰:"實無此兒,向者謬言。"雋還,具以實陳聞,清洛陽縣志作"雋還,具以實聞"。珠林引作"俊還,具以實聞啟后"。后遣雋送涵回家。"遣雋"原作"遣攜"。"回",珠林引作"向",逸史本同。暢聞涵至,門前起火,手持刀,魏氏把桃枝。古人以爲桃木可以制鬼，故<u>魏氏</u>把桃枝。<u>事類賦</u>卷二十六引<u>典術</u>曰："桃者，五木之精，其精生鬼門，制百鬼，故今作桃人著門以壓邪。"謂曰：<u>珠林</u>引作"拒之"。"汝不須來，吾非汝父，汝非吾子，"吾子"，<u>珠林</u>引作"我子"。急手速去，"急手"，<u>珠林</u>引同，<u>逸史</u>本作"急急"。可得無殃。"<u>涵</u>遂捨去，游於京師。<u>珠林</u>引"京師"下有"衖内"二字。常宿寺門下。<u>汝南王</u>賜黄衣一具。<u>汝南王</u>，<u>元悦</u>也。"一具"，<u>珠林</u>引作"一通"。<u>涵</u>性畏日，不敢仰視，<u>珠林</u>引作"不仰視天"。又畏水火及兵刃之屬，"兵刃"原作"刀兵"，<u>津逮</u>本同。<u>珠林</u>引及<u>酉陽雜俎</u>均作"兵刃"，<u>逸史</u>本同，今據改。常走於逵路，遇疲則止，<u>逸史</u>本無"遇"字。<u>酉陽雜俎</u>作"常走，疲極則止"。不徐行也。時人猶謂是鬼。<u>洛陽大市</u>北有<u>奉終里</u>，"大市"原作"太市"，誤。"<u>奉終里</u>"上原無"有"字，此據<u>珠林</u>引補。里内之人，多賣送死之具及諸棺槨。"死"下原有"人"字。<u>珠林</u>引及<u>酉陽雜俎</u>均無"人"字。<u>涵</u>謂曰："作栢木棺，勿以桑木爲欀。"欀，裏也。人問其故，<u>涵</u>曰：<u>珠林</u>引作"<u>涵</u>謂曰"。"吾在地下見發鬼兵，"見"下原有"人"字，<u>珠林</u>引及<u>酉陽雜俎</u>均無，今據删。有一鬼訴稱：'是栢棺，應免。'"免"下<u>珠林</u>引有"兵"字。主兵吏曰：<u>珠林</u>引作"主吏曰"，<u>酉陽雜俎</u>作"主者曰"。'爾雖栢棺，桑木爲欀。'遂不免。""免"下<u>珠林</u>引有"兵"字，<u>逸史</u>本同。京師聞此，栢木踴貴，<u>珠林</u>引"踴"作"勇"。人疑賣棺者貨<u>涵</u>發此言也。原作"貨<u>涵</u>發此等之言也"，<u>逸史</u>無"等之"二字。今依<u>逸史</u>本。<u>珠林</u>引作"貨<u>涵</u>故發此言也"。

○<u>高陽王寺</u>，<u>高陽王雍</u>之宅也。<u>孝昌</u>二年，太后<u>胡氏</u>以<u>劉騰</u>宅賜<u>高陽王雍</u>，見卷一"<u>建中寺</u>"條。彼在城内，此所稱<u>高陽王雍</u>宅在城外。<u>高陽王雍</u>已見卷一"<u>建中寺</u>"條。在<u>津陽門</u>外三里御道西。<u>太平廣記</u>卷二三六引此條"<u>津陽門</u>"作"<u>清陽門</u>"，誤。又"御道西"下有"旁"字。<u>雍</u>爲<u>尒朱榮</u>所害也，<u>建義</u>元年<u>尒朱榮</u>入<u>洛</u>，於<u>河陰</u>遇害。捨宅以爲寺。

正光中，正光，孝明帝年號。雍爲丞相，給羽葆鼓吹、虎賁班劍百人，“羽葆”上原有“輿”字，廣記引及逸史本無，今删。羽葆者，以鳥羽爲幢也。虎賁班劍百人者，即執劍而從者百人也。削木爲劍，書之以文，曰班劍。貴極人臣，富兼山海。史稱雍歲禄萬餘，粟至四萬。居止第宅，匹於帝宫。白壁丹楹，“壁”原作“殿”，“楹”原作“檻”，此據廣記引改。楹者，柱也。窈窕連亘，亘音更，去聲。窈窕言其深，連亘言其長。飛簷反宇，“反”，津逮本作“仄”，逸史本作“峻”，廣記引作“華”。案文選卷二張衡西京賦云：“反宇業業，飛檐轆轆。”反宇謂屋邊瓦向上高出也。轇轕周通。“周”原作“週”，此依逸史本。廣記引及永樂大典卷一三八二二並作“膠葛周通”。“膠葛”與“轇轕”同。膠葛者，縱橫交加也。僮僕六千，妓女五百，“妓”，大典作“伎”。隋珠照日，隋珠，隋侯珠也。羅衣從風，“衣”，廣記引作“綺”。自漢晉以來，諸王豪侈，未之有也。出則鳴騶御道，騶者，從騎也。文物成行，文物，即指儀仗而言。鐃吹響發，“響發”，大典引作“發響”，逸史本同。鐃吹，即鐃歌。鐃者，鉦鐃也。笳聲哀轉。“轉”，廣記及大典作“囀”。哀轉猶言哀鳴。入則歌姬舞女，擊築吹笙，築似瑟，安絃，以竹擊之。絲管迭奏，絲管猶言絲竹。連宵盡日。其竹林魚池，侔於禁苑，芳草如積，珍木連陰。

雍嗜口味，太平廣記卷一六五引“口味”作“食味”。厚自奉養，一食必以數萬錢爲限。“一食”原作“一日”，大典作“一食”，逸史本同。案宋曾慥類説引亦作“一食”。今據正。海陸珍羞，方丈於前。方丈者，食物列前，方一丈也。陳留侯李崇謂人曰：“高陽一食，敵我千日。”“一食”原作“一日”，依永樂大典改。李崇已見卷二“正始寺”條。崇爲尚書令，儀同三司，案此在肅宗時。亦富傾天下，魏書卷六十六本傳稱：“崇性好財貨，販肆聚斂，家資巨萬，營求不息。”僮僕千人。而性多儉恡，“恡”即“悋”字别體。太平御覽九七六引同，太平廣記卷一六五引作“吝”。曾慥類説引作“而性儉嗇”。意同。惡衣麤食。“麤”原作“麁”，别體字。食常無肉，

“食常”原作“亦常”,誤。大典作“食常”,今據改。逸史本“肉”下有“味”
字。案太平御覽及太平廣記引皆無“味”字。止有韭茹、韭菹。原作“止
有韭菹”,逸史本作“止有韭薤”,並誤。今依御覽、廣記及類説、大典諸書
改正。韭茹、韭菹皆以韭爲之。茹,菜也。菹,酢菜也。是以下文有“二韭
一十八”之語。崇客李元祐語人云:“祐”原作“佑”,逸史本作“祐”,與御
覽、廣記引合,今據改。下同。又“客”上御覽及廣記引有“家”字。下云李
令公,正家客之語也。“李令公一食十八種。”李崇爲尚書令,故尊稱之曰
令公,猶如高允爲中書令,文成帝重允,常不名之,恒呼之爲令公也。人問
其故,元祐曰:“二韭一十八。”“韭”原作“九”,津逮本同。太平廣記引作
“韭”,御覽引則作“九”。大典及逸史本均作“韭”。案韭九同音,言“二
韭”正爲雙關語。字當作“韭”。案南齊書庾杲之傳云:“食常有韭菹瀹
韭。”任昉戲之曰:“誰謂庾郎貧,食常有二十七種。”謂三種韭也。其事與
此相類。聞者大笑。世人即以此爲譏罵。原作“世人即以爲譏罵”。逸
史本無“爲”字。御覽引作“世以此爲譏”。今據御覽增“此”字。

及雍薨後,“及”字依太平廣記卷二三六引增。諸妓悉令入道,或有嫁者。
美人徐月華,善彈箜篌,箜篌二十三絃,形如弓,置於懷前,兩手彈之。能
爲明妃出塞之歌,“歌”上原有“曲”字,廣記引無,大典及逸史本同。今據
删。酉陽雜俎前集卷六作“明妃出塞之聲”。聞者莫不動容。永安中,與
衛將軍原士康爲側室,“衛將軍”,廣記作“衙將軍”。宅近青陽門。青陽
門,城東面最南門。廣記引此文作“士康宅亦近清陽門”。徐鼓箜篌而
歌,哀聲入雲,行路聽者,俄而成市。徐常語士康曰:“王有二美姬,大典
卷一三八二二引無“美”字,逸史本同。一名修容,“修”原作“脩”,此依廣
記及逸史本。一名艷姿,“一名”,各本作“二名”。此據廣記引。並蛾眉
皓齒,潔貌傾城。修容亦能爲綠水歌,“綠水歌”,大典作“淥水歌”。艷
姿善爲火鳳舞,“爲”字原無,據廣記引增。“火鳳”,大典及逸史本作“么
鳳”。津逮本作“艷姿尤善作么鳳舞”。廣記引作“艷姿善爲逐鳳舞”。並愛

傾後室，寵冠諸姬。”士康聞此，遂常令徐鼓綠水、火鳳之曲焉。“鼓”，廣記引作“歌”。又“火鳳”，逸史本作“么鳳”。廣記引作“文鳳”。

高陽宅北有中甘里。

里內潁川荀子文，年十三，原作“里內荀潁子文”，誤。今據逸史本改正。幼而聰辨，神情卓異，雖黃琬、文舉無以加之。黃琬字子琰，後漢黃瓊之孫。少而辯慧，光和末年爲青州刺史，董卓秉政，徵爲司徒。後與王允同謀誅卓，下獄死。見後漢書卷六十一黃瓊傳。文舉，即孔融也。少亦聰慧，見後漢書卷一百。正光初，廣宗潘崇和講服氏春秋於城東昭義里，廣宗在今河北威縣東。潘崇和無考。唐晏鈎沉云：“北史儒林傳於服氏春秋有潘叔虔，當即崇和之字。”案北史儒林傳序云：“河北諸儒能通春秋者，並服子慎所注，亦出徐生（徐遵明）之門。張買奴、馬敬德、邢峙、張思伯、張奉禮、張彫、劉晝、鮑長宣、王元則並得服氏之精微。又有衛覬、陳達、潘叔虔，雖不傳徐氏之門，亦爲通解。”案服氏即服虔。虔字子慎，後漢滎陽人。見後漢書卷一百九下儒林傳。子文攝齊北面，“齊”通“齋”，裳下縫也。攝齊者，摳衣也。論語鄉黨篇云“攝齊升堂”。就和受道。和即崇和。時趙郡李才問子文曰：“李才”，大典及逸史本作“李予”。下同。趙郡在今河北趙縣。“荀生住在何處？”逸史本無“在”字。清洛陽縣志卷十四引作“荀生何住”。子文對曰：“僕住在中甘里。”才曰：“何爲住城南？”原作“才曰：何往？曰：往城南”。此依大典及逸史本。城南有四夷館，大典及逸史本作“有四夷里館”，多一“里”字。才以此譏之。子文對曰：“國陽勝地，卿何怪也？若言川澗，伊洛嶙峋，伊水在洛陽縣南，入洛水。陵岸高峻，故曰“伊洛嶙峋”。語其舊事，靈臺石經。招提之美，報德、景明。招提已見序文。報德，即報德寺，景明，即景明寺。當世富貴，高陽、廣平。高陽，即指高陽王雍而言。廣平，蓋指廣平王元懷而言。四方風俗，萬國千城。城南有四夷館、四夷里，以處遠人之來自四方者。四方之民，風俗各異，故曰“四方風俗，萬國千城”。若論人物，有我無卿！”

以上“嶸、經、明、平、城、卿”押韻。才無以對之。崇和曰：“汝潁之士利
如錐，燕趙之士鈍如錘。此爲當時里語。“錐、錘”押韻。信非虛言也。”
舉學皆笑焉。

○崇虛寺，在城西，本卷所記皆洛陽城南寺宇，此云城西不合，疑“西”字下脱
“南”字。即漢之濯龍園也。“濯龍園”原作“躍龍閣”，誤。逸史本作“躍龍
園”，亦誤。今據永樂大典卷一三八二三改正。下同。文選卷三張衡東京賦
云：“濯龍芳林，九谷八溪。”李善注引洛陽圖經曰：“濯龍，池名。”案後漢書卷
七桓帝紀稱濯龍宮。

延熹九年，桓帝祠老子於濯龍園，延熹九年，公元 166 年。設華蓋之坐，
“設”原作“室”，誤。大典引作“設”，逸史本同，今據正。又“坐”原作“座”，
今從逸史本。用郊天之樂，郊天者，祭天也。案後漢書卷十八祭祀志云：
“桓帝即位十八年，好神僊事。延熹八年初，使中常侍之陳國苦縣祠老子。
九年，親祠老子於濯龍，文罽爲壇飾，淳金釦器，設華蓋之坐，用郊天樂
也。”此其地也。案漢之濯龍園近北宮，見後漢書百官志注，當在城内，崇
虛寺若在城外，則不得爲漢之濯龍園故址。衒之所記蓋誤。

高祖遷京之始，以地給民，憩者多見妖怪，怪，異也。是以人皆去之，遂立
寺焉。

洛陽伽藍記卷第四

城　西

○沖覺寺,太傅清河王懌捨宅所立也。清河王元懌,已見卷一"景樂寺"條。在西明門外一里御道北。

懌,親王之中,最有名行,世宗愛之,特隆諸弟。延昌四年世宗崩,懌與高陽王雍、廣平王懷並受遺詔,輔翼孝明。廣平王元懷,已見卷二"平等寺"條。時帝始年六歲,太后代總萬機,"機",永樂大典卷一三八二三作"幾"。案如隱堂本"萬機"一律作"機"。以懌名德茂親,體道居正,體者,親近之意。居者,處也。事無大小,多諮詢之。是以熙平、神龜之際,孝明即位之初四年。勢傾人主,第宅豐大,踰於高陽。雍宅在城南,見卷三"高陽王寺"條。西北有樓,出凌雲臺,凌雲臺在閶闔城千秋門内西游園中,見卷一"瑶光寺"條。俯臨朝市,目極京師,目極,猶言遠望也。古詩所謂"西北有高樓,上與浮雲齊"者也。詩見文選卷二十九。衒之引此,謂正如古詩所云,非謂古詩所稱之高樓即元懌宅之高樓也。四庫全書總目提要誤解衒之之意,以爲衒之即以此樓當古詩所稱之樓,而譏其固於說詩,爲此書之瑕纇。非是。樓下有儒林館、延賓堂,"延賓",各本均作"退賓",誤。今依元河南志校改。下文云"懌愛賓客,重文藻",則其爲"延賓"無疑。形製並如清暑殿。"製",元河南志作"制"。清暑殿在華林園内,見卷一。土山釣池,河南志在"土山釣池"上有"園中有"三字。"釣池"原作"釣臺",永樂大典及逸史本均作"釣池",河南志同,今據改。冠於當世。斜峰入牖,曲沼環堂,樹響飛嚶,詩伐木:“鳥鳴嚶嚶。”堦叢花藥。懌愛賓客,重文藻,海内才子,莫不輻輳,府僚臣佐,並選儁民。“儁民”原作“儁俊”,誤。“儁、俊”一字也。今據逸史本改作“儁民”。儁民者,才德優秀之士也。書洪範云“俊民用章”是也。下“法雲寺”條稱元彧“僚寀成群,俊民滿席”,字作“俊”同。至於清晨明景,大典及逸史本“明景”作“美景”。騁望南臺,南臺乃泛指之辭。大典作“高臺”。珍羞具設,琴笙並奏,芳醴盈罍,嘉賓滿席。“嘉”原作“佳”,津逮本同,此從逸史本。詩鹿鳴:“我有嘉賓,鼓瑟吹笙。”使梁王愧兔園之游,兔園,漢梁孝王之苑囿。葛洪西京雜記云:“梁孝王好營宫室苑囿之樂,作曜華之宫,築兔園。”又云:“其諸宫觀相連,延亘數十里。奇果異樹瑰禽怪獸畢備。王日與賓客弋釣其中。”兔園在今河南商邱縣。陳思慙雀臺之讌。“讌”原作“燕”,此從大典及逸史本。雀臺即銅雀臺,漢建安十五年冬曹操建,在鄴城。故址在今河南臨漳縣西南鄴城内西北隅。陳思即陳思王曹植,曹操少子也。銅雀臺成,曹操悉將諸子登臺,使各爲賦,植援筆立就。見三國志魏志卷十九陳思王植傳。

正光初元乂秉權,閉太后於後宮,薨懌於下省。下省指門下省。懌於正光元年被害,年三十四。見卷一“永寧寺”條注。孝昌元年,太后還總萬機,“太后”原誤爲“太子”,别本不誤。追贈懌太子太師、大將軍、“大”原誤作“太”。都督中外諸軍事、假黄鉞。假,給也。黄鉞即金斧。給九旒鸞輅、旒音流,旌旗斿也。鸞輅,車有鸞鈴者。黄屋、左纛、輼輬車,車蓋以黄繒爲裏,曰黄屋。毛羽幢施於車衡之左,曰左纛。纛音導。輼輬車,即喪車,有窗,閉之則温,開之則涼,故曰輼輬車。輼輬音温涼。前後部羽葆鼓吹,虎賁班劍百人,輓歌二部,每部六十四人。葬禮依晉安平王孚故事。安平王孚即司馬孚。孚爲司馬懿次弟,嘗爲曹植文學掾,仕魏,官至尚書令,復遷司空。晉武帝司馬炎即位,封爲安平王。泰始八年卒,年九十三。喪葬加以殊禮,給鑾輅輕車,介士武賁百人,吉凶導從二千餘人,前後鼓吹。見晉書卷三十七本傳。謚曰文獻。圖懌像於建始殿。拔清河國郎中令韓子熙爲黃門侍郎，原無"郎中"二字，今依大典及逸史本補。子熙字元雍，昌黎棘城人，韓麒麟之孫。崔光舉子熙爲元懌常侍，遷郎中令。懌被害，久不得葬，子熙爲之憂悴，屏居田野。後胡太后反政，子熙伏闕上書，訴懌之冤，太后乃賜元义死，引子熙爲中書舍人。天平初，除國子祭酒。見魏書卷六十韓麒麟傳。徙王國三卿爲執戟者，"徙"原作"從"，今依逸史本改正。近代所無也。

爲文獻追福，建五層浮圖一所，工作與瑤光寺相似也。瑤光寺五层浮圖，高五十丈，見卷一。

○宣忠寺，侍中司州牧城陽王徽所立也。原無"徽"字，依逸史本補。徽字顯順，元鸞子。史稱粗涉書史，頗有吏才，肅宗時爲尚書令。莊帝即位，以與謀之功除侍中領司州牧。見魏書卷十九下本傳。在西陽門外一里御道南。永安中，"安"原誤作"康"，津逮本同，今依逸史本改正。北海王入洛，"北海"下各本均脱"王"字，依元河南志補。北海王即元顥，元顥入洛在永安二年五月，事見卷一"永寧寺"條下。莊帝北巡，自餘諸王，各懷二望，二望者，存心觀望也。唯徽獨從莊帝至長子城。長子城在今山西長子縣西。大兵阻河，雄雌未決，"雄雌"原作"雌雄"，永樂大典卷一三八二三及逸史本作"雄雌"。徽願入洛陽，捨宅爲寺。及北海敗散，國道重暉，遂捨宅焉。

永安末，莊帝謀殺尒朱榮，恐事不果，請計於徽。徽曰："以生太子爲辭，榮必入朝，因以斃之。"莊帝曰："后懷孕未十月，"未"原作"於"，大典作"投"，逸史本空，今依漢魏本改作"未"。案卷一云"九月二十五日詐言產太子"，則不能云"后懷孕於十月"。若爾，則太子已生，下文不當云"今始九月"矣。今始九月，言未足十月也。可爾以不？""以"原作"已"，依逸史本改。上文元徽謂莊帝以生太子爲辭，莊帝恐爲尒朱榮所疑，故重問"可爾以不"，即"能如是以生太子爲辭耶？""不"與"否"義同。徽曰：

“婦人生產”,原作“婦生產子”,津逮本作“婦人產子”,永樂大典作“婦人產生”,此從逸史本。有延月者,有少月者,不足爲怪。”帝納其謀,遂唱生太子。唱者,唱言也。遣徽特至太原王第,“特至”,大典作“馳至”,逸史本作“馳詔至”,注云:“一本作持詔。”告云皇儲誕育。莊帝后即尒朱榮女,故馳至榮第告之也。值榮與上黨王天穆博戲,即元天穆,與榮共立莊帝者。見卷一“永寧寺”條。徽脱榮帽,懽舞盤旋。徽素大度量,喜怒不形於色,遶殿内外懽叫,榮遂信之,與穆並入朝。莊帝聞榮來,不覺失色。中書舍人温子昇曰:“陛下色變!”帝連索酒飲之,然後行事。榮、穆既誅,拜徽太師司馬,餘官如故,典統禁兵,偏被委任。及尒朱兆擒莊帝,徽投前洛陽令寇祖仁。魏書城陽王元徽傳云:“及尒朱兆之入,禁衛奔散,莊帝步出雲龍門,徽乘馬奔度,帝頻呼之,徽不顧而去,遂走山南,至故吏寇彌宅。”此稱寇祖仁,祖仁當是彌字。彌爲寇臻子,寇讚孫。讚即寇謙之之兄也。史稱臻長子祖訓,祖訓弟治,字祖禮,治弟彌,則彌字祖仁無疑。詳見魏書卷四十二寇讚傳。讚傳言彌兼尚書郎,不云爲洛陽令。其兄治則洛陽令也。祖仁一門刺史,皆是徽之將校,原脱“校”字,今據逸史本補。祖仁兄祖訓爲順陽太守,兄祖禮爲洛陽令,稍遷東荆州刺史,世宗末遷河州刺史。以有舊恩,“以”原作“少”,逸史本作“以”,今從之。故往投之。逸史本無“故”字。寇讚傳稱:彌兼尚書郎,爲城陽王徽所親待。永安末,徽避尒朱兆,脱身南走,歸命於彌。祖仁謂子弟等曰:“時聞尒朱兆募城陽王甚重,募者,求也。擒獲者千户侯。今日富貴至矣!”遂斬送之。魏書徽傳云:“彌外雖容納,内不自安,乃怖徽云:官捕將至,令其避他所,使人於路邀害,送屍於尒朱兆。”案徽墓誌稱:“永安三年十二月五日卒於洛陽之南原,年四十一。”徽初投祖仁家,齎金一百斤、馬五十疋,疋匹古人通用。祖仁利其財貨,故行此事。所得金馬,總親之内均分之。總親之内,即五服之内。所謂“匹夫無罪,懷璧其罪”,信矣。“匹夫無罪,懷璧其罪”,左傳桓公十年虞叔引周諺。“信矣”下大典及逸史本有“哉”

字。兆得徽首,亦不勳賞祖仁。兆忽夢徽云:"我有黃金二百斤、"黃"字
大典及逸史本無。馬一百疋在祖仁家,卿可取之。"兆悟覺,即自思量:
城陽祿位隆重,大典及逸史本"祿位"作"位望"。未聞清貧,常自入其家
採掠,本無金銀,此夢或真。至曉掩祖仁,掩,收捕也。徵其金馬。祖仁
謂人密告,望風款服,云實得金一百斤、馬五十疋。兆疑其藏隱,依夢徵
之。祖仁諸房素有金三十斤、馬三十疋,"三十疋"原作"五十疋",津逮
本同。案法苑珠林卷六十七引冤魂志所記爲"三十疋",大典及逸史本亦
均作"三十疋",今據改。盡送致兆,逸史本無"致"字。猶不充數。逸史
本作"犹不滿數"。兆乃發怒,捉祖仁,懸首高樹,大石墜足,珠林引冤魂
志云:"以石硾其足。"鞭捶之以及於死。案魏書寇讚傳言彌後没關西,與
本書不同。時人以爲交報。

楊衒之曰:"崇善之家,必有餘慶,積禍之門,殃所畢集。周易坤卦文言
云:"積善之家,必有餘慶,積不善之家,必有餘殃。""禍",津逮本作"惡",
"畢",大典作"必",逸史本此處作"積禍之門,餘殃所集"。祖仁負恩反
噬,貪貨殺徽,徽即託夢增金馬,津逮本"增"下有"徽"字,大典及逸史本
作"徽",非是。假手於兆,還以斃之。使祖仁備經楚撻,窮其塗炭,雖魏
其侯之笞田蚡,原無"其"字,津逮本同,今據逸史本補。秦主之刺姚萇,
以此論之,不能加也!"魏其侯笞田蚡,見史記卷一百七魏其武安侯列傳。
漢書卷五十二竇嬰田蚡灌夫列傳亦載之。魏其侯即竇嬰。嬰與灌夫友
善,夫素與丞相田蚡有隙,蚡娶燕王女爲夫人,嬰與灌夫往賀,灌夫以酒醉
忤蚡,嬰與灌夫俱爲蚡所誣陷棄市。史稱竇嬰死,蚡亦病。漢書云:"蚡
疾,一身盡痛,若有擊者,謼服謝罪。上使視鬼者瞻之,曰:魏其侯與灌夫
共守笞,欲殺之。蚡竟死。"○秦主刺姚萇,事見晉書卷一百十六載記第十
六。秦主即前秦苻堅。姚萇乃羌人,後歸苻堅,累有戰功。及苻堅伐晉,
敗於淮南,歸長安,慕容泓起兵叛堅,堅遣子叡討之,以萇爲司馬,竟爲泓
所敗,叡死之。萇遣使詣堅謝罪,堅怒,殺萇使,萇懼,奔渭北,稱秦王。時

堅爲慕容沖所逼,走入五將山,萇遣將吳忠圍堅,忠執堅送萇,殺之。萇稱
帝後,又掘苻堅屍,鞭撻無數,裸剥衣裳,荐之以棘,坎上而埋之。後萇遇
疾。載記云:"夢苻堅將天官使者鬼兵數百突入營中,萇懼,走入宮,宮人
迎萇刺鬼,誤中萇陰,鬼相謂曰:正中死處。拔矛出血石餘。寤而驚悸,遂
患陰腫。醫刺之,出血如夢。萇遂狂言。以大元十八年卒。"此二事亦見
法苑珠林卷七十引冤魂志。

○宣忠寺東王典御寺,閹官王桃湯所立也。"王桃湯"上原有"楊"字,別本
無,今刪。王桃湯名温,趙郡欒城人,高祖時充宦者。肅宗時,出爲鉅鹿太
守,後徵還,爲中常侍,光禄大夫。後遷車騎將軍,左光禄大夫。建義初,於
河陰遇害。見魏書卷九十四閹宦傳。

　時閹官伽藍皆爲尼寺,如卷一之昭儀尼寺,卷二之魏昌尼寺、景興尼寺,皆
　閹官所立也。唯桃湯獨造僧寺,"獨造"原作"所建",此依永樂大典卷一
　三八二三改。逸史本、漢魏本同。世人稱之英雄。"之",原空格,大典及
　津逮本、逸史本均作"之",今據補。
門有三層浮圖一所,"浮圖"原作"浮屠"。依本書例當作"圖"。大典及逸史
本亦均作"圖"。工踰昭儀,"昭儀",各本均誤作"昭義",今改。"昭儀尼寺"
見卷一。宦者招提,最爲入室。言最爲精妙也。"入室",大典本同,逸史本
誤作"人寶"。至於六齋,六齋,見卷一"景樂寺"條。常擊鼓歌舞也。

○白馬寺,漢明帝所立也。
　佛教入中國之始。"佛"下各本無"教"字,今據太平御覽卷六五八引增。
寺在西陽門外三里御道南。西陽門,漢稱雍門。帝夢金神,逸史本作"帝夢
金人",御覽引作"明帝夢見金人"。長丈六,項背日月光明。"背",御覽引
作"佩"。胡神號曰佛,"胡神"原作"金神"。御覽引及逸史本均作"胡神"。
遣使向西域求之,乃得經像焉。漢明帝遣使至西域求經像事,見牟子理惑

論及魏書釋老志。釋老志云："帝遣郎中蔡愔、博士弟子秦景等使於天竺，寫浮屠遺範。愔仍與沙門攝摩騰、竺法蘭東還洛陽。中國有沙門及跪拜之法，自此始也。愔又得佛經四十二章及釋迦立像，明帝令畫工圖佛像置清涼臺及顯節陵上，經緘於蘭臺石室。"案白馬負經至洛陽，事在明帝永平十年(67)。

時以白馬負經而來，因以爲名。"時"下"以"字各本無，依御覽引增。"經"字原脱，據御覽及逸史本補。案魏書釋老志云："愔之還也，以白馬負經而至，漢因立白馬寺於洛城雍門西。"又云："白馬寺盛飾佛圖，畫甚妙，爲四方式。凡宮塔制度，犹依天竺舊狀而重構之。從一級至三五七九，世人相承謂之浮圖。"案漢白馬寺遺址尚在洛陽故城城西。

明帝崩，起祇洹於陵上，"祇洹"爲 Jetavana 之譯音。"祇"，佛書中多作"祇"。賢愚經卷十云："舍衛國王波斯匿有一大臣，名曰須達(Sudatta)，居家巨富，財寶無限，好喜布施，賑濟貧乏及諸孤老，時人爲其立號，名'給孤獨'。須達以國王太子祇陀(Jeta)之園爲佛立精舍，因名'太子祇陀樹給孤獨園'。"案樹爲太子所有，園爲給孤獨所有，故名。此所稱"祇洹"，殆即精舍也。精舍者，修行者所居。自此以後，"以"原誤作"從"，津逮本、逸史本均作"以"，今據改。**百姓冢上或作浮圖焉。**

寺上經函，至今犹存。此所稱經函，殆即四十二章經。**常燒香供養之，經函時放光明，耀於堂宇。是以道俗禮敬之，**道俗指僧徒及僧徒以外之人。**如仰真容。**真容指佛。

浮圖前柰林蒲萄異於餘處，"柰林"，各本作"柰林"，此依太平御覽卷九七二引改，下同。案柰林果名，即塗林。柰塗同音，皆譯音字也。賈思勰齊民要術卷四云："陸機曰：張騫爲漢使外國十八年，得塗林。塗林，安石榴也。"又云："鄴中記云：石虎苑中有安石榴，子大如盂椀，其味不酸。"可證作"柰林"誤。下文云"實重七斤"，又云"白馬甜榴"，正合。**枝葉繁衍，子實甚大。**柰林實重七斤，蒲萄實偉於棗，味並殊美，**冠於中京。**即洛陽。**帝至熟時，常詣取之。或復賜宮人，宮人得之，轉餉親戚，**餉，饋贈也。

以爲奇味。得者不敢輒食，“輒”原誤作“轍”，據逸史本正。乃歷數家。京師語曰：“白馬甜榴，一實直牛。”直即值。

有沙門寶公者，不知何處人也，或以爲即梁釋寶誌，非。寶誌未嘗至北方。法苑珠林卷九十一引侯君素旌異記錄云：“高齊初沙門寶公者，嵩山高栖士也。”與此所稱，殆爲一人。形貌醜陋，“醜”，太平御覽卷六五五及太平廣記卷九十引均作“寢”。寢亦陋也。心識通達，“心識”原作“心機”，御覽及廣記引均作“心識”，逸史本、津逮本同，今據改。過去未來，預覩三世。三世，即過去、現在、未來。發言似讖，讖即隱語預言也。不可得解，“得”字各本無，據御覽及廣記引補。事過之後，始驗其實。胡太后聞之，問以世事。寶公曰：“把粟與雞呼朱朱。”“呼”，御覽及廣記引並作“喚”。酉陽雜俎前集卷三以此爲沙門寶誌事，非。“朱朱”乃喚雞聲，朱朱是二朱也，隱指尒朱榮，“二”“尒”音近。時人莫之能解。建義元年，后爲尒朱榮所害，始驗其言。時亦有洛陽人趙法和請占早晚當有爵否。逸史本作“當有官爵”，無“否”字。廣記引作“當有爵”。寶公曰：“大竹箭，不須羽，東厢屋，急手作。”時人不曉其意。“人”字各本無，此依廣記引補。經十餘日，廣記引作“經月餘”，逸史本、漢魏本同。法和父喪。“喪”，廣記引作“亡”。大竹箭者，苴杖；原作“大竹者杖”，今依廣記引改正。苴杖者，喪服所用竹杖也。苴音居。東厢屋者，倚廬。有喪者所居。造十二辰歌，“造”字上逸史本有“初”字。終其言也。十二辰歌，蓋如禪門十二時之類。敦煌零拾有禪門十二時，分十二時爲歌。即夜半子、雞鳴丑、平旦寅、日出卯、食時辰、隅中巳、正南午、日昃未、哺時申、日入酉、黃昏戌、人定亥。十二時，每段四句。如：“雞鳴丑，摘木看窗牖。明來暗自知，佛性心中有。”寶公所作十二辰歌，或亦如是。

〇寶光寺，津逮本同。永樂大典卷一三八二三則作“光寶寺”，逸史本同，未知孰是。在西陽門外御道北。有三層浮圖一所，以石爲基，形製甚古，畫工雕刻。此下疑脱一句。

　　隱士趙逸見而嘆曰：趙逸，已見卷一“昭儀尼寺”條及卷二“魏昌尼寺”條。
“晉朝石塔寺，今爲寶光寺也。”人問其故。逸曰：“晉朝三十二寺盡皆
煙滅，唯此寺獨存。”“唯”下逸史本有“有”字。魏書釋老志云“晉世洛中
佛圖有四十二所”。本書序文亦云：“至於晉室永嘉，唯有寺四十二所。”此
處云“三十二寺”，或爲“四十二”之誤。指園中一處，曰：“此是浴堂。
“堂”原作“室”，逸史本作“堂”，與下文合。今據改。前五步，應有一
井。”衆僧掘之，果得屋及井焉。井雖填塞，磚口如初。浴堂下猶有石
數十枚。當時園地平衍，“園地”原作“園池”，大典及逸史本均作“園
地”，是也。今據正。果菜葱青，莫不嘆息焉。

　　園中有一海，號咸池。葭菼被岸，“菼”，大典及逸史本作“芙”，誤。葭
者，葦之未秀者。菼者，荻也。菼音毯。菱荷覆水，青松翠竹，羅生其旁。
京邑士子，至於良辰美日，休沐告歸，指爲官者因休沐而歸家。徵友命
朋，來游此寺。雷車接軫，“雷”，逸史本作“雲”，蓋誤。雷者，狀其聲也。
班固東都賦云：“千乘雷起。”左思蜀都賦云：“車馬雷駭。”皆是。羽蓋成
陰。或置酒林泉，題詩花圃，折藕浮瓜，文選卷四十二曹丕與朝歌令吳質
書：“浮甘瓜於清泉，沈朱李於寒水。”以爲興適。

普泰末，節閔帝（前廢帝）元恭年號。雍州刺史隴西王尒朱天光總士馬於
此寺。“雍州”原作“雍西”，誤。此依逸史本改正。尒朱天光，榮從祖兄子。
少勇決，善弓馬。建義初，爲肆州刺史，尋遷驃騎將軍，加散騎常侍，封廣宗
郡公。万俟醜奴反，除驃騎大將軍，雍州刺史，與賀拔岳等討之。尒朱榮死，
莊帝使侍中朱瑞慰喻天光，進天光爲廣宗王。元曄又以爲隴西王。及聞尒
朱兆已入京師，天光乃至都，見尒朱世隆。世隆廢元曄而立前廢帝元恭。後
高歡立元朗於信都，尒朱度律與天光拒之，敗於韓陵，斛斯椿執之，送於高
歡，歡致於洛，斬於都市。見魏書卷七十五天光傳及卷八十斛斯椿傳。寺門
無何都崩，天光見而惡之。其年天光戰敗，斬於東市也。

○**法雲寺**,西域**烏場國胡沙門曇摩羅**所立也。"烏場",**魏書西域傳**作"烏萇"。在今**巴基斯坦** Swat 河沿岸。詳見卷五。○"曇摩羅"原作"僧摩羅"。案**太平御覽**卷五五五引作"曇摩羅",**逸史**本同,今據改。在**寶光寺**西,隔墙並門。"寶光寺",**逸史**本作"光寶寺"。

　　摩羅聰慧利根,利根,謂根性明利也。**學窮釋氏**。至**中國**,即曉魏言及隸書,"及"字各本無,今依**御覽**引補。凡所聞見,"所"字原無。**御覽**引及**逸史**本有之,今據補。無不通解,是以道俗貴賤,同歸仰之。作祇洹寺一所,**逸史**本無"寺"字。工制甚精。

佛殿僧房,皆爲胡飾。丹素炫彩,"丹素",**津逮**本作"丹青"。"炫彩",**逸史**本作"發彩"。金玉垂輝,"金玉",**逸史**本作"金碧"。摹寫真容,似丈六之見**鹿苑**;**鹿苑**,又名**鹿野苑**,佛成道後説法處,在**波羅奈國**。在今**印度**北方**貝拿勒斯**(Banaras)以北六英里。神光壯麗,若**金剛**之在**雙林**。丈六、金剛皆指佛言。金剛之身,不可壞者也。佛在**拘尸那城阿夷羅跋提河**邊娑羅(sala)雙樹前入般涅槃(見**大般涅槃經**)。在今**印度**北方 Kasis(距 Gorakhpur 約三十二英里)。伽藍之内,花果蔚茂,"花果",**逸史**本作"珍果"。芳草蔓合,嘉木被庭。**津逮**本"嘉木"作"嘉樹"。京師沙門好**胡**法者,皆就**摩羅**受持之。戒行真苦,難可揄揚。祕呪神驗,閻浮所無。"無"下**逸史**本有"也"字。閻浮,見卷一"**永寧寺**"條注。呪枯樹能生枝葉,呪人變爲驢馬,見之莫不忻怖。**御覽**引作"見者莫不驚怖"。**西域**所齎舍利骨及佛牙經像皆在此寺。**魏書釋老志**云:"佛既謝世,香木焚尸。靈骨分碎,大小如粒。擊之不壞,焚亦不燋,或有光明神驗,**胡**言謂之舍利(śarira)。弟子收奉,置之寶瓶,竭香花致敬慕。"

寺北有侍中尚書令**臨淮王彧**宅。"令"字**逸史**本脱。案彧字**文若**,**臨淮王元譚**玄孫。史稱少有才學,與從兄**安豐王延明**、**中山王熙**並以宗室博古文學齊名。**肅宗**時,累遷侍中,衛將軍,兼尚書左僕射,攝選。**尒朱榮**入**洛**,殺害**元**氏,**彧**奔**蕭衍**。**莊帝**立,**彧**以母老辭還。除尚書令、大司馬,兼録尚書。**尒朱**

榮死，尒朱兆入洛，被害。見魏書卷十八本傳。

　　彧博通典籍，辨慧清悟，“悟”原作“恬”，此據逸史本正。風儀詳審，容止
可觀。至三元肇慶，元日爲年月日三者之始，謂之三元。萬國齊臻，“臻”
原誤作“珍”，此據逸史本正。金蟬曜首，“金蟬”，津逮本同，逸史本作“貂
蟬”。金蟬指冠飾而言。武冠加黃金璫，附蟬爲文，插貂尾爲飾，故曰金蟬
曜首。詳後漢書卷四十輿服志武冠條。寶玉鳴腰，指佩玉而言。負荷執
笏，逶迤複道，逶迤，行進貌。複道，宮中之上下道也。觀者忘疲，莫不歎
服。彧性愛林泉，逸史本作“山林”。又重賓客。至於春風扇揚，花樹如
錦，晨食南館，夜游後園，僚寀成群，寀即官屬也。音采。俊民滿席。俊
民，見前“沖覺寺”條。絲桐發響，絲桐即琴。琴以桐木爲之，故稱琴曰絲
桐。文選卷二十三王粲七哀詩云：“絲桐感人情，爲我發悲音。”羽觴流行，
羽觴，飲酒爵也。詩賦並陳，清言乍起，乍，暫也。莫不領其玄奧，“領”原
作“飲”，從逸史本改。忘其褊悋焉。“悋”原作“郤”，從逸史本改。褊悋，
褊狹鄙吝也。“悋”即“恪”字，“恪”爲“吝”之異體。是以入彧室者，謂登
僊也。荆州秀才張斐常爲五言，“張斐”，各本作“張裴”，“常”又誤爲
“裳”，乃成“張裴裳”矣。逸史本在“裳”下復有“常”字。按元河南志作
“張斐”，是其人名“斐”，非名“裴裳”。今據正。“常”本書與“嘗”通用。
有清拔之句云：“異林花共色，別樹鳥同聲。”“異林”原作“異秋”，此依元
河南志及逸史本正。“異林”與“別樹”相對。彧以蛟龍錦賜之。亦有得
緋紬紫綾者。“紫綾”，各本作“緋綾”，今據河南志改。緋紬即絳色綢。
“紬”今通作“綢”。唯河東裴子明爲詩不工，河東郡在今山西永濟縣東
南。罰酒一石。子明飲八斗而醉眠，原作“子明八日而醉眠”，此依元河
南志。“八日”，逸史本亦作“八斗”。時人譬之山濤。山濤，晉河內懷人，
字巨源。在晉典選三十餘年，仕至司徒。太康四年卒，年七十九。見晉書
卷四十三本傳。傳稱：“濤飲酒至八斗方醉，帝欲試之，乃以酒八斗飲濤，
而密益其酒。濤極本量而止。”裴子明飲至八斗而醉，故時人比之山濤也。

及尒朱兆入京師,或爲亂兵所害,朝野痛惜焉。

出西陽門外四里御道南,有洛陽大市,周迴八里。市南有皇女臺,"市南",逸史本作"市東南"。案水經注卷十六"穀水又南逕平樂觀東"下云:"今於西門外無他基觀,惟西明門外猶有此臺。巍然廣秀,疑即平樂觀也。"又言:"皇女稚殤,埋於臺側,故復名之曰皇女臺。"漢大將軍梁冀所造,冀本鬥雞走狗之人,後漢順帝時爲執金吾,轉河南尹,後拜大將軍。順帝崩,沖帝、質帝、桓帝皆冀所立。貪暴恣肆,無所不爲,後爲桓帝所誅。見後漢書卷六十四本傳。猶高五丈餘。景明中比丘道恒立靈僊寺於其上。臺西有河陽縣,臺東有侍中侯剛宅。"臺東",各本作"臺中",今依元河南志校正。又"侯剛"原作"侯釗",逸史本作"侯剛"是也。剛字乾之,其先上谷人。少以善鼎俎得爲内小。世宗時,遷武衛將軍,領典御。肅宗時,除衛尉卿,封武陽縣開國公。尋爲侍中,與元乂結爲親黨。元乂敗,削爵。孝昌二年終於洛陽中練里。詳魏書卷九十三恩倖傳及侯剛墓誌。

市西北有土山魚池,亦冀之所造。

即漢書所謂"採土築山,十里九坂,以象二崤"者。語見後漢書冀傳。冀與妻孫壽大起第舍,連房洞户,臺閣周通。又廣開園囿,採土築山,十里九坂,以象二崤。深林絶澗,有若自然。史又稱:冀又起兔苑於河南城西,經亘數十里,發屬縣卒徒繕修樓觀,數年乃成。水經注卷十六亦云:"注陽渠穀水自閶闔門而南逕土山東。水西三里有坂,坂上有土山,漢大將軍梁冀所成。"〇崤山在今河南洛寧縣北六十里。崤有二陵,故稱二崤。

市東有通商、達貨二里。里内之人盡皆工巧屠販爲生,資財巨萬。

有劉寶者,最爲富室。州郡都會之處皆立一宅,各養馬十疋。"十疋"原作"一疋",此依元河南志校正。案劉寶於通衢要會立宅養馬,所以便於貨運,若但養馬一疋,則何濟於用? 河南志作"十疋"當不誤。至於鹽粟貴賤,市價高下,所在一例。舟車所通,足跡所履,莫不商販焉。是以海内之貨,咸萃其庭,産匹銅山,家藏金穴。宅宇踰制,樓觀出雲,車馬服飾,擬於王者。“王者”,元河南志作“侯王”。

市南有調音、樂律二里。“律”,元河南志作“肆”,逸史本同。里内之人,絲
竹謳歌,天下妙伎出焉。

有田僧超者,善吹笛,能爲壯士歌、項羽吟,征西將軍崔延伯甚愛之。崔
延伯,博陵人。史稱延伯有氣力,少以勇壯聞。膽氣絶人,兼有謀略,所在
征討,咸立戰功。正光五年秋,莫折天生寇岐州,征西將軍元志被擒,朝廷
以延伯爲使持節征西將軍、西道都督,與蕭寶夤討天生,大破之。後又討
万俟醜奴,戰死。見魏書卷七十三本傳。正光末,高平失據,高平在今甘
肅固原。虎吏充斥,“虎”原作“虐”,逸史本作“虎”,元河南志同,今從之。
賊帥万俟醜奴寇暴涇岐之間,“万俟”原作“万侯”,誤。朝廷爲之旰食,
“之”字原無,今依逸史本增。旰音幹,日晚也。後時而食曰旰食,以有憂
不得早食也。○万俟醜奴寇暴涇岐之間,見魏書蕭寶夤傳及崔延伯傳。
詔延伯總步騎五萬討之。“詔”字各本無,據河南志增。案魏書蕭宗紀
云:“正光五年九月壬申詔尚書左僕射齊王蕭寶夤爲西道行臺大都督,率
征西將軍都督崔延伯西討。”本書下文亦云“朝廷傾心送之”,是有“詔”字
爲是。延伯出師於洛陽城西張方橋,即漢之夕陽亭也。漢洛陽城外門
亭有十二,夕陽亭是其一。晉賈充出鎮長安時,百寮餞送於此。時公卿祖
道,車騎成列,延伯危冠長劍耀武於前,僧超吹壯士笛曲於後,元河南志
無“笛”字。聞之者懦夫成勇,劍客思奮。延伯膽略不群,威名早著,
“早”,逸史本作“卓”。爲國展力,二十餘年。“二十”,逸史本作“三十”。
攻無全城,戰無橫陣,橫即橫逆之橫,音去聲。是以朝廷傾心送之。延伯
每臨陣,常令僧超爲壯士聲,“陣”原作“場”,誤。“常”字原無,今從逸史
本補。河南志亦有“常”字。甲冑之士莫不踴躍。“莫不”二字依河南志
補。延伯單馬入陣,“延伯”二字原無,依逸史本補。旁若無人,勇冠三
軍,威鎮戎竪。“鎮”,逸史本作“振”。二年之間,獻捷相繼。醜奴募善
射者射僧超亡,延伯悲惜哀慟,左右謂伯牙之失鍾子期不能過也。鍾子

期,春秋時楚人。**伯牙鼓琴**,意在高山或流水,**鍾子期**皆聽而知之。**子期**
死,伯牙謂世再無知音者,終身不復鼓琴。見**吕氏春秋本味篇**。**後延伯爲**
流矢所中,卒於軍中。時爲**孝昌**元年四月,見**魏書蕭宗紀**。**於是五萬之**
師,一時潰散。

市西有延酤、治觴二里,"延酤",各本作"退酤",今依**元河南志**改正。**里内**
之人多醖酒爲業。"醖",**河南志**作"釀"。

　　河東人劉白墮善能釀酒。**太平廣記**卷二三三引作"河東人劉白墮者,善
　　於釀酒"。"劉白墮",**水經注**卷四河水注作"劉墮",云:"河東郡多流雜,
　　謂之徒民。民有姓劉名墮者,宿擅工釀,採挹河流,釀成芳酎,香醑之色,
　　清白若澕漿焉。"**季夏六月**,"月"下**廣記**引有"中"字。**時暑赫晞**,"赫
　　晞",炎盛也。字亦作"赫羲"。**文選**卷二十六潘岳在懷縣作云:"初伏啟新
　　節,隆暑方赫羲。"**以罌貯酒,暴於日中**,"暴",**逸史**本作"曝",同。**經一**
　　旬,其酒味不動。"味"字各本並脱,今據**廣記**及**河南志**補。**飲之香美,醉**
　　而經月不醒。"醉而"原作"而醉",今依**廣記**、**元河南志**及**逸史**本校改。
　　京師朝貴多出郡登藩,"多"字**廣記**及**河南志**無。**遠相餉饋,踰于千里**。
　　以其遠至,**元河南志**同,**廣記**引作"以其可至遠"。**號曰"鶴觴",亦名"騎**
　　驢酒"。**永熙年中南青州刺史毛鴻賓齎酒之藩**,**廣記**引及曾慥**類説**均脱
　　"南"字。**宋竇革酒譜**(見説郛卷六十六)及**河南志**均有"南"字。"之藩",
　　廣記作"之任",**河南志**作"赴州"。案毛鴻賓,北地三原人,毛遐弟。**蕭寶**
　　夤討關中,万俟醜奴敗,毛遐與弟鴻賓聚鄉曲豪傑,東西略地,氐羌多赴之,
　　共推鴻賓爲盟主。明帝以鴻賓兄弟所定處多,乃改北地郡爲北雍州,鴻賓
　　爲刺史。後轉**南青州**刺史。及孝武帝與高歡有隙,令鴻賓鎮潼關,爲歡所
　　擒,憂恚卒。事見**北史**卷四十九毛遐傳。**南青州**在今山東沂水縣。**路逢**
　　賊盜,飲之即醉,"路逢"原作"逢路",誤。**廣記**引作"中夜逢劫盜,盜飲之
　　皆醉"。**元河南志**作"路逢盜,飲之即醉"。**皆被擒獲,因此復名"擒奸**
　　酒"。原作"因復命擒奸酒",**津逮**本同。**逸史**本"名"作"爲"。今依**廣記**

引改正。元河南志作"因此復名獲姦酒"。游俠語曰："游"原作"遊"，誤。
"不畏張弓拔刀，唯畏白墮春醪。"

市北〔有〕慈孝、奉終二里，里內之人以賣棺槨爲業，賃輀車爲事。輀音而。
輀車，載喪車也。

有輓歌孫巖，"輓歌"下太平廣記卷四四七引有"者"字。娶妻三年，妻不
脱衣而卧。"妻"字各本脱，此據廣記引補。巖因怪之，"因"，廣記引作
"私"。伺其睡，陰解其衣，有毛長三尺，"毛"，廣記引作"尾"。似野狐
尾，巖懼而出之。妻臨去，將刀截巖髮而走，鄰人逐之，變成一狐，"成"，
廣記引作"爲"。追之不得。其後京邑被截髮者，一百三十餘人。初變
爲婦人，"爲"字各本無，依廣記增補。衣服靚妝，行於道路，原無"於道"
二字，廣記及逸史本均有此二字，今據增。人見而悦近之，皆被截髮。逸
史本作"人見而悦之，近者被截髮"，廣記引同。真意堂本作"人見而悦，近
之者皆被截髮"。當時有婦人着綵衣者，人皆指爲狐魅。熙平二年四月
有此，事亦見魏書卷一百十二上靈徵志。至秋乃止。

别有阜財、金肆二里，"阜財"原作"準財"，誤。阜者，盛多之意也。富人在
焉。凡此十里，多諸工商貨殖之民。千金比屋，層樓對出，"對出"，原空
格，此依逸史本、津逮本補。重門啟扇，閣道交通，迭相臨望。金銀錦繡，
"錦"，逸史本作"緹"。奴婢緹衣；逸史本"緹"字空格，漢魏本"緹"作"裳"。
五味八珍，僕隸畢口。言當時奴婢僕隸皆衣錦繡，食八珍也。神龜年中，以
工商上僭，僭，越制也。議不聽衣金銀錦繡。原無"議"字、"衣"字，依逸史
本增。"錦繡"，逸史本作"緹繡"。案魏書卷二十一上高陽王雍傳云："雍表
諸王公以下賤妾悉不聽用織成錦繡、金玉珠璣，違者以違旨論。奴婢悉不得衣
綾綺纈，止於縵繒而已。奴則布服，並不得以金銀爲釵帶，犯者鞭一百。太后
從之，而不能久行也。"雖立此制，竟不施行。

○阜財里内有開善寺，此條原與上文連寫爲一條，津逮本同。今依逸史本劃

分。又"皁財"原作"準財",各本同。太平廣記卷三七一引作"皁",今據改。京兆人韋英宅也。京兆屬雍州。英早卒,其妻梁氏不治喪而嫁,更納河內人向子集爲夫,"納"原作"約",逸史本作"納",法苑珠林卷三十二及太平廣記引並同,今據改。雖云改嫁,仍居英宅。英聞梁氏嫁,珠林及廣記引無"氏"字。白日來歸,"白",逸史本作"向",誤。乘馬將數人至於庭前,呼曰:"阿梁! 卿忘我耶?""耶",各本均作"也"。案珠林引及酉陽雜俎前集卷十三"也"作"耶",今據改。子集驚怖,張弓射之,應箭而倒,"箭"原作"弦",逸史本作"箭",珠林及廣記引同,今據改。即變爲桃人。所騎之馬亦變爲茅馬,"變",逸史本作"化",廣記引同。從者數人盡化爲蒲人。梁氏惶懼,捨宅爲寺。珠林引"捨"字上有"遂"字。

南陽人侯慶有銅像一軀,南陽即今河南南陽。可高尺餘。"尺",各本作"丈",誤。今依法苑珠林卷五十七引改正。既爲私人所造,不得有丈餘高。慶有牛一頭,擬貨爲金色,"貨"字原無,此據珠林引增。慶欲貨牛爲像添爲金色也。遇急事,遂以牛他用之。珠林引作"遇有急事,遂以牛與他用之"。經二年,慶妻馬氏忽夢此像謂之曰:"卿夫婦負我金色,久而不償,今取卿兒醜多以償金色焉。"馬氏悟覺,"馬氏"二字原無,津逮本有之,與珠林引同。又"悟"珠林作"寤"。心不遑安。至曉,醜多得病而亡。慶年五十,唯有一子,悲哀之聲,感於行路。醜多亡日,像自有金色,原作"像自然金色",此依逸史本改。珠林引作"像忽有金色"。光照四鄰,一里之內,咸聞香氣。僧俗長幼,"僧",逸史本作"道",珠林引同。皆來觀覩。"覩",珠林引作"矚"。尚書左僕射元順聞里內頻有怪異,遂改皁財里爲齊諧里也。"左僕射元順"原作"右僕射元積",今依河南志改。案魏書無元積其人,或以爲即北海王元顥弟元瑱也。瑱事跡見魏書卷二十一上。莊帝初,拜侍中車騎將軍,封東海王。後遷中書監,左光祿大夫,兼尚書右僕射。顥敗,被誅。但史稱:"瑱無他才幹,以親屬早居重任。"本書所云改皁財里爲齊諧里,似非元瑱事。元河南志不作"元積",而作"元順"。考順字子和,任城王元澄子,見魏書卷十九中澄傳。史稱:順下帷讀書,篤志愛古,有詩賦表頌數十篇。肅宗時,爲給事黄門侍郎,兼殿中尚書,轉侍中,除尚書,兼右僕射。後除征南將軍,右光禄大夫,轉兼左僕射。因迎莊帝,爲陵户鮮于康奴所害。順墓誌記順事甚詳。順既好學能文,齊諧里之名蓋爲元順所改。元河南志作"尚書左僕射元順",當據舊本伽藍記而來。今本作"元積"者,蓋由唐人寫書"順"每作"慎"(法苑珠林卷五十七引即作"慎"),又譌爲"積"耳。○"齊諧"本人名,莊子逍遥游云:"齊諧者,志怪者也。"

自延酤以西,張方溝以東,"延酤"原作"退酤",據元河南志改。南臨洛水,北達芒山,其間東西二里,南北十五里,並名爲壽丘里,皇宗所居也。"居",逸史本作"立",非。元河南志作"皆宗室所居也"。民間號爲王子坊。

當時四海晏清,天清無雲曰晏,此喻安寧也。漢書諸侯年表云:"四海晏如。"八荒率職,八荒,八方也。率者,遵循也。率職,言循其職守也。縹囊紀慶,帛青白色曰縹。縹囊,盛書囊也。此指書籍而言。玉燭調辰。爾雅釋天云:"四氣和謂之玉燭。"案此言四時和順,無災害疹屬也。百姓殷阜,年登俗樂。年穀豐收曰登。鰥寡不聞犬豕之食,煢獨不見牛馬之衣。"牛馬",逸史本作"牛羊",非。編麻或草以被牛馬之體,即所謂"牛馬之衣"。樂歲則鰥寡不食犬豕之食,煢獨者不服牛馬之衣也。於是帝族王侯,外戚公主,擅山海之富,居川林之饒。饒亦富也。爭修園宅,互相誇競。崇門豐室,洞户連房,飛館生風,重樓起霧。高臺芳樹,"樹"原作"樹"。太平廣記卷二三六引同。案下云"家家而築",則作"樹"非是。此依津逮本改。家家而築;花林曲池,園園而有。莫不桃李夏緑,竹栢冬青。而河間王琛最爲豪首。元琛字曇寶。世宗時,拜定州刺史。琛妃世宗舅女,高皇后妹,琛憑恃内外,多所受納,貪惏之極。後出爲秦州刺史,聚歛無厭,百姓患之有甚狼虎。進討氐羌,大敗。後討汾晉胡蜀,卒於軍。見魏書卷二十本傳。常與高陽爭衡,高陽王元雍也。造文栢堂,形如徽音殿,徽音殿,宮内殿名。依元河南志,圖在太極殿西。置玉井金罐,以

五色續爲繩。原作“以金五色績爲繩”，“金”字蓋因上文衍。廣記引作
“以五色絲爲繩”，津逮本作“以五色絲續爲繩”。案元河南志由“造文柏
堂”至此數語在下文“造迎風館”上，彼作“以五色續爲繩”，是也。今據
正。續者，條組之屬，意正相合。作“績”、作“續”皆誤。妓女三百人，盡
皆國色。有婢朝雲，善吹篪，能爲團扇歌、隴上聲。“隴”原作“壟”，此依
太平御覽卷五百八十引改。元河南志亦作“隴”。團扇歌，乃吳聲歌曲，隴
上聲，蓋即隴頭流水，隴上歌之類。琛爲秦州刺史，秦州在甘肅天水。諸
羌外叛，屢討之不降。史稱元琛進討氐羌，大被摧破，士卒死者千數，率衆
走還。琛令朝雲假爲貧嫗，吹篪而乞。諸羌聞之，悉皆流涕。迭相謂
曰：“何爲棄墳井，在山谷爲寇也?” 即相率歸降。秦民語曰：“快馬健
兒，不如老嫗吹篪。”“兒、篪”協韻。琛在秦州，“州”，廣記引作“中”。多
無政績，遣使向西域求名馬，遠至波斯國。得千里馬，號曰“追風赤
驥”。廣記及元河南志無“驥”字，逸史本“驥”作“其”，屬下文。次有七
百里者十餘匹，皆有名字。以銀爲槽，金爲環鎖，“環鎖”原作“鎖環”，今
依廣記及元河南志改。“環”，河南志從金旁作“鐶”。諸王服其豪富。琛
常語人云：“常”，從逸史本增。河南志亦有“常”字。廣記引作“嘗”。“晉
室石崇，乃是庶姓，石崇已見卷一“昭儀尼寺”條。崇爲荊州刺史，劫遠使
商客致富。見晉書卷三十三本傳。史稱：“崇財産豐積，室宇宏麗，與貴戚
王愷、羊琇之徒以奢靡相尚。”猶能雉頭狐腋，“腋”原作“掖”，此依廣記及
河南志改。雉羽華麗，五彩皆備，頸毛如繡，可製爲服。狐腋之皮，其毛純
厚，集以爲裘，最爲輕煖，所以爲貴。畫卵雕薪，“卵”原作“卯”，逸史本作
“茆”，並誤。案廣記、類説及元河南志均作“卵”，今據正。考梁宗懍荊楚
歲時記云：“古之豪家，食稱畫卵。今代猶染藍茜雜色，仍加雕鏤，遞相餉
遺。”又管子侈靡篇云：“雕卵然後瀹之，雕橑然後爨之。”注云：“此皆富者
所爲。橑，薪也。”畫卵雕薪，足見豪奢。況我大魏天王，不爲華侈。”造迎
風館於後園，上文“造文栢堂”云云，元河南志在“造迎風館”上。牕户之

上，列錢青瑣，玉鳳銜鈴，金龍吐佩。“佩”，廣記及類説均作“斾”，逸史本作“佩”。案“珮、佩”通用。佩即環佩也。素奈朱李，枝條入簷，伎女樓上，坐而摘食。琛常會宗室，“常”，廣記及元河南志作“嘗”。陳諸寶器。金瓶銀瓮百餘口，廣記“瓮”作“甕”，元河南志同。又“金瓶”以下十五字逸史本在下文“皆從西域而來”下，誤。甌檠盤盒稱是。檠爲有腳之器皿。音競。自餘酒器，“自餘”，廣記引作“其餘”。有水晶鉢、“鉢”，元河南志作“缽”。瑪瑙琉璃碗、“碗”，元河南志作“椀”。赤玉巵數十枚。津逮本“瑪瑙”下有“盃”字，廣記及河南志並無。作工奇妙，中土所無，皆從西域而來。又陳女樂及諸名馬。復引諸王按行府庫，按，尋按也。元河南志字作“案”。錦罽珠璣，罽者，毛織物也。冰羅霧縠，縠，似羅而疏。音斛。冰羅者，言其潔白如冰雪。霧縠者，言其輕薄如霧也。充積其内，繡纈、紬綾、絲綵、越葛、錢絹等，不可數計。纈音頡，綵繒也。琛忽謂章武王融曰：“不恨我不見石崇，恨石崇不見我。”章武王元融，字永興。世宗時，爲征虜將軍，并州刺史。肅宗時，除散騎常侍，青州刺史。還爲秘書監，遷中護軍，領河南尹。性尤貪殘，恣情聚斂，爲中尉糾彈，削除官爵。後討鮮于脩禮失利，葛榮擊融，融殁於陣。見魏書卷十九下。融立性貪暴，志欲無限，“限”，廣記引作“厭”。見之歎惋，“歎惋”，各本作“惋歎”，此依廣記引改。不覺生疾。“生”，廣記引作“成”。還家卧三日不起。江陽王繼來省疾，江陽王元繼，即元乂父。高祖時，曾安輯高車四鎮有功。肅宗時，位至太尉公、侍中、太師、録尚書事。繼貪婪聚斂無已，牧守令長新除赴官，無不受納貨賄。永安二年卒。見魏書卷十六本傳。謂曰：“卿之財産，應得抗衡，何爲嘆羨，以至於此？”融曰：“常謂高陽一人，寶貨多於融，原無“於”字，據廣記及逸史本補。高陽，指高陽王元雍。誰知河間，瞻之在前。”此爲歇後語“瞻之在前，忽焉在後”也。語見論語子罕篇。繼笑曰：“卿欲作袁術之在淮南，不知世間復有劉備也？”漢末，袁術據九江稱帝，置百官，郊祀天地，以九江太守爲淮南尹。時劉備領徐州，居下邳，與袁術相拒於淮上，術欲引吕布擊備，乃與布書，謂術生年以來，不聞天下有劉備。布得書即襲備，備請降。後曹操起兵征術，術敗走，欲過徐州奔袁譚，曹操使劉備徼之，不得過。術憤慨結病，歐血死。見後漢書卷一百五袁術傳、吕布傳。融乃蹶起，蹶，急遽貌。音厥。禮記孔子閒居云：“子夏蹶然而起。”置酒作樂。

于時國家殷富，庫藏盈溢，錢絹露積於廊者，不可校數。逸史本無“積”字。案太平廣記卷一六五引有“積”字。又“校”原作“較”，此據廣記及逸史本改。及太后賜百官負絹，逸史本無“負”字，廣記引有“負”字。任意自取，朝臣莫不稱力而去。稱力者，就力之所任也。稱音去聲。案魏書卷一百十食貨志亦云：“自魏德既廣，西域、東夷貢其珍物，充於王府。又於南垂立互市，以致南貨，羽毛齒革之屬，無遠不至，神龜正光之際，府藏盈溢，靈太后曾令公卿已下任力負物而取之。又數賚禁内左右，所費無貲，而不能一丐百姓也！”唯融與陳留侯李崇負絹過任，“任”原作“性”。逸史本空格。案廣記引作“任”是也。今據正。過任者，非力所能任也。蹶倒傷踝。蹶，顛仆也。踝，足之左右圓骨也。字音化。今北方言踝子骨。踝音淮。魏書卷十三皇后胡氏傳記此事云：“崇乃傷腰，融至損腳。時人爲之語曰：陳留章武，傷腰折股。”○廣記引此下有“太后即不與之，令其空出，時人笑焉”十四字。今本並無。侍中崔光止取兩疋。崔光見卷二“秦太上君寺”條。太后問曰：“曰”字原無，依廣記引補。“侍中何少？”對曰：“臣有兩手，唯堪兩疋。所獲多矣。”朝貴服其清廉。

經河陰之役，諸元殲盡，見卷一“永寧寺”條注。王侯第宅，多題爲寺。壽丘里閒，“里閒”，太平廣記卷二三六引同。逸史本作“里間”，元河南志同。列刹相望，祇洹鬱起，鬱者，積聚貌。寶塔高凌。四月初八日，此日爲行像之日，京師士女多至河間寺，原爲河間王宅。觀其廊廡綺麗，“廊”，廣記及元河南志均作“堂”，逸史本作“殿”。無不歎息，以爲蓬萊僊室亦不是過。入其後園，見溝瀆蹇産，蹇産，曲折之貌。石磴嶕嶢，“嶕”原作“礁”，誤。

嶕嶢，高貌，音焦堯。**朱荷出池**，"池"原誤"作"也。逸史本則誤"地"，今依津逮本改正。**綠萍浮水，飛梁跨閣，高樹出雲。**"高"字原空格，今依津逮本補。逸史本此處作"飛梁跨樹，□□出雲"。漢魏本作"层閣出雲"。**咸皆唧唧，唧唧，嗟嘆聲。雖梁王兔苑**，想之不如也。

○**追先寺**，原作"追光寺"，今依元河南志改。案下文稱此寺原爲東平王元略宅，略卒，嗣王景式捨宅爲寺，則作"追先"方合。追先者，追念先人也。**在壽丘里**，各本無此四字，永樂大典卷一三八二三有之，今據補。**侍中尚書令東平王略之宅也。**元略字儁興，中山王英子，爲散騎常侍，冠軍將軍，給事黃門侍郎。及其兄元熙起兵，欲誅元乂，事敗，略潛投蕭衍，孝昌元年返魏。見魏書卷十九下本傳及略墓誌。

略生而岐嶷，詩大雅生民："克岐克嶷。"岐嶷，挺秀俊茂也。**幼則老成。博洽群書，好道不倦。神龜中爲黃門侍郎。**元乂專政，虐加宰輔，指殺清河王元懌事。**略密與其兄相州刺史中山王熙欲起義兵，問罪君側。**熙字真興。肅宗初，爲將作大匠，給事黃門侍郎，除平西將軍，東秦州刺史。熙平元年，入爲秘書監。神龜之初，爲安東將軍，相州刺史。相州在今河南臨漳縣西。及元乂殺清河王懌，乃起兵。見魏書卷十九下熙傳及熙墓誌。**雄規不就，釁起同謀。**"同"，大典作"周"，逸史本同。案作"周"非是。史稱熙兵起甫十日，爲其長史柳元章等所執，熙及其三子同時遇害。故曰釁起同謀。**略兄弟四人並罹塗炭，唯略一身逃命江左。**"左"原誤作"右"，今依逸史本改正。元熙及弟元誘、元纂均爲元乂所誅。熙三子亦同時被害。**蕭衍素聞略名，見其器度寬雅，文學優贍，**"贍"原作"瞻"，誤。大典作"贍"，逸史本同，今據正。贍者，富也。**甚敬重之。謂曰："洛中如王者幾人？"略對曰："臣在本朝之日，承乏攝官，**攝者，兼也。**至於宗廟之美，百官之富，駕鸞接翼，**"鸞"，逸史本作"鵉"，誤。**杞梓成陰，**杞梓，良材也。以喻人才傑出。**如臣之比，趙咨所云：車載斗量，不可**

數盡。"趙咨字德度,漢末南陽人。仕吳,爲都尉。博聞多識,應對辯捷。建安二十五年,孫權遣咨使魏。魏文帝問曰:"吳如大夫者幾人?"咨曰:"聰明特達者,八九十人,如臣之比,車載斗量,不可勝數。"見三國志吳志卷二吳主權紀注。衍大笑。乃封略爲中山王,食邑千户,儀比王子。大典作"位比王子",逸史本作"儀比皇子"。又除宣城太守,宣城在今安徽宣城。給鼓吹一部,劍卒千人。略爲政清蕭,甚有治聲。江東朝貴,侈於矜尚,矜尚者,驕矜自尊大也。見略入朝,莫不憚其進止。憚,畏也。尋遷信武將軍,衡州刺史。衡州在今廣東英德縣西七十五里。孝昌元年,明帝宥吳人江革,請略歸國。是年蕭綜降魏,綜長史江革等五千人被擒。肅宗令有司遣革等還南,因以徵略歸國。江革者,蕭衍之大將也。江革字休映,濟陽考城人。幼孤,耽學不倦,仕齊爲尚書駕部郎。蕭衍時,與徐勉同掌書記。累遷爲豫章王長史,鎮彭城。彭城失守,被執。後還國,仕至光禄大夫,領步兵校尉,南北兖二州大中正。大同元年卒。見梁書卷三十六本傳。蕭衍謂曰:"朕寧失江革,不得無王。"略曰:"臣遭家禍難,白骨未收,乞還本朝,叙録存没。""叙",逸史本作"收"。因即悲泣,衍哀而遣之。乃賜錢五百萬,金二百斤,銀五百斤,錦繡寶玩之物,不可稱數。親帥百官送於江上,作五言詩贈者百餘人。凡見禮敬如此比。原作"如親比",今依逸史本、津逮本改正。略始濟淮,明帝拜略侍中義陽王,義陽在河南信陽。食邑千户。略至闕,詔曰:"昔劉蒼好善,利建東平,劉蒼,漢光武帝第八子,封爲東平王。蒼好經術,明帝時爲驃騎將軍,永平年間,與公卿共定南北郊冠冕車服制度。後上疏歸藩,明帝問:處家何者最樂? 王言:爲善最樂。章帝時卒。見後漢書卷七十二。東平在今山東東平縣。曹植能文,大啟陳國,魏明帝太和六年以陳四縣封植,爲陳王。見三國志魏志卷十九本傳。是用聲彪盤石,義鬱維城。"盤",大典及逸史本均作"磐",字通。盤石、維城皆指封藩宗族而言。史記孝文帝紀云:"高帝封王子弟地,犬牙相制,此所謂磐石之宗也。"索隱云:"言其固

如磐石。"維城,見詩大雅板篇。板篇云:"宗子維城。"侍中義陽王略,體
自藩華,門勳夙著,内潤外朗,兄弟偉如。既見義忘家,"忘"原作"亡",
此依逸史本改。捐生殉國,永言忠烈,何日忘之? 此言中山王熙兄弟三
人。往雖弛擔爲梁,今便言旋闕下,"闕下",逸史本作"詣闕"。有志有
節,能始能終。方傳美丹青,懸諸日月。丹青指史册而言。略前未至之
日,"未至",大典作"來至"。即心立稱,立稱者,立名也。故封義陽。然
國既邊地,義陽與梁地相接。寓食他邑,求之二三,未爲盡善。宜比德
均封,追芳曩烈。可改封東平王,户數如前。""曩烈",指漢劉蒼而言。
尋進尚書令,儀同三司,領國子祭酒,侍中如故。略從容閒雅,本自天
資,出南入北,轉復高邁。言論動止,朝野師模。建義元年薨於河陰,尒
朱榮入洛被害。贈太保,謚曰文貞。嗣王景式捨宅爲此寺。景式名碩,
"碩"蓋即"規"字。見元略墓誌。

○融覺寺,清河文獻王懌所立也,在閶闔門外御道南。有五層浮圖一所,與
沖覺寺齊等。沖覺寺亦元懌所立。見前。佛殿僧房,充溢三里。"三里"原
作"一里"。案續高僧傳卷二十三曇無最傳稱融覺寺"廊宇充溢,周于三里"。
今據改。比丘曇謨最善於禪學,"禪學",逸史本作"義學",太平御覽卷六五
五引及永樂大典卷一三八二三均作"釋學"。講涅槃、華嚴,"華"原作"花",
據逸史本改。涅槃、華嚴皆大乘經典。大般涅槃經有北涼曇無讖譯本,凡四
十卷。大方廣佛華嚴經,東晉佛馱跋陀羅譯本,凡六十卷。僧徒千人。曇謨
最事跡,見續高僧傳卷二十三,詳卷二"崇真寺"條注。天竺國胡沙門菩提
流支見而禮之,號爲"菩薩"。續高僧傳卷一云:"菩提流支,魏言道希,北天
竺人也。遍通三藏,妙八總持。以魏永平之初來游東夏。宣武皇帝下勅引
勞,處之永寧大寺,四事將給。七百梵僧,勅以流支爲譯經之元匠也。"
　　流支解佛義,知名西土,諸夷號爲"羅漢",羅漢,梵言阿羅漢(arhan),沙
門小乘果也。曉魏言及隸書,翻十地楞伽及諸經論二十三部。續高僧

傳流支傳云:“三藏流支自洛及鄴,爰至天平,二十餘年,凡所出經三十九部,一百二十七卷。即佛名、楞伽、法集、深密等經,勝思惟、大寶積、法華、涅槃等論是也。並沙門僧朗、道湛及侍中崔光等筆受。具列唐貞觀內典録。”此稱流支所翻經論二十三部,少十六部,蓋所據經録不同。流支譯十地經論,始永平元年,至永平四年譯成。同時翻譯者,有天竺勒那摩提及北天竺伏陀扇多,見嚴可均輯全後魏文卷二十四崔光所作十地經論序。楞伽經十卷,大唐內典録卷四云:“延昌二年菩提流支譯,沙門僧朗、道湛筆受。”雖石室之寫金言,草堂之傳真教,不能過也。石室之寫金言,指後漢明帝永平中攝摩騰至洛陽譯四十二章經,緘于蘭臺石室而言。草堂之傳真教,謂鳩摩羅什也。鳩摩羅什,天竺沙門,以後秦弘始三年冬至長安,爲姚興所禮敬。於長安草堂寺集義學沙門八百人,重譯經本,手執梵本,口翻解釋,公元413卒,年七十。見高僧傳。魏書釋老志云:“羅什聰辯有淵思,達東西方言。時沙門道肜、僧略、道恒、道標、僧肇、曇影等與羅什共相提挈,發明幽致,諸深大經論十有餘部。”

流支讀曇謨最大乘義章,漢魏本、真意堂本作“義大乘章”,誤。案御覽引及續高僧傳流支傳均作“大乘義章”。**每彈指讚嘆,唱言微妙。即爲胡書寫之,傳之於西域,西域沙門常東向遥禮之**,“西域”二字原脱,此據御覽、大典及逸史本補。**號曇謨最爲“東方聖人”。**

○**大覺寺,廣平王懷捨宅〔立〕也**,“立”字各本無,今依文例補。廣平王元懷已見卷二“平等寺”條。**在融覺寺西一里許。北瞻芒嶺,南眺洛汭,東望宮闕,西顧旗亭,閶闔門外門亭。禪阜顯敞**,逸史本“禪”作“神”。阜者,澤邊地也。**實爲勝地。**

　　是以溫子昇碑云:“子昇”原作“子升”,據別本改。下同。“面水背山,左朝右市。”是也。

懷所居之堂,“懷”原誤作“環”,逸史本誤作“壞”。**上置七佛,釋迦前有六**

佛,釋迦継六佛而成道,合稱七佛。七佛名號,佛典所説不同,增一阿含經指
維衛佛、式棄佛、隨葉佛、拘樓秦佛、拘那含牟尼佛、迦葉佛及釋迦牟尼佛而
言。長阿含經無“維衛佛”及“隨葉佛”,有毘婆尸佛、毘舍婆佛。見法苑珠林
卷八。林池飛閣,比之景明。“景明寺”見卷三。至於春風動樹,則蘭開紫
葉;秋霜降草,則菊吐黃花。名僧大德,寂以遣煩。永熙年中,平陽王即
位,平陽王即出帝元脩。造磚浮圖一所。是土石之工,窮精極麗,詔中書
舍人溫子昇以爲文也。溫子昇所作大覺寺碑文,見藝文類聚卷七十七,但非
全文。

　○永明寺,宣武皇帝所立也,在大覺寺東。時佛法經像盛於洛陽,異國沙門,
咸來輻輳,負錫持經,錫即錫杖。適茲樂土。“樂”原作“藥”,非。逸史本
作“洛”。案詩魏風碩鼠有“適彼樂土”之句,衒之即用詩句也。世宗故立此
寺以憩之。“世宗”二字逸史本作“宣武”。房廡連亘,一千餘間。庭列修
竹,簷拂高松,奇花異草,駢闐堦砌。駢闐者,羅列也。百國沙門,三千
餘人。
　　　西域遠者,乃至大秦國。魏書卷一百二云:“大秦國,一名黎軒,都安都
　　城。從條支西渡海一萬里,去代三萬九千四百里,地方六千里,居兩海之
　　間,其人端正長大,衣服車旗,擬儀中國,故外域謂之大秦。其土宜五穀桑
　　麻,人務蠶田。”案北魏時所稱大秦,即當時羅馬帝國。盡天地之西垂,
　　“垂”,逸史本作“陲”。“陲、垂”字通。耕耘績紡,原無“耕耘”二字。
　　“績”上空一格,此依學津本補。百姓野居,邑屋相望,衣服車馬,擬儀
　　中國。
　　　南中有歌營國,去京師甚遠,“歌營”,古書或作“加營”。太平御覽卷三五
　　九引三國時康泰所著吳時外國傳云:“加營國王好馬,月支賈人常以舶載
　　馬到加營國,國王悉爲售之。若於路失羈絆,但將頭皮示王,王亦售其半
　　價。”歌營,法人伯希和謂蓋在今之馬來半島南。見馮承鈞西域南海史地

譯叢一百七十八頁。**風土隔絶,世不與中國交通,雖二漢及魏,亦未曾至也。吳孫權時,曾遣宣化從事朱應、中郎康泰通海南。其所經及傳聞,則有百數十國。晉代通中國者蓋尠。宋齊以後漸多。見梁書卷五十四海南諸國傳叙。今始有沙門菩提拔陁至焉。**原作“今始有沙門焉子善提拔陁”。逸史本“善”作“菩”,但亦無“至焉”二字。今據津逮本校正。○菩提拔陁蓋即佛馱跋陀羅(Buddhabhadra),見馮承鈞史地叢考續編伯希和扶南考附録三引沙畹説。自云:“**北行一月,至句稚國,**”“月”下原有“日”字,逸史本無。句稚國,亦見太平御覽卷七九〇。梁書卷五十四海南傳扶南國條有國名九稚,九稚當即句稚。九、句聲音相近。御覽卷八八八又有拘利國,一云九離國。伯希和扶南考謂“九稚”應爲“九離”之訛。若然,則句稚與拘利所指爲一國矣。未知然否。**北行十一日,至典孫國,**“典孫”原作“孫典”,下同。今據梁書卷五十四扶南國傳校正。御覽卷七九〇引萬震南州異物志云:“句稚去典遜八百里。”典遜即典孫,“典孫”史書亦作“頓遜”。梁書云:“頓遜國在海崎上,地方千里,城去海十里,有五王,並羈屬扶南。頓遜之東界通交州,其西界接天竺安息徼外諸國,往還交市。所以然者,頓遜迴入海中千餘里,漲海無崖岸,船舶未曾得逕過也。其市東西交會,日有萬餘人。珍物寶貨,無所不有。又有酒樹,似安石榴,采其花汁停瓮中,數日成酒。”典孫蓋在今之馬來半島。**從典孫國北行三十日,至扶南國。**“典孫”原作“孫典”,今改。**方五千里,南夷之國,最爲强大。**扶南,伯希和考證在今之柬埔寨及下南圻(見扶南考)。梁書卷五十四扶南國傳云:“扶南國,在日南郡之南海西大灣中。去日南可七千里,在林邑西南三千餘里。城去海五百里。有大江,廣十里,西北流,東入於海。其國輪廣三千餘里。土地洿下而平博,氣候風俗大較與林邑同。出金、銀、銅、錫、沉木香、象牙、孔翠、五色鸚鵡。”太平御覽卷七八六引外國傳云:“扶南人最大居舍,雕文刻鏤。好布施。多禽獸。王好獵,皆乘象,一去月餘日。”**民户殷多,出明珠金玉及水精珍異,**“水精”,太平御覽卷九七一引同,津逮本作"水晶"。**饒檳榔。從扶**南**國北行一月,至林邑國。林邑國**,在今之越南本部,唐代稱占波(Champa)。梁書卷五十四林邑國傳稱:林邑國者,本漢日南郡象林縣,古越裳之界也。其地縱廣可六百里,城去海百二十里。其國有金山,石皆赤色,其中生金。又出瑪瑙、貝齒、吉貝、沉木香。吉貝者,樹名也。其華成時如鵝毳,抽其緒紡之以作布,潔白與紵布不殊。亦染成五色,織爲斑布也。其國俗居處爲閣,名曰干闌。門户皆北向。書樹葉爲紙。男女皆以橫幅吉貝繞腰以下,謂之干漫,亦曰都縵。穿耳貫小鐶。貴者著革屣,賤者跣行。自林邑扶南以南,諸國皆然也。出林邑,入蕭衍國。"拔陁至揚州歲餘,隨揚州比丘法融來至京師。京師沙門問其南方風俗,"沙門"上原脱"京師"二字,此據逸史本補。**拔陁云:"古有奴調國,乘四輪馬爲車,**奴調,史書無記載。**斯調國出火浣布,以樹皮爲之,其樹入火不燃。**奴調、斯調,蓋在南洋群島中。梁書扶南傳云:"扶南東界即大漲海,海中有大洲,洲上有諸薄國,國東有馬五洲。復東行漲海千餘里,至自然火洲。其上有樹生火中,洲左近人剥取其皮,紡績作布,極得數尺,以爲手巾,與焦麻無異,而色微青黑。若小垢污,則投火中,復更精潔。或作燈炷用之,不知盡。"**凡南方諸國,皆因城郭而居,**"郭"原作"廓",今依逸史本改。**多饒珍麗,**珍麗,指珠玉而言。**民俗淳善,質直好義,亦與西域、大秦、安息、身毒諸國交通往來。**"西域"原作"西國",此依逸史本改。魏書卷一百二云:"安息國在葱嶺西,都蔚搜城。北與康居、西與波斯相接,在大月氏西。北去代二萬一千五百里。"身毒,即印度之古譯名也。**或三方四方,浮浪乘風,**"浪",逸史本作"海"。**百日便至。率奉佛教,好生惡殺。"**

寺西有宜年里,"宜年",各本作"宜牛",誤。今依元河南志改正。里内有陳留王景皓、侍中安定公胡元吉等二宅。元景皓,元祚子。祚字龍壽,陳留王元虔之後。景皓襲陳留王爵,北齊天保時爲高洋所誅。見北齊書卷四十一元景安傳。胡元吉,即胡祥。元吉,祥字也。乃胡國珍之子。歷位殿中尚書,中書監,侍中。見魏書卷八十三下胡國珍傳。

景皓者,河州刺史陳留莊王祥之子。北史卷十五陳留王虔傳稱:祥於宣武帝時教習講武,後卒於河州刺史(河州在今甘肅導河縣)。"河州"原作"河內",蓋傳寫之誤。案河內乃郡名,不得有刺史也。州刺史與郡太守不同。卷一"永寧寺"條元桃湯爲河內太守,足證"河內"之"內"爲誤字,當據北史作"河州"。立性虛豁,少有大度,愛人好士,"士"原作"事",津逮本同,此依逸史本改。待物無遺。夙善玄言道家之業,遂捨半宅安置佛徒,演唱大乘數部。華嚴、涅槃、法華等經皆爲大乘。並進京師大德超、光、誕、榮四法師、三藏胡沙門菩提流支等咸預其席。超、光、誕、榮,事跡無考。魏書釋老志有僧超、惠光、法榮,並當時之大德。"惠光",續高僧傳卷十六少林寺天竺僧佛陀傳作"慧光"。諸方伎術之士,莫不歸赴。時有奉朝請孟仲暉者,武威人也。"武威",各本誤作"武城",此依太平御覽卷六五四引改正。武威即今甘肅武威。父賓,金城太守。金城在今甘肅蘭州。暉志性聰明,學兼釋氏,四諦之義,窮其旨歸。四諦者,苦諦、集聖諦、滅聖諦、道聖諦。恒來造第,與沙門論議,時號爲"玄宗先生"。暉遂造人中夾紵像一軀,"夾紵"原作"夾貯",今從逸史本改。案"夾紵"爲外來語,意爲灰泥。相好端嚴,希世所有。置皓前廳,須彌寶坐。永安二年中,此像每夜行遶其坐,四面腳跡,隱地成文。於是士庶異之,咸來觀矚。由是發心者,亦復無量。永熙三年秋,忽然自去,莫知所之。其年冬,而京師遷鄴。"而"字逸史本無。

武定五年,暉爲洛州開府長史,重加採訪,寥無影跡。

出閶闔門城外七里,有長分橋。"有"字各本脱,依元河南志補。

中朝時以穀水浚急,注於城下,多壞民家,"家",元河南志作"舍"。立石橋以限之,長則分流入洛,長,音上聲。故名曰長分橋。或云:晉河間王在長安遣張方征長沙王,"方",逸史本作"芳",誤。河間王,司馬顒也。顒,安平王孚孫。晉惠帝時八王爭亂,顒及成都王穎討長沙王乂,顒遣張方率衆自函谷關入屯河南，惠帝遣皇甫商距之。商距戰，潰敗。方遂攻洛陽西明門。方河間人，後爲郅輔所殺。見晉書卷五十九河間王顒傳及卷六十張方傳。營軍於此，因名爲張方橋也。“名”字原無，依元河南志補。未知孰是。今民間語訛，“語訛”原誤作“訛語”，今依元河南志及逸史本改正。號爲張夫人橋。“夫人”合言則爲分。

朝士送迎，多在此處。

長分橋西，有千金堰。文選卷三十沈約三月三日率爾成篇李善注引楊佺期洛陽記曰：“千金堰在洛陽城西，去城二十五里。堰上有穀水塢。”水經注卷十六引河南十二縣境簿曰：“河南縣城東十五里有千金堨。”兩書所説里數不同。

計其水利，日益千金，因以爲名。

昔都水使者陳勰所造，“勰”原作“勰”。水經注卷十六引作“陳協”，並引語林曰：“陳協數進阮步兵酒，後晉文王欲修九龍堰，阮舉協，文王用之。掘地得古承水銅龍六枚，堰遂成。”令備夫一千，歲恒修之。

洛陽伽藍記卷第五

城　北

○禪虛寺,在大夏門〔外〕御道西。"外"字各本無,今依文例補。寺前有閲武場,歲終農隙,甲士習戰,千乘萬騎,常在於此。案周禮夏官大司馬云:"中冬教大閲。"蓋以冬時農隙,民有餘暇,故簡閲軍實,崇修武事,而總教之也。自漢以降,累世多於秋末歲終之際大閲。張衡東京賦云:"歲惟仲冬,大閲西園。"是也。

有羽林馬僧相善角觝戲,"馬僧相",大典卷一三八二四作"馮僧相"。○史記李斯傳"二世作觳抵優俳之觀",集解引應劭曰:"戰國之時,稍增講武之禮,以爲戲樂。秦更名角抵。角,角材也。抵,相抵觸也。"漢書武帝紀武帝"作角觝戲",集注引文穎曰:"名此樂爲角觝者,兩兩相當,角力,角技藝射御,故名角觝。"案張衡西京賦云:"臨迴望之廣場,程角觝之妙戲。烏獲扛鼎,都盧尋橦,衝狹鷰濯,胷突銛鋒。"即角力之戲也。"角觝",各本均作"觝角",惟大典作"角觝",與漢書合。今據正。"觝",史記作"抵",字通。擲戟與百尺樹齊等。虎賁張車渠,"渠"字原脱,此據大典及其他各本補。張車渠,見北史后妃宣武靈皇后胡氏傳。元乂、劉騰幽胡太后於北宮,車渠等謀殺乂,奉太后臨朝,事不克,死。擲刀出樓一丈。帝亦觀戲在樓,"帝"當爲肅宗。恒令二人對爲角戲。"角戲",大典作"角觝"。

中朝時,宣武場在大夏門東北,"在"字原脱,此依大典及其他諸本補。○宣武場位于宣武觀之北。元河南志卷二引晉宮閣簿云:"宣武觀在大夏門內東北。"又水經注穀水條云："狄泉在洛陽北,後遂爲東宮池。其一水,自大夏門東逕宣武觀,憑城結構,不更層墉,南望天淵池,北矚宣武場。"考自曹魏之世,其地即爲講武之所。明帝嘗於場上爲欄,苞虎爪牙,使力士袒裼,迭與之搏,縱百姓觀之(見河南志卷二)。王戎年七歲,亦往觀戲。獸憑欄而吼,衆皆奔走。戎獨不動,神色湛然(見晉書王戎傳及世説新語雅量篇)。世以爲美談。今爲光風園,苜蓿生焉。"生",御覽卷九九六引作"出",大典引作"苜蓿於此出焉"。○漢書西域傳云："罽賓有苜蓿、大宛馬。武帝時,得其馬。漢使採苜蓿種歸,天子益種離宮別館旁。"西京雜記云："樂游苑自生玫瑰樹,下多苜蓿。苜蓿,一名懷風,時人或謂光風。光風在其間,常蕭然自照,其花有光彩,故名。苜蓿懷風,茂陵人謂之連枝草。"齊民要術卷三云："生噉爲羹甚香,長宜飼馬,馬尤嗜此物。"

○凝玄寺,"凝玄"原作"凝圓",大典卷一三八二四及逸史本並作"凝玄",今從之。閹官濟州刺史賈璨所立也。"閹官"上大典有"迺"字,今各本無。"璨",魏書卷九十四閹官傳作"粲",云："粲字季宣,酒泉人也。太和中,坐事腐刑,頗涉書記,世宗末,漸被知識,得充内侍。遷光禄大夫。靈太后之廢,粲與元义、劉騰等伺帝動靜,閉太后於宣光殿。太后反政,乃出粲爲濟州刺史。未幾,遣刁宣殺之。"在廣莫門外一里御道東,所謂永平里也。

　　注:即漢太上王廣處。"王",大典作"皇"。案"廣"或即"廟"字之誤。"廟"俗作"庿",是以傳寫譌作"廣"。惟漢太上皇廟不見史乘方志也。漢高祖父太上皇前史不載其名,後漢書章帝紀"祀太上皇于萬年",注云:名煓(他官反),一名執嘉。見宋孔平仲雜説。又張氏宗祥云："史通補注篇云:遂乃定彼榛楛,列爲子注,若蕭大圜淮海亂離志、羊衒之洛陽伽藍記是也。則衒之此記本自有注,不知何時併入正文,遂至不能分別。此'注'字之幸存者。自此至下文'不可勝數'句,當是'凝圓寺'注文。"鈎沉本以注下一句爲正文。今案依本書文例,自"地形"以下皆述伽藍之語,當爲正文,非注文也。又陳寅恪先生云："楊書原本子注必多,自無疑義。若凡屬

子注悉冠以注字,則正文之與注文分別瞭然,後人傳寫<u>楊</u>書,轉應因此不易淆誤。今之注文混入正文者,正坐<u>楊</u>書原本,其子注大抵不冠以注字,故後人傳寫,牽連不可分別,遂成今日之本。<u>張</u>君所舉之例,疑是<u>楊</u>書原本偶用注字,後人不復刪去,實非全書子注悉以注字冠首也。"今案:此處"注"字,恐亦爲後人所加。遷京之初,創居此里,"創"上疑奪"璨"字。值母亡,捨以爲寺。

地形高顯,下臨城闕,房廡精麗,竹栢成林,實是淨行息心之所也。王公卿士來游觀,爲五言者,不可勝數。

<u>洛陽</u>城東北有<u>上商里</u>,原作"上高景",別本作"上高里",亦誤。案後漢書卷五十九<u>鮑永</u>傳云:"光武賜<u>永洛陽商里</u>宅。"注云:"東觀記曰:賜<u>洛陽上商里</u>宅。"<u>陸機洛陽記</u>曰:"<u>上商里</u>在<u>洛陽</u>東北,本<u>殷</u>頑人所居,故曰'<u>上商里</u>'。"<u>殷</u>之頑民所居處也。<u>高祖</u>名聞<u>義里</u>。案"名"下疑脱"爲"字。

遷京之始,朝士住其中,迭相譏刺,"譏"原作"幾",逸史本同,今從津逮本改。竟皆去之。唯有造瓦者止其内,京師瓦器出焉。世人歌曰:"<u>洛城</u>東北<u>上商里</u>,"洛城"原作"洛陽城",今從逸史本。"上商里",各本作"上高里",誤。<u>殷</u>之頑民昔所止。今日百姓造瓮子,逸史本作"甕"同。人皆棄去住者恥。"案歌辭"里、止、子、恥"協韻。唯冠軍將軍<u>郭文遠</u>游憩其中,堂宇園林,匹於邦君。時<u>隴西李元謙</u>樂雙聲語,"樂",逸史本作"能"。雙聲語者,亦名體語,見北史<u>徐之才</u>傳。即取雙聲字以爲言辭也。常經<u>文遠</u>宅前過,見其門閣華美,乃曰:"是誰第宅?過佳!"婢<u>春風</u>出曰:"<u>郭</u>冠軍家。"<u>元謙</u>曰:"凡婢雙聲!"<u>春風</u>曰:"儜奴慢罵!"<u>元謙</u>服婢之能,於是京邑翕然傳之。案"是誰"爲禪母,"過佳"及"郭冠軍家"並爲見母,"凡婢"爲奉母,"雙聲"爲審母,"儜奴"爲泥母,"慢罵"爲明母,皆雙聲字也。"第"爲定母,"宅"爲澄母,古音亦屬同聲。此以雙聲語互相嘲戲,乃一時文士之習尚,南北皆然,故當時之奴婢亦優能爲之。儜猶今言那樣,<u>文廷式</u>純常子枝語卷十四謂"儜"爲"寧馨"之合音。

○閩義里有燉煌人宋雲宅。雲與惠生俱使西域也。

神龜元年十一月冬,御覽卷六五七引無“冬”字。太后遣崇立寺比丘惠生向西域取經,“崇立”,御覽引作“崇靈”。案本書所記佛寺無“崇立、崇靈”之名。卷二有“崇真寺”,卷三有“崇虛寺”,此或爲“崇虛”之誤。又逸史本作“與惠生向西域取經”,從“雲與惠生俱使西域”至“崇立寺比丘”二十三字並脫。凡得一百七十部,皆是大乘妙典。宋雲與惠生西行求法,其年月史傳所記不同。魏書西域嚈噠傳云:“熙平中,肅宗遣王伏子統宋雲、沙門法力等使西域,訪求佛經。時有沙門慧生者,亦與俱行,正光中還。”(卷一百二)釋老志亦云:“熙平元年,詔遣沙門惠生使西域採諸經律,正光三年冬還京師。”(卷一百十四)惟唐道宣釋迦方志卷下游履篇云:“後魏神龜元年燉煌人宋雲及沙門道生等,從赤嶺山傍鐵橋至乾陀衛國雀離浮圖所,及返,尋於本路。”此與本書所記相合。依本文所記惠生行歷年月考之,自以作神龜元年爲是。

初發京師,西行四十日,至赤嶺,即國之西疆也。“赤嶺”,沙畹宋雲行記箋注云:在今青海西寧之西。公元734年曾於其處建有唐與吐蕃贊普分界碑。新唐書卷四十地理志鄯州鄯城(今西寧)條下云:“西六十里有臨蕃城,又西六十里有白水軍、綏戎城,又西南六十里有定戎城,又南隔澗七里有天威軍,故石堡城。又西二十里至赤嶺。逾此有大非川,此川應爲青海西岸之布喀音噶爾,過此至吐谷渾界。”新唐書所載路程,應爲宋雲等行程之所經。皇魏關防,正在於此。

赤嶺者,不生草木,因以爲名。其山有鳥鼠同穴。異種共類,鳥雄鼠雌,共爲陰陽,即所謂鳥鼠同穴。漢書地理志云:“隴西首陽縣西南有鳥鼠同穴。”爾雅釋鳥云:“鳥鼠同穴,其鳥爲鵌,其鼠爲鼵。”郭注曰:“鼵如人家鼠而短尾,鵌似鵪而小,黃黑色。穴入地三四尺,鼠在内,鳥在外,今在隴西首陽縣鳥鼠同穴山中。孔氏尚書傳云:共爲雄雌,張氏地理記云:不爲牝牡(張氏者即張晏)。”案山今在甘肅渭源縣西南。甘肅志云:“涼州地有兀兒鼠者,似鼠。有鳥名木兒周者,似雀。常與兀兒鼠同穴而處。”此即鯩、鱖矣。藝文類聚九十二引沙州記曰:"塞嶺去大陽川三十里,有雀鼠同穴。"宋書吐谷渾傳云:"甘谷嶺北有雀鼠同穴,或在山嶺,或在平地,雀色白,鼠色黃。"清徐松新疆水道記云:"伊犁賽里木淖爾岸側,鼠穴甚多,每日黎明,鳥先飛出翱翔,鼠蹲穴口以望,漸趨平地,鳥集鼠背,張翼以嗓,鼠負之往返馳而鳥不墜,良久入穴。"由是可知涼州以西所在多有,形色或不盡同,其同穴止處則一也。故曰異種同類。

發赤嶺,西行二十三日,渡**流沙**,至**吐谷渾國**。"吐"原作"土",今從逸史本,下同。**路中甚寒,多饒風雪,飛沙走礫,舉目皆滿,唯吐谷渾城左右煖於餘處。其國有文字,況同魏**。此句疑爲"衣冠同魏"之誤。**風俗政治,多爲夷法**。流沙在敦煌之西,古曰沙州,以其風沙流漫,故曰流沙。夏則炎暑,冬則飄雪,故高僧傳卷三法顯傳云:顯等西渡流沙,上無飛鳥,下無走獸,四顧茫茫,莫測所之,唯視日以準東西,望人骨以標行路耳。○吐谷渾,遼東鮮卑種,立國於今之青海。魏書卷一百一吐谷渾傳稱:高祖時,其王伏連籌爲魏藩,嘗遣世子賀魯頭朝於京師。終世宗世,至於正光,犛牛蜀馬及西南之珍,無歲不至。伏連籌死,子夸吕立,始自號爲可汗,居伏埃城,在青海西十五里。雖有城廓而不居,恒處穹廬,隨水草畜牧。其地東西三千里,南北千餘里,民性貪婪,忍於殺害。好射獵,以肉酪爲糧,亦知種田,有大麥粟豆。然其北界,氣候多寒,唯得蕪菁大麥,故其俗貧多富少。據此則宋雲至吐谷渾時其王當爲伏連籌也。魏書又云:"其俗丈夫衣服略同於華夏,多以羅幂爲冠,亦以繒爲帽。婦人皆貫珠貝束髮,以多爲貴。"法顯行傳稱鄯善國,"其地崎嶇薄瘠,俗人衣服粗與漢地同"。案鄯善與吐谷渾毗連,衣著均與華夏相若。依文義,則本文"同魏"上當言其衣著也。今各本作"況同魏",顯有脱誤,"況"蓋"冠"字之訛。"冠"上疑又奪"衣"字。

從吐谷渾西行三千五百里,至鄯善城。其城自立王,"立"上"自"字逸史本無。**爲吐谷渾所吞**。"吞",逸史本作"居"。**今城是吐谷渾第二息寧西將軍**,"城"下逸史本有"内主"二字。**總部落三千,以禦西胡**。法顯行傳云:"渡沙河,行十七日,計可千五百里,得至鄯善國。"案鄯善本名樓蘭,漢昭帝元鳳四年(77)更名鄯善。魏書西域傳云：“鄯善國去代七千六百里，所都城方一里，地多沙鹵，少水草，北即白龍堆路。”又水經注卷二引釋氏西域記曰：“南河自于闐東北三千里至鄯善，入牢蘭海。”此所云“牢蘭”與“樓蘭”蓋同出一語。樓蘭即由牢蘭海得名。牢蘭海當即今之羅布泊（Lopnor）。（參看日人崛謙德解說西域記、斯坦因西域考古記。）○又元和郡縣志卷四十納職條云：“其城鄯善人所立，胡謂鄯善爲納職，因名縣焉。”又云：“東北去伊州（今哈密）一百二十里。”馮氏承鈞云：“考其地望納職應爲今之拉布楚克（Lapchuk），‘拉布’（Lap）、‘羅布’（Lop）以及西藏語名‘鄯善’之 Lob 皆似不無關係。至若羅布湖南樓蘭鄯善之古都似祇有今婼羌縣治卡克里克（Charklik）可以當之。”

從鄯善西行一千六百四十里，至左末城。大正新藏二○八六北魏僧惠生使西域記“左末”作“且末”。城中居民可有百家，土地無雨，決水種麥，不知用牛，耒耜而田。城中圖佛與菩薩，“城”字原闕，“圖”作“國”。今從逸史本校改。乃無胡貌，訪古老云，是呂光伐胡時所作。“時”字各本並無，今據藏本惠生使西域記補。○“左末”，魏書西域傳作“且末”。大唐西域記卷十二作“沮沫”。釋迦方志卷上作“沮末”。皆同語之異譯也。魏書云：“且末國都且末城，在鄯善西，去代八千三百二十里。”前云“鄯善去代七千六百里”，則鄯善至且末當爲七百二十里。水經注卷二河水條云：“且末國，治且末城，東去鄯善七百二十里。種五穀，其俗略與漢同。”此與魏書所記相合。惟釋迦方志卷上遺跡篇云：“自沙州入磧七百餘里，至納縛波故國（Navapa），即婁蘭地，亦名鄯善。又西南千餘里，至折摩陀那故國（Chalmadana），即沮末地。”此本於大唐西域記，與本文一千六百餘里之數相近。且末城，據近人所考，當爲今之且末縣治車爾成（Charchan）或其附近（見 Thomas Watters, On Yuan Chwang's Travels in India, Ⅱ, 343-44）①。○呂光，魏書卷九十五有傳。光字世明，氐人，父婆樓爲前秦苻堅太尉。堅以光爲驍騎將軍。建元十八年（382），堅遣光伐龜兹、烏耆

————————
① 前引頁碼似有訛脱。

諸國。光至龜兹,王帛純拒之,光乃結陣爲勾鎖之法,大破之,降者三十餘國。光既破龜兹,獲鳩摩羅什。見慧皎高僧傳卷二。還至涼州,聞苻堅已爲姚萇所害,乃竊號關外,十餘年而卒。史稱後涼。從左末城西行一千二百七十五里,至末城。城傍花果似洛陽,唯土屋平頭爲異也。自且末而西,多爲荒磧,驚飆擁沙,散如時雨。人畜昏迷,每致危斃。故法顯行傳有"所經之苦,人理無比"之嘆。○此所稱之末城,他書未載,以其地望考之,殆在今尼雅之于闐附近。

從末城西行二十二里,至捍麼城。"麼",御覽卷六五七引作"魔"。〔城〕南十五里有一大寺,"南"上舊無"城"字,今補。三百餘僧衆。原作"衆僧",各本同,今改。有金像一軀,舉高丈六,儀容超絶,相好炳然,面恒東立,"恒",御覽引作"常"。不肯西顧。父老傳云:"傳"上御覽引有"相"字。此像本從南方騰空而來,于闐國王親見禮拜,載像歸,逸史本作"像載歸"。御覽引作"于闐國王親來敬禮,請像載歸"。中路夜宿,忽然不見,遣人尋之,還來本處。王即起塔,"即"上"王"字據御覽引增。封四百户以供灑掃。"以"字據御覽引增。户人有患,"户人",逸史本作"人户"。御覽引作"人有患者"。以金箔貼像所患處,"箔",御覽引作"薄"。即得陰愈。"陰",御覽引作"除"。後人於此像邊造丈六像及諸像塔,原作"後人於像邊造丈六像者及諸宮塔"。逸史本作"後人於此像邊造丈六像者及諸像塔",此據御覽引校。乃至數千,懸綵幡蓋,亦有萬計。魏國之幡過半矣。幡上隸書,"幡"原作"幅",今依御覽引及逸史本改。多云太和十九年、景明二年、延昌二年。原脱多字,依御覽及逸史本補。唯有一幡,"幡"原作"幅",今從逸史本改。觀其年號是姚興時幡。"姚興"原作"姚秦",逸史本作"姚興",御覽引同。○捍麼城即扞彌城。水經注卷二河水條云:"扞彌國,治扞彌城,西去于闐三百九十里。"依玄奘記,沮沫西千餘里有尼壤城(即今之尼雅),爲于闐東境之關防,往來者莫不由焉。從關西入沙磧,行二百餘里,至媲摩城。城有雕檀立佛像,高二丈餘,甚多靈應。凡有疾病,隨其痛處,金簿帖像,即時痊復。聞之土俗曰，此像昔佛在世，憍賞彌國（Kausāmbī）鄔陀衍那王（Udayana）所作也。佛去世後，自彼凌空至此國北曷勞落迦城中。初到此城，人安樂富饒，深著邪見，而不珍敬，後復自移到此（亦見彥琮慈恩法師傳）。據此復可證捍麼城，亦即玄奘記之媲摩城。往者斯坦因於于闐探險，研究其位置，約在今和闐東北五十五哩地方，當塔里木流域之南，爲入西域通行之孔道也（詳崛謙德書頁一〇四八）。〇沙畹云：後秦三主，公元384至393年爲姚萇，394至415年爲姚興，416至417年爲姚泓。法顯西邁，即在姚興之時，宋雲所見姚興時幡，得爲法顯所建也。

從捍麼城西行八百七十八里，至于闐國。王頭著金冠，似鷄幘，頭後垂二尺生絹，廣五寸，以爲飾。威儀有鼓角金鉦，弓箭一具，戟二枝，槊五張。左右帶刀，不過百人。其俗婦人袴衫束帶，乘馬馳走，與丈夫無異。死者以火焚燒，收骨葬之，上起浮圖。居喪者，剪髮劈面，“劈”原誤作“劈”，逸史本同，今從津逮本校正。以爲哀戚。“以”字原奪，今據逸史本補。髮長四寸，即就平常。唯王死不燒，置之棺中，遠葬於野，立廟祭祀，以時思之。此所記由捍麼至于闐之里程似有訛誤。水經注云：“捍彌城西去于闐三百九十里。”玄奘所記，自媲摩至于闐，行三百三十餘里。與此有異。酈道元、玄奘當得其實。〇魏書西域傳云：“于闐國在且末西北，蔥嶺之北二百餘里。其地方亙千里，連山相次，所都城方八九里。自高昌以西諸國人等深目高鼻，唯此一國，貌不甚胡，頗類華夏。”〇玄奘西域記云：“瞿薩旦那國（Kustana），唐言‘地乳’（ku爲地，stana爲乳），即其俗之雅言也。俗謂之渙那，匈奴謂之于遁，諸胡謂之豁旦，印度謂之屈丹。舊曰于闐，謂也。”沙畹云：“于闐古都在今和闐縣治額里齊西七英里處，在今玉瓏哈什（白玉河）及哈喇哈什（黑玉河）二河之間。”考二水皆自崑崙山北流，於和闐之東北八十英里合流，稱和闐河。二流相距十三英里，而所經則爲沃野，故農業繁盛，蠶織亦富。于闐既當中西交通之衝會，佛典之傳入于闐必甚早。曹魏甘露五年朱士行所獲梵本般若經即得自于闐者也。〇梁書卷五十四西域傳云：“于闐王冠金幘，如今胡公帽，與妻並坐接客。國中婦人皆辮髮，衣裘袴。其人恭，相見則跪，其跪則一膝至地。”此所稱金幘，即鷄幘也。○法苑珠林卷九十七云：“西域葬法有四：一水漂，二火焚，三土埋，四施林。”此稱死者以火焚燒，殆西域天竺之通俗也。淨飯王泥洹經云：“白飯王在舍夷國病終，燒身收骨，藏置金剛函，即於其上起塔，縣繒幡蓋，供養塔廟。”與本文所記于闐風俗相合。夫既葬而又起浮圖者，其意有三：一表人勝，二令他信，三爲報恩。見法苑珠林卷三十七。○劓面者，以刀劃面也。徐鍇説文解字繫傳曰：“史匈奴劓面不哀。”新唐書郭元振傳云“召爲太僕卿，安西酋長有劓面哭送者”，是也。如隱本作“劈面”，誤。○“髮長四寸，即就平常”者，所以節哀而復生也。“立廟祭祀，以時思之”者，所以致追慕之誠也。“以時思之”，見孝經喪親章，沙畹以爲“思”當作“祀”，非。

于闐王不信佛法。“于闐”上當有“昔”字。有商胡將一比丘名毗盧旃在城南杏樹下，“胡”字原脱，“名”原作“石”，今從津逮本正。向王伏罪云：“今輒將異國沙門來在城南杏樹下。”“異”原作“吳”，誤。逸史本作“異”，御覽九六八引同，今據改。王聞忽怒，御覽引作“忿”。即往看毗盧旃。旃語王曰：御覽引不重“旃”字。又“曰”字作“言”。“如來遣我來，令王造覆盆浮圖一所，“所”原作“軀”，各本並同。案浮圖不得言軀，下文云“惠生割捨行資，於山頂造浮圖一所”，是當言一所。使王祚永隆。”王言：“令我見佛，“令”，御覽及逸史本作“使”。當即從命。”御覽作“我當從命”。毗盧旃鳴鐘告佛，即遣羅睺羅變形爲佛，御覽作“變爲佛形”。從空而現真容。“現”，御覽及逸史本作“見”，同。王五體投地，即於杏樹下置立寺舍，畫作羅睺羅像。忽然自滅，于闐王更作精舍籠之。今覆瓮之影，原作“令覆瓮之影”，逸史本作“今之覆瓦之影”，案“令”當作“今”，“瓮”當作“瓮”，“瓮”即“盆”字也。恒出屋外，見之者無不回向。其中有辟支佛靴，於今不爛，非皮非綵，“綵”字原脱，津逮本作“繒”，逸史本作“非皮綵”。案酉陽雜俎前集十云：“于闐國贊摩寺有辟支佛靴，非皮非綵，歲久不爛。”今據校。莫能審之。案大唐西域記卷十二云：“瞿薩旦那國（即于闐），伽藍百有餘所，僧徒五千餘

人，並多習學大乘法教。王城南十餘里有大伽藍，此國先王爲毘盧折那（Vai-
rocana，唐言"遍照"）阿羅漢建也。昔者此國佛法未備，而阿羅漢自迦濕彌羅
國（Kaśmir）至此林中宴坐習定①，王躬往觀其容止。曰：爾何人乎？獨在幽
林。羅漢曰：我如來（Tathagata）弟子，閑居習定，王宜樹福，弘讚佛教，建伽
藍，召僧衆。王曰：如來者，有何德？有何神？而汝鳥棲，勤苦奉教。曰：如
來慈愍四生，誘導三界，或顯或隱，示生示滅，遵其法者，出離生死。王曰：既
云大聖，爲我現形，既得瞻仰，當爲建立，罄心歸信，弘揚教法。羅漢曰：王建
伽藍，功成感應。王苟從其請，建僧伽藍，遠近咸集，法會稱慶。王謂羅漢
曰：伽藍已成，佛在何所？羅漢曰：王當至誠，聖鑒不遠。王遂禮請。忽見空
中佛像下降，因即誠信，弘揚佛教。"此與本文所記相同，可資參證。○魏書
于闐傳云："城南十五里（"十五"原作"五十"，今據水經注卷二改，詳下文），
有贊摩寺，即昔羅漢比丘比盧旃爲其王造覆盆浮圖之所，石上有辟支佛（Pra-
tyeka Buddha）跣處，雙跡猶存。"據是，則其寺名贊摩寺也。水經注卷二云：
"城南十五里有利刹寺，中有石轉，石上有足跡，彼俗言是辟支佛跡，法顯所
不傳，疑非佛跡也。"此所稱利刹寺，蓋即贊摩寺也。○覆盆浮圖者，謂所建
浮圖之頂圓拱如覆盆也。○如來，翻譯名義集第一篇十種通號多陀阿伽陀
條云："後秦翻爲'如來'，金剛經云：無所從來，亦無所去，故名（如來）。"○
羅睺羅（Rāhula），太子之子。○禮拜時雙膝雙肘及頂在地曰五體投地。○辟
支佛，法門名義集云："此云緣覺。辟支者，此言緣。佛者，此言覺。一者，出
無佛世，猶悟非常思惟，得道，名爲緣覺辟支；二者，值佛爲説十二因緣之法，
觀因緣之理，而得悟道，名爲聲聞辟支。於三乘中，此爲中乘。"

案于闐國境，原無"國"字，此從逸史本增。東西不過三千餘里。西域記
　卷十二謂于闐國周四千餘里，沙磧太半，壤土隘狹。此云東西不過三千餘
　里，與西域記不同，蓋皆約計之辭耳。

神龜二年七月二十九日入朱駒波國。人民山居，五穀甚豐，食則麨麥，逸

---

① Kaśmir：似當從後文改爲"Kāśmīra"。

史本作“麥㲻”。不立屠煞。食肉者,以自死肉。風俗言音與于闐相似,文字與婆羅門同。“婆”原作“波”,今從逸史本。其國疆界可五日行遍。朱駒波國(Cokkuka,師覺月先生説),史籍所載名目不一。魏書于闐疏勒傳並作“朱俱波”,新唐書卷二百二十一上疏勒傳又云亦名“朱俱槃”,歷代三寶記卷十二作“遮拘迦”,一本作“遮拘槃”,西域記卷十二則作“斫句迦”(Chakūka)。諸名雖小有異同,所指之方域不殊。其去于闐蓋有千里。魏書云:“于闐國去朱俱波千里。”新唐書云:“朱俱波亦名朱俱槃,漢子合國也。并有西夜、蒲犂、依耐、得若四種地。直于闐西千里,葱嶺北三百里,西距喝槃陀北九百里。”惟依西域記所叙自于闐至斫句迦越山谷行八百餘里,其里數稍短。考其地望,文獻通考卷三百三十七疏勒條云:“南去莎車五六百里,去朱俱波八九百里。”是朱駒波當在莎車稍南。莎車今近葉爾羌地(Yarkand),則朱駒波當在葉爾羌之南矣。斯坦因以爲當在今葉爾羌南之葉城縣治哈爾噶里克(Karghalik),處於自和闐赴塔什庫爾罕(Tash-kurghan,即今蒲犂縣治)路中。案西域記稱其國臨帶兩河,兩河即葉爾羌河(Yarkand)及其支流提士那夫河(Tisnaf),其地域甚明。○西域記云:“斫句迦國周千餘里,大城周十餘里,堅峻險固,編户殷盛,山阜連屬,礫石彌漫,臨帶兩河,頗以耕植。文字同瞿薩旦那國,言語有異。”此云文字與于闐同,與本文有異。新唐書則云“文字同婆羅門”也。案于闐文字或謂自藏文而來,婆羅門書則爲天竺文字,其書寫之體式亦不相同。○此國大乘經典最富,歷代三寶記、西域記均有記述。

八月初入漢盤陀國界。“漢”,藏本惠生使西域記作“渴”。西行六日,登葱嶺山。“六日”,藏本惠生使西域記作“六百里”。復西行三日,至鉢盂城。“鉢盂”,逸史本作“鉢猛”。三日至不可依山。其處甚寒,冬夏積雪。“漢槃陀”,魏書作“渴槃陀”。梁書、南史均作“渴槃陀”。唐書作“喝盤陀”,云或曰“漢陀”,曰“渴飯檀”,亦曰“渴羅陀”。西域記則作“朅槃陀”。蓋皆一語之異譯也。沙畹謂其原名當爲 Karband 或 Garband。魏書云:“渴槃陀國,在葱嶺東,朱駒波西。河經其國東北流,有高山,夏積霜雪。”梁書云:“其西鄰滑國,南接罽賓國,北連沙勒國,所治在山谷中,城周四十餘里。國有十二城，風俗與于闐相類。”西域記云：“其國周二千餘里。國大都城，基大石嶺，背徙多河（Sita），周二十餘里。山嶺連屬，川原隘狹，穀稼儉少，菽麥豐多。林樹稀，華果少。原隰丘墟，城邑空曠。衣服氈褐，文字語言大同佉沙國（Kasha）。”考其地當在今蒲犂縣治塔什庫爾罕一帶，其全境稱色勒庫爾（Sarikol）。○鉢盂，其地未詳，蓋在今之 Onkul 等地。不可依山，即小帕米爾地帶。山中有池，毒龍居之。昔有三百商人，“三百”二字原無，太平廣記卷四百十八引作“昔三百商人”，今補。“三百”二字，御覽卷九百三十引作“五百”。止宿池側，值龍忿怒，汎殺商人。“汎”原作“呪”，逸史本同。今依廣記、御覽引改。盤陀王聞之，捨位與子，向烏場國學婆羅門呪，四年之中，盡得其術。“盡”，廣記、御覽引作“善”，逸史本同。還復王位，就池呪龍。廣記引如此，原作“復呪池龍”。龍變爲人，“變”，廣記引作“化”。悔過向王。王即徙之葱嶺山，“即”上“王”字原脫，廣記引有，津逮本、逸史本並同。又“即”字，御覽作“乃”。“徙之”，廣記作“從之”，御覽作“捨之”。去此池二千餘里。“二千”，逸史本作“二十”。今日國王十三世祖〔也〕。“也”字各本並無，今依文意增。○烏場國（Uddiyana），亦稱烏萇國，位漢盤陀西南。魏書云：“烏萇國，婆羅門胡爲其上族，婆羅門多解天文吉凶之數，其王動則訪決焉。”西域記亦稱其民以梵呪爲藝業。案梵呪即陀羅尼（dhārani）也。婆羅門獨精其術，故王往學焉。本書卷四“法雲寺”條所稱烏場國沙門曇摩羅即精於呪術者，而北天竺沙門菩提流支據續高僧傳稱亦兼工呪術，足見婆羅門呪行於烏場及北天竺。

自此以西，山路欹側，長坂千里，“長”，逸史本作“危”。懸崖萬仞，極天之阻，實在於斯。太行孟門，匹茲非險，崤關隴坂，“隴”原作“瓏”，此從逸史本。方此則夷。自發葱嶺，步步漸高，如此四日，乃得至嶺。依約中下，“下”，逸史本作“夏”，誤。實半天矣。漢盤陀國正在山頂。法顯行傳云：“葱嶺山，冬夏有雪，又有毒龍，若失其意，則吐毒風，雨雪飛沙，遇此難者，萬無一全。彼土人即名爲雪山也。”案此即塔什敦巴什區域（Taghdumbash Pamir）。○“依約中下實半天矣”者，言所處似卑，而實居半天之上矣。○漢盤陀正在山頂，即玄奘所謂城基大石嶺也。新唐書云：“喝盤陀距瓜州四千五百里，直朱俱波西，南距懸度山，北抵疏勒，西獲密（今之 Wakhan），西北判汗國（今之 Ferghana）也。治葱嶺中，都城負徙多河。”自葱嶺已西，水皆西流，逸史本及藏本惠生使西域記“西流”下並有“入西海”三字。案漢書西域傳曰：“于闐之西，水皆西流，注西海。”世人云是天地之中。人民決水以種，“以”，逸史本作“而”。聞中國田待雨而種，笑曰：“天何由可共期也？”城東有孟津河，東北流向沙勒。葱嶺高峻，不生草木。是時八月，天氣已冷，“冷”，漢魏、真意二本作“寒”。北風驅雁，飛雪千里。戈登（Charles George Gordon）帕米爾游記（光緒丁酉譯本）稱自塔什庫爾干西行第三日，經尼苕塔什山口（Neza-tash Pass），山南北行，爲東西大分水界。是即涼土異物志所謂“葱嶺之水，分流東西，西入大海，東爲河源。禹記所云崑崙者焉”（水經注卷二引）。○孟津河依玄奘西域記及唐書所載當即徙多河。此河既流向沙勒，當即今之塔什敦巴什河（Taghdumbash）。見馮承鈞西域地名。○沙勒，漢書以下正史皆稱疏勒。梁高僧傳鳩摩羅什條及悟空入竺記皆稱沙勒，玄奘西域記稱爲佉沙（Khaśa）①。云：“舊謂疏勒者，乃稱其城號也。正音宜云室利訖栗多底，疏勒之言猶爲譌也。”案“沙勒、疏勒”皆一語也。慧超往五天竺傳云：“外國自呼名伽師祇離。”慧琳一切經音義作“伽師佉黎”（Kāshgiri）。元史卷六十三地理志畏兀兒（Vigur）有國名可失哈耳（Kāshgar），即此地也。元至今呼爲喀什噶爾。○玄奘記云：“葱嶺東岡四山之中，地方百餘頃，正中墊下，冬夏積雪，風寒飄勁。疇壠瀉鹵，稼穡不滋，既無林樹，唯有細草。時雖暑熱，而多風雪，人徒纔入，雲霧已興，商侶往來，苦斯艱險。”然則惠生遠邁，時入素秋，餐風臥雪，峻險相望，其苦可知矣。

九月中旬入鉢和國。高山深谷，嶮道如常。國王所住，因山爲城。人民服飾，惟有氈衣。地土甚寒，窟穴而居。風雪勁切，人畜相依。國之南界有

---

① Khaśa：前文作“kasha”。

大雪山，朝融夕結，望若玉峰。案宋雲當自 Neza-tash 山口入葱嶺，經 Tagh-dumbash 區域，由 Paik Pass 出 Wakhjir Pass 而抵鉢和。鉢和國（Parvata）一名鑊侃（Hu-Kand），又名護密（Hu-Zaedan）①，或名達摩悉鐵帝（Dharmasthiti），見新唐書卷二百二十一下識匿條（伊蘭土語 Hu-Kand 乃山地之義。Hu-Maedan 乃山間之義。梵語 dharma 義爲中間，sthiti 義爲所在，Dharmasthiti 即位於中間之義。見堀謙德書）。玄奘西域記稱：“達摩悉鐵帝國在兩山間，覩貨邏國（Tukhāra）故地也。東西千五六百里，南北廣四五里，狹則不踰一里。臨縛芻河，盤紆曲折，堆阜高下，沙石流漫，寒風淒烈。人性獷暴，衣服氈褐，眼多碧緑，異於他國。”魏書西域傳云：“鉢和國，在渴槃陀西，其土尤寒，人畜同居，穴地而處。又有大雪山，望若銀峰。其人唯食餅麨，飲麥酒，服氈裘。有二道：一道西行向嚈噠，一道西南趣烏萇。亦爲嚈噠所統。”是此國適當入嚈噠之路。據近人所考，當爲今和罕（Wakhan）南山間一帶。其王城，新唐書謂爲塞迦審城（Skashim），北臨烏滸河（Oxus），“烏滸”即玄奘記之“縛芻”也，其地當即今之伊塞迦審（Iskashem）。

十月之初，逸史本作“十月初旬”。至嚈噠國。“嚈噠”，逸史本作“噘噠”，下同。魏書則作“嚈噠”。土田庶衍，山澤彌望，居無城郭，游軍而治。以氈爲屋，“屋”字逸史本作“衣”，誤。隨逐水草，夏則遷涼，“遷”原作“隨”，各本並同。今據魏書嚈噠傳改。冬則就温。鄉土不識文字，禮教俱闕。陰陽運轉，莫知其度，年無盈閏，月無大小，周十二月爲一歲。“周”原作“用”，各本並同。此從藏本惠生使西域記。受諸國貢獻，南至牒羅，北盡勅勒，“勒”原作“懃”，津逮本同，逸史本作“勤”。東被于闐，西及波斯，四十餘國皆來朝貢。“貢”原作“賀”，津逮本同。此從逸史本及藏本惠生使西域記。○“嚈噠”（字亦作“嚈噠”Hephthalites 或作 Ephthal），魏書云：“嚈噠國，大月氏之種類也，亦曰高車之別種，其原出塞北。自金山而南，在于闐之西，都烏滸河（Oxus）南二百餘里，去長安一萬一百里，其王都拔底延城（Baktria，

---

① 據漢譯用字及下文，此處“Hu-Zaedan”似當爲“Hu-Maedan”。

今之 Balkh，馮承鈞説），風俗與突厥略同，其語與蠕蠕、高車及諸胡不同。衆可十萬，無城邑。依隨水草，以氈爲屋，夏則遷涼，冬逐煗處。其王巡歷而行，每月一處，冬寒之時，三月不徙。其人凶悍，能闘戰，西域康居、于闐、沙勒、安息及諸小國三十許，皆役屬之。號爲大國。自太安以後，每遣使朝貢。正光末遣使貢師子一，至高平（甘肅平涼），遇万俟醜奴反，因留之。醜奴平，送京師。永熙以後，朝獻遂絕。”案此國當魏世最爲强大，至北齊天統以後遂爲突厥所滅。○牒羅國無考。○勑勒，一名鐵勒，並見新唐書。沙畹箋注云：“其地東起嗢昆河（Orkhan），西抵羅馬帝國。”其西突厥史料則稱東起獨洛（Tolak）（馮譯本頁一五七）。○波斯，魏書西域傳云：“古條支國也，去代二萬四千二百二十八里。”玄奘西域記作波剌斯國，云：“舊曰波斯，略也。其國周數萬里，川土既多，氣序亦異。文字語言，異於諸國。”於神龜中嘗遣使入貢，見魏書西域傳。王居大氈帳，“居”原作“張”，此從逸史本。方四十步，周迴以氈毹爲壁。王著錦衣，坐金牀，以四金鳳凰爲牀腳。見大魏使人，再拜跪受詔書。至於設會，一人唱，則客前；後唱，或疑爲“復唱”之誤。則罷會。唯有此法，不見音樂。魏書波斯傳云：“以六月爲歲首。尤重七月七日、十二月一日，其日民庶以上各相命召，設會作樂，以極懽娛。”○案嚈噠與波斯突厥風習相同。魏書波斯傳云：“其王坐金羊牀，戴金花冠，衣錦袍，織成帔，飾以真珠寶物。”

嚈噠國王妃亦著錦衣，長八尺奇，“長八尺奇”，原在下文“頭帶一角”下，各本同，此蓋傳寫之誤。今依文意改。垂地三尺，使人擎之，頭帶一角，長三尺，以玫瑰五色珠裝飾其上。“珠”字原無。魏書波斯傳云：“婦女服大衫，披大帔，其髮前爲髻，彼披之，飾以金銀花，仍貫五色珠，落之於髆。”此文“五色”下蓋脱一“珠”字。王妃出則輿之，“輿”原誤作“與”，依逸史本、津逮本改正。入坐金牀，以六牙白象四獅子爲牀，西域記卷二謂印度黎庶坐止咸用繩床，王族大人士庶豪右莊飾有殊，規矩無異。君王朝座，彌復高廣，珠璣間錯，謂師子牀（sinihāsana）。自餘大臣妻皆隨傘，頭亦似有角。團圓下垂，原作“垂下”，今從逸史本。狀似寶蓋。嚈噠婦人頭帶角帽，亦見魏書。
魏書云：“其俗兄弟共一妻，夫無兄弟者，其妻戴一角帽，若有兄弟者，依其多
少之數更加角焉。衣服類加以纓絡，頭皆剪髮。”玄奘西域記云：“呬摩呾羅
國（Hismatala，義云雲山之下）婦人首冠木角，高三尺餘，前有兩岐，表夫父
母，上岐表父，下岐表母，隨先喪亡，除去一岐。舅姑俱歿，角葉全棄。其先
強國，王釋種也。葱嶺之西，多見臣伏。境鄰突厥，遂染其俗。”是婦人之帶
角帽，本爲突厥之風習，境鄰彼界，征伐往來，遂多效焉。

**觀其貴賤，亦有服章。四夷之中，最爲強大。不信佛法，多事外神。殺生
血食，器用七寶。諸國奉獻，甚饒珍異。**“亦有服章”者，言其上下有別也。
魏書波斯傳云：“國中大官既有所司，而其下皆有屬官，分統其事。”嚈噠蓋與
波斯相同。○多事外神者，魏書波斯傳云：“俗事火神，天神。”火神即拜火
教，天神即大自在天（梵文 Maheśvara）。

　　按嚈噠國去京師二萬餘里。

十一月初入波知國。“知”，各本作“斯”，誤。**境土甚狹，七日行過，人民山
居，資業窮煎，風俗凶慢，見王無禮。國王出入，從者數人。其國有水，昔
日甚淺，後山崩截流，**“截”，逸史本作“絕”，義同。**變爲二池。毒龍居之，
多有災異。夏喜暴雨，冬則積雪，行人由之，多致艱難。**“艱難”原作“難
艱”，此從逸史本。**雪有白光，照耀人眼，令人閉目，茫然無見。祭祀龍王，
然後平復。**沙畹云：“按此國非西亞之波斯，而爲 Zebak 與 Chitral 間之一小
國。國在北史中名曰‘波知’。”案今各本作“波斯”者，蓋傳寫之誤。魏書西
域傳云：“波知國，在鉢和西南，土狹人貧，依託山谷，其王不能總攝。有三
池，傳云大池有龍王，次者有龍婦，小者有龍子。行人經之，設祭乃得過。不
祭，多遇風雪之困。”此與本文正合。本文“變爲二池”，“二”字疑爲“三”字
之誤。

十一月中旬入賖彌國。此國漸出葱嶺，土田嶢崅，“嶢崅”，玉篇作“磽确”。
堅瘠之地也。敲學二音。**民多貧困。峻路危道，人馬僅通。一直一道，從**

鉢盧勒國向烏場國，鉢盧勒即玄奘記中之鉢露羅國（Bolora），魏書稱爲波路，唐書稱小勃律。其國在大雲山間，東西長，南北狹。在今 Yassin 河與 Gilgir 流域。依玄奘記，自此至烏場國境約五百餘里。**鐵鎖爲橋，懸虛而度**，“而度”，各本並譌作“爲渡”。案魏書云：“賒彌國東有鉢盧勒國，險嶮緣鐵鎖而度，下不見底。”今據正。**下不見底，旁無挽捉，倐忽之間，投軀萬仞，是以行者望風謝路耳。**逸史本無“耳”字。釋法顯行傳曰：“度葱嶺已入北天竺境，于此順嶺西南行十五日，其道艱阻，崖岸險絶，其山惟石，壁五千仞，臨之目眩，欲進則投足無所，下有水名新頭河（Indus）。昔人有鑿石通路施倚梯者，凡度七百梯，度已（此從趙刻水經注引），躡懸絚過河，河兩岸相去咸八十步，九譯所絶，漢之張騫、甘英皆不至也。”案新頭河即指今印度河之上流 Yassin 河也。高僧傳曇無竭傳云：“登葱嶺、度雪山，障氣千重，層冰萬里。下有大江，流急若箭。於東西兩山之脇，繫索爲橋，十人一過，到彼岸已，舉烟爲幟，後人見煙，知前已度，方得更進。若久不見煙，則知暴風吹索，人墮江中。行經三日，復過大雪山，懸崖壁立，無安足處。石壁皆有故杙孔，處處相對，人各執四杙，先拔下杙，手攀上杙，展轉相攀，經日方過。”玄奘西域記亦云：“自烏仗那（即烏場）至鉢露羅，或履絚索，或牽鐵鎖，棧道虛臨，飛梁危構，椽杙躡登，履危涉險。”斯即史傳所稱懸度之山也。○沙畹云：“按北史鉢盧勒國在賒彌之東，宋雲由此赴烏場之險路，即沿辛頭河奔流經過 Dardistan 進向烏場之道。”今按魏書稱鉢盧勒國路險，宋雲等竟不能達，非也。○魏書西域傳云：“賒彌國（Sāmbhi），在波知之南，山居，不信佛法，專事諸神。亦附嚈噠。”玄奘西域記曰：“商彌國，周二千五六百里，山水相間，堆阜高下，人性淳質，俗無禮義。”商彌即賒彌也。沙畹箋注謂其地在今之 Chiitral[①]，西突厥史料（頁二四四）則謂在今之 Mastuj。案宋雲既由此入鉢盧勒國，鉢盧勒在今 Yassin 河流一帶，則以後説爲是。

十二月初入烏場國。北接葱嶺，南連天竺，土氣和暖，地方數千里，“里”字

---

① Chiitral：似當从前文改为“Chitral”。

各本並脱，此依吳若準集證補。民物殷阜，匹臨淄之神州，原田膴膴，膴膴，美也。詩大雅緜篇云：“周原膴膴。”等咸陽之上土。羶羅施兒之所，薩埵投身之地，舊俗雖遠，土風猶存。烏場，魏書西域傳作烏萇，法顯行傳及水經注卷一作烏長，開元釋教録作鄔荼。玄奘記作烏仗那，注曰：“舊云烏場，或曰烏荼，皆訛。其國周五千餘里。”烏仗那爲梵語 Uddiyana（或作 Udyāna）之音譯，義爲游園。慈恩法師傳注云：“唐言苑。昔阿輸迦王之苑也。”其領域當今 Swat 河沿岸。○“羶羅施兒”見太子須大挐經。詳下文。梵本本生鬘經太子名 Viśvantara，中國藏經生經太子名須大挐，沙畹云：“羶羅”即 Viśvantara 之省譯。○“薩埵投身”見金光明經卷四。詳下文。“薩埵”即“摩訶薩埵”（Mahāsattva）之省稱。國王精進，“進”原作“食”，誤。此從逸史本正。菜食長齋，晨夜禮佛，擊鼓吹貝，琵琶箜篌，笙簫備有。日中已後，始治國事。假有死罪，不立殺刑，唯徙空山，“徙”原作“從”，誤。此據逸史本改正。任其飲啄。事涉疑似，以藥服之，清濁則驗。隨事輕重，當時即決。魏書云：“烏萇國，土多林果，引水灌田，豐稻麥。事佛，多諸寺塔，事極華麗。人有爭訴，服之以藥，曲者發狂，直者無恙。爲法不殺，犯死罪唯徙於空山。”（“空山”原作“靈山”，誤。）與本文所記相合。此稱清濁皆驗者，清濁即善惡也。清者潔白無邪，濁者污垢多亂，故以清濁方人之美惡。土地肥美，人物豐饒。五穀盡登，百果繁熟。各本並作“百穀盡登，五果繁熟”，蓋誤。玄奘記云：“烏仗那國，山谷相屬，川澤連原，穀稼雖播，地利不滋。土産金錢，宜鬱金香。林樹翁鬱，花果茂盛。堅城四五，其王多治瞢揭釐城（Mangkil，在今之 Manglaur），城周十六七里，居人殷盛。城東四五里大窣堵坡，極多靈瑞。”夜聞鐘聲，遍滿世界。土饒異花，冬夏相接，道俗採之，上佛供養。

國王見宋雲云大魏使來，逸史本作“國王見大魏使宋雲來”。膜拜受詔書。穆天子傳卷二“吾乃膜拜而受”，郭璞曰：“今之胡人禮佛，舉手加頭，稱南膜拜者，即此類也。膜音模。”聞太后崇奉佛法，即面東合掌，遥心頂禮。遣解魏語人問宋雲曰：“卿是日出人也？”日出即東方。樓炭經云：“蔥河以東,名爲震旦。以日初出,耀於東隅,故得名也。"宋雲答曰:"我國東界有大海水,日出其中,實如來旨。"王又問曰:"彼國出聖人否?"宋雲具説周孔莊老之德,次序蓬萊山上銀闕金堂,神僊聖人並在其上,説管輅善卜,華陀治病,左慈方術,如此之事,分別説之。王曰:"若如卿言,即是佛國,我當命終,願生彼國。"管輅(208—255),三國志魏志卷二十九有傳。華陀見魏志卷二十九及後漢書卷一百一十二下。左慈見後漢書卷一百一十二下。

宋雲於是與惠生出城外,尋如來教跡。水東有佛晒衣處。初如來在烏場國行化,龍王瞋怒,"怒",逸史本作"恚"。興大風雨,佛僧迦梨表裏通濕。此城即玄奘記之瞢揭釐城。西域記卷三云:"城東北行二百五六十里,入大山,至阿波邏羅龍泉(Apalāla)即蘇婆伐窣堵河(Subhavastu)之源也。此龍者,迦葉波佛(Kā-śyapa Buddha)時,生在人趣,名曰殑祇(Gangi),深閑呪術,禁御惡龍,不令暴雨,國人賴之,以畜餘糧。居人衆庶,感恩懷德,家税斗穀,以饋遺焉。既積歲時,或有逋課,殑祇含怒,願爲毒龍,暴行風雨,損傷苗稼。命終之後,爲此池龍,泉流白水,損傷地利。釋迦如來,大悲御世,愍此國人,獨遭斯難,降神至此,欲化暴龍,執金剛神杵(vajrapāṇi),擊山崖,龍王震懼,乃出歸依。"按佛行化度惡龍事,見菩薩本行經卷中,善見律毗婆沙卷二,阿育王傳卷四。○僧迦梨(saṅghāṭi)者,沙門之法服,即複衣也。由肩至膝束於腰間。西域記、南海寄歸内法傳作"僧伽胝",同。雨止,佛在石下東面而坐,晒袈裟。袈裟(kāṣāga),僧人法服之總名。年歲雖久,彪炳若新。非值條縫明見,至於細縷亦彰。"彰"原作"新",此從逸史本。乍往觀之,如似未徹,假令刮削,其文轉明。晒衣石,據玄奘所記在龍泉西南數十里,袈裟之文,焕然如鏤。法顯云其石高丈四尺,闊二丈許。佛坐處及晒衣所,並有塔記。

水西有池,龍王居之,池邊有一寺,五十餘僧。龍王每作神變,國王祈請,以金玉珍寶投之池中,在後湧出,令僧取之。此寺衣食,待龍而濟,"待",御覽卷九百三十引作"恃"。世人名曰龍王寺。

王城北八十里，"八十"，逸史本作"十八"，誤。有如來履石之跡，起塔籠之。履石之處，若踐水泥，原作"若水踐泥"，逸史本作"若以淺泥"，並誤。量之不定，或長或短。今立寺，可七十餘僧。如來履石足跡，法顯行傳、西域記並有稱述。法顯行傳云："烏長國是北天竺也。佛至北天竺，即到此國，遺足跡於此，或長或短，在人心念，至今猶爾。"玄奘云："阿波邏羅龍泉西南三十餘里水北岸大磐石上有如來足所履跡，隨人福力，量有長短，是如來伏龍已，留跡而去。後人於上積石爲室，遐邇相趨，花香供養。"塔南二十步，有泉石。佛本清淨，嚼楊枝，植地即生，今成大樹，胡名曰婆樓。楊枝，天竺人用以淨齒者也。義淨南海寄歸內法傳稱之曰齒木。彼土人士，無分老幼，朝起飯后，皆熟嚼之，以水漱淨，可以堅齒。其木苦澀辛辣，嚼之成絮，本名齒木（dantakāṣṭha），義淨譯爲"憚哆家瑟陀"，憚哆爲齒，家瑟陀爲木，即齒木之義也，梵名 khadira，非楊柳也。案如來淨齒遺枝而成奇樹，此與法顯行傳所述沙祇國（即舍衛國，玄奘記卷三作鞞索迦國）者正同。傳稱："出沙祇城南門，道東，佛本在此嚼楊枝已，刺土中，即生長七尺，不增不減，諸外道或斫或拔，續生如故。"

城北有陀羅寺，佛事最多。浮圖高大，僧房逼側，逼側，相迫也。言僧房相接也。周匝金像六千軀。"六千"，逸史本作"六十"。王年常大會，皆在此寺。逸史本作"皆此寺"，無"在"字，非。國內沙門，咸來雲集。宋雲、惠生見彼比丘戒行精苦，觀其風範，特加恭敬。遂捨奴婢二人，以供灑掃。"王年常大會"者，殆即法顯行傳所稱五年大會之類。傳稱："法顯到竭叉國，值其國王作般遮越師（pañcha parishad）。般遮越師，漢言'五年大會'也。會時，請四方沙門，皆來雲集，衆僧坐處，懸繒幡蓋，作金銀蓮華著僧座後，鋪淨坐具，王及群臣如法供養。或一月、二月，或三月，多在春時。王作會已，復勸諸群臣設供供養，發願布施衆僧。"

去王城東南，山行八日，〔至〕如來苦行投身飼餓虎之處。"至"字各本並無，今依文意補。飼餓虎，原無"飼"字，津逮本"餓"作"餧"。法顯行傳稱

“投身餧餓虎”，西域記稱“投身飼餓烏㲉”（唐人避諱，故不作“虎”，而作“烏㲉”），是“餓”字亦不宜省。考釋藏有菩薩投身飼餓虎起塔因緣經，是當有“飼”字也。高山龍嵸，音籠嵏。高峻貌。危岫入雲。嘉木靈芝，叢生其上。林泉婉麗，花綵曜目。宋雲與惠生割捨行資，於山頂造浮圖一所，刻石隸書，銘魏功德。山有收骨寺，三百餘僧。如來投身飼餓虎處，法顯行傳在竺剎尸羅國（梵語 Takṣaśila）之東。竺剎尸羅國，玄奘記作呾叉始羅國。云：“自呾叉始羅國北界渡信度河（Indus），東南行二百餘里（釋迦方志作“百里”），度大石門，即至其處。其南四五十步，且有石塔。”考竺剎尸羅國即在烏場國之東南，而此述於烏場國者，蓋游涉所經，隨筆記次，未分別詳述耳。沙畹謂投身飼餓虎處依玄奘記所述之行程，自當在今 Mahaban 左近。〇“如來投身飼虎”之事，見菩薩本生鬘論（卷一），及賢愚經（卷一）、六度集經（卷一），而北涼高昌沙門法盛所譯菩薩投身飼餓虎起塔因緣經尤爲詳備。蓋佛告阿難，過去無量世時，有大國，其王曰大寶（Mahāratha）。王有三子，長曰摩訶波羅（Mahāpāla），次曰摩訶提婆（Mahādeva），季曰摩訶薩埵（Mahāsattva）。一日王與群臣共游山谷，三子共入竹林，見有一虎新產數子，無暇求食。第一王子以爲虎母饑困交迫，必噉其子，而後乃生。第二王子以爲非新屠血肉，莫之能救。是時二人捨之而去。第三王子隨屬其後，因思此身虛棄敗壞，曾無少益，何不捨身，救濟衆生，永離憂苦。乃合手投身巖下，以乾竹刺頸出血，虎得噉食，母子俱活。及二王子往尋，唯見遺骨狼藉在地，心肝斷絕，久乃得穌。及報父王，悲不自勝，如魚處陸，如牛失犢，乃收遺骨，以寶器盛之，起塔供養。佛告阿難，爾時摩訶薩埵即我身也。以吾布施，不惜身命救衆生故，今致得佛，濟度無極。案玄奘亦曾至此地，稱：其中土地洎諸草木微帶絳色，猶如血染，人履其地，若負芒刺。法盛稱塔東山下有僧房精舍，常有五千僧衆，四事供養。國人嬰病，就塔懺悔，百病皆愈。此所稱僧房，殆即收骨寺矣。

王城南一百餘里，有如來昔在摩休國剝皮爲紙，折骨爲筆處。“昔在”，各本均譌作“昔作”。又“折”原作“拆”，逸史本作“折”，下同。案元魏吉迦及曇曜所譯付法藏因緣傳（大正新藏二〇五八）及玄奘西域記均作“折”，今據正。**阿育王起塔籠之**，阿育王（Asoka），此言無憂，或譯爲阿輸迦。西晉安息三藏安法欽譯有阿育王傳（大正新藏二〇四二）。**舉高十丈。折骨之處，髓流著石，觀其脂色，肥膩若新。**玄奘西域記云：“瞢揭釐城南二百餘里大山側至摩訶伐那伽藍（Mahāvana），伽藍西北下山三四十里至摩愉伽藍。有窣堵波，高百餘尺，其基下有石，色帶黃白，常有津膩，是如來在昔修菩薩行，爲聞正法，於此折骨書寫經典。”案此所稱“摩休”當即玄奘所述之“摩愉”（Masura，沙畹云“愉”此處代“輸”）。依玄奘記，折骨之處在王城南二百餘里，此作一百餘里，數目不同。〇如來剥皮爲紙折骨爲筆事，菩薩本行經卷下略云：“佛在毘舍離國爲衆説法，言我從無數劫以來所作功德，作大誓願，我今以此正真之行除去一切衆生身病意病。佛言爲梵天王（Brahmā Sahampati）時，爲一偈故，自剥身皮而用寫經，爲優多婆仙人時（Utpala），爲一偈故，剥身皮爲紙，折骨爲筆，血用和墨。此皆前世宿行所作，結於誓願，今皆得之。”其事又見大智度論及賢愚經。智度論卷十六述佛本生之名，稱曰愛法。愛法梵志十二歲遍閻浮提求知聖法而不能得，時世無佛，佛法亦盡，有一婆羅門言我有聖法一偈，若實愛法，當以與汝。答言：實愛法。婆羅門言：若實愛法，當以汝皮爲紙，以身骨爲筆，以血書之，當以與汝。即如其言，破骨剥皮，以血寫偈曰：如法應修行，非法不應受，今世及來世，行法者安隱。智度論卷四十九亦記其事，賢愚經所述大旨亦同。

王城西南五百里，有善持山，甘泉美果，見於經記。山谷和暖，草木冬青。當時太簇御辰，指孟春，見禮記月令。**温燧已扇**，“燧”，津逯本、逸史本作“風”。**鳥鳴春樹，蝶舞花叢**，“舞”，逸史本作“飛”，聲律不合。**宋雲遠在絶域，因矚此芳景，歸懷之思，獨軫中腸，遂動舊疹，纏綿經月，得婆羅門呪，然後平善。**善持山，即魏書之檀特山。西域記卷二作彈多落迦山（梵名 Dantalo-ka），善施善與之義也。此山即須大拏太子棲隱之所。太子須大拏經云：“檀特山嶔崟嵯峨，樹木繁茂，百鳥悲鳴。流泉清池，美水甘果。太子入山，山中禽獸皆大歡喜。”此稱“甘泉美果，見於經記”者，殆謂是也。

山頂東南，有太子石室，一口兩房。“口”蓋“户”字之誤。太子室前十步，有大方石。云太子常坐其上，阿育王起塔記之。塔南一里，〔有〕太子草菴處。“有”字各本無，今依文意補。去塔一里，東北下山五十步，有太子男女繞樹不去，婆羅門以杖鞭之流血灑地處，其樹猶存。灑血之地，今爲泉水。室西三里，天帝釋化爲師子，當路蹲坐遮嫚姃之處。“姃”原作“姓”，逸史本作“姃”，今依須大拏經改。石上毛尾爪跡，今悉炳然。阿周陀窟及閃子供養盲父母處，閃子，各本作“門子”，誤。“盲”，逸史本作“育”，亦非。皆有塔記。此所稱太子，即須大拏太子也。太子須大拏經稱：佛告阿難，往昔過去不可計劫時，有大國名爲葉波，其王號濕波（Śiva），以正法治國，庶民無怨。王之太子，名須大拏（Sudāna，玄奘記作蘇達拏，云唐言善與），少小即好布施。年長，父王爲其納妃，妃名曼坻，國王女也。生有二子，一男一女。太子既好施與，常以王之珍寶置四城門外，恣人取之，以是四遠聞名。王有白象，名“須檀延”，多力健鬪，每與諸國攻伐，此象常勝。時有敵國往乞此象，太子乃牽象授之。王聞之大恚，乃逐太子出國，著檀特山中十二年。太子與妃及其二子共載而別。及至檀特山，山中有道人名阿周陀，久處山間，有玄妙之德，太子從其教，止于山中，結頭編髮，以泉水果蓏爲飲食，並伐薪木，築爲草屋，居止其内。時鳩留國一婆羅門來乞太子男女，以爲奴婢。時曼坻入山未歸，太子與之，兩兒不肯去。婆羅門以繩縛之而行，兒於道中乃以繩繞樹，不肯隨去，冀其母來。婆羅門乃以棰鞭之，血出流地，而後遂行。是時其母於山中左足下痒，右目復瞤，兩乳汁出，因自思念，宜歸視我子，得無有他。時天帝釋知太子以兒與人，恐妃敗其善心，便化作師子，當道而蹲。及婆羅門去遠，始起避道，令妃得過。妃還，不見兩兒，宛轉悲泣，啼不可止。太子言過去爲婆羅門子，字犉多衛，汝作婆羅門女，字須陀羅。汝爲願言，後生當爲卿妻，好醜不離我，爾時與汝要言，欲爲我妻者，當隨我意。汝爾時答言可。今以兒布施，而反亂我善心耶？妃聞太子言，心意開解。後此婆羅門復携太子男女至葉波國衒賣，爲人所識，以白國王。王迎兒入宮，涕泣交并，乃遣使者迎太子與妃，敵國亦以象還於國王。太子既歸，國人莫不歡喜。王更以寶藏付諸太子，恣意布施，轉勝於前。布施不休，自致得佛。佛告阿難，我宿命所行布施如是，太子須大拏者，即我身也。此事亦見六度集經（吳康僧會譯）卷二。本文所稱之嫚妭即經文之曼坁，集韻妭，都黎切，與“坁”音同。今本作“妭”，則與坁音不合。○閃子，經記作睒子。睒，廣韻式冉切，“閃、睒”同音。舊作“門子”，乃傳寫之誤。玄奘記作商莫迦（Śamaka），皆一語之異譯。睒子供養盲父母，佛說睒子經專記其事（大正藏一七五）。昔佛在毘羅勒國告諸比丘，過去無數世時，迦夷國一長者，夫妻兩目皆盲。子年十歲，號曰睒子。至孝仁慈，奉行十善，願求無上法，遂與父母入山，結草爲廬，侍養之宜，不失時節。山有流泉，衆果甘美，睒取百果以奉父母。其仁遠照，禽獸皆來附近，與睒同作伎樂之音，以娛樂其親。時二親口渴，睒乃提瓶汲水。適迦夷王入山田獵，彎弓發矢，誤中睒胸。睒被毒箭，毒楚難言，涕泣大呼：誰持一箭，射殺三人？吾親年老，一朝無我，豈不殞命！吾何罪乎？竟如是也。王聞哀聲，下馬尋問，睒子對答，音聲悽楚。王聞其言，悲不能已。乃尋盲父母處，願事供養。王從衆多，草木肅肅有聲，二親啟問，王以實告。親驚怛哀號，同至尸所，手拊其子，嗚口吮足，仰面呼天。時天帝釋感兹慈孝，立現神通，降身謂其親曰：斯至孝之子，吾能活之。乃以藥注睒子口中，忽然得穌。斯時衆人悲喜交集，皆立意修睒子至孝之行。佛告諸比丘，時睒子即吾身也。此事亦見六度集經卷五，菩薩本緣經卷中。○上述本生譚，玄奘記均在健馱邏國（Gandhāra，即下文之乾陀羅國），睒子塔在跋虜沙城（Paluṣa，即下文之佛伏沙城）之西北二百餘里，太子石室在城之東北二十餘里。皆在烏場國之南。故沙畹以爲此記編次錯亂，檀特山之記述應位於記述佛沙伏城之前。今細繹斯記，前後文次縝密有序，實未紊亂。蓋宋雲、惠生居烏場國久，檀特山亦適在烏場之西南，若當其居烏場國之時，往至檀特山，爾後始入健馱邏國，未爲不可，則依其游跡所及之先後而述之，亦未爲誤。且惠生時，烏場國與健馱邏國之疆域，與玄奘入竺時是否相同，猶未可知。豈可一概而論？與其謂編次有錯亂，勿寧謂其記叙稍欠詳明耳。

山中有昔五百羅漢牀，南北兩行相向坐處，其次第相對。有大寺，僧徒二百人。太子所食泉水北有寺，恒以驢數頭運糧上山，無人驅逐，自然往還。寅發午至，每及中湌。此是護塔神濕婆僊使之然。“濕”，各本作“渥”，誤，下同，今正。○五百羅漢，殆即迦膩色迦王（Kaniṣka）與脇尊者於罽賓作濕婆沙論所招集之五百賢聖也（見西域記卷二）。○山中有寺，以驢數頭運食山下，亦見魏書烏萇國傳。法苑珠林卷五十二引西域志云：“烏萇國西南有檀特山，山中有寺，大有衆僧。日日有驢運食，無控御者，自來留食，還去，莫知所在。”○濕婆仙（Śiva），爲印度三大神之一，爲外道所祀。

此寺昔日有沙彌，常除灰，因入神定。“因”原作“目”，此從逸史本。維那輓之，“輓”，逸史本作“挽”。不覺皮連骨離，濕婆僊代沙彌除灰處，“除”當作“塗”。國王與濕婆僊立廟，圖其形像，以金傅之。逸史本作“以金箔貼之”。○沙彌爲始落髮後之稱。梵云室羅末尼羅（śramanera），或譯爲息慈，謂息世染之情，以慈濟群生也（詳魏書）。義淨南海寄歸内法傳卷三注云：“室羅末尼羅，譯爲求寂，言欲求趣涅槃圓寂之處。舊云沙彌者，言略而音訛，翻作息慈，意準而無據也。”○維那，授事者也。義淨書卷四注云：“梵云羯磨陀那（karanadāna），陀那是授，羯磨是事，意道以衆雜事指授於人。舊云維那者，非也。維是唐語，意道綱維，那是梵音，略去羯磨陀字也。”又僧史略卷中僧寺綱糾條云：“西域知事僧總曰羯磨陀那。”○塗灰，爲印度外道之一，梵云 pāmśupatas。奉濕婆仙。“濕婆”，亦有譯爲“沙婆”者。

隔山嶺有婆奸寺，“山”，逸史本作“小”。夜叉所造。僧徒八十人。云羅漢夜叉常來供養，灑掃取薪，凡俗比丘，不得在寺。大魏沙門道榮至此礼拜而去，不敢留停。夜叉（yakṣa），天衆鬼神也。○比丘（bhihṣu），釋氏要覽卷上云：“秦言乞士，謂上於諸佛乞法資益慧命，下於施主乞食資益色身。”○道榮，此後逸史本並作道藥。道榮事跡不詳。唐道宣釋迦方志卷二云：“後魏太武末年（451）沙門道藥從疏勒道入，經懸度，到僧迦施國（Samkasya），及反，還尋故道，著傳一卷。”

至正光元年四月中旬，入乾陀羅國。乾陀羅國，魏書西域傳作乾陀國，法顯行傳作犍陀羅，水經注作犍陀衛，所引釋氏西域記作犍陀越，玄奘記作健馱邏，云“舊曰乾陀衛，訛也”，案乾陀羅、健馱邏爲梵語 Gandhāra 之音釋，犍陀越、乾陀衛蓋由古梵語 Gandhavat 之寫法而來，所指同爲一國。其國在烏場之西，包有今巴基斯坦白沙瓦（Peshawar）附近之地。慧苑華嚴經音義卷三云：“乾陀羅國此云特地國，謂昔此國多有道果聖賢住持其境，不爲他國侵害也。”又云：“乾陀是香，羅謂陀羅，此云遍也。言遍此國内多生香氣之花，故名‘香遍國’。”土地亦與烏場國相似，本名業波羅國，業波羅（Gopāla），魏書作業波，即其略音。爲嚈噠所滅，遂立勑懃爲王。“懃”，北史作“勒”。北史云：“乾陀國其王本是敕勒，臨國已二世矣（“已”原誤作“民”）。”治國以來，已經二世。立性兇暴，多行殺戮，不信佛法，好祀鬼神。“祀”，逸史本作“事”。國中人民，悉是婆羅門種，崇奉佛教，好讀經典，忽得此王，深非情願。自恃勇力，與罽賓爭境，“罽”原作“廚”。連兵戰鬥，已歷三年。王有鬥象七百頭，一負十人，手持刀楂，“持”，逸史本作“捉”。象鼻縛刀，與敵相擊。王常停境上，終日不歸，師老民勞，百姓嗟怨。玄奘西域記云：“健馱羅國，東西千餘里，南北八百餘里，東臨信度河。國大都城，號布路沙布邏（Purusa-pura），周四十餘里。王族絶嗣，役屬迦畢試國。邑里空荒，居人稀少。宮城一隅，有千餘户，穀稼殷盛，花果繁茂，多甘蔗，出石蜜。氣序温暑，略無霜雪。”案玄奘入竺之時，此國王族已絶。宋雲至此，則早於玄奘百餘年，時當笈多朝（Gupta）末葉，白匈奴人侵入印度，其王 Toramāna 於今之 Mālwā 立國，時當公元 500 年。爾後其子摩醯邏矩邏（Mihira Kula）乃據有北印度，西去波斯，東至于闐，四十餘國，共爲其所屬。此所稱“立勑懃爲王，治國以來，已經二世”者，即指 Toramāna 及 Mihira Kula 而言。沙畹謂符舍

（Foucher）稱宋雲當時所見之君王即 Mihiru Kula 是也①。玄奘記亦稱其爲人有才智，性勇烈，斥逐僧徒，毀滅佛法，與此所述並合（見西域記卷四傑迦國）。○“勅懃”，蓋即“特勤”。突厥可汗之子弟謂之“特勤”。○罽賓在烏場東南，西與乾陀羅爲隣。西域記稱爲迦濕彌羅國（Kāśmīra）。魏書稱“其國居在四山中，東西八百里，南北三百里，地平温和，有苜蓿，種五穀”。西域記云：“其國四境負山，山極峭峻，雖有門徑，而復隘狹，自古隣敵無能攻伐。”據是，則罽賓地多山險，故王與之爭戰，三年不克。

宋雲詣軍，通詔書，王凶慢無禮，坐受詔書。宋雲見其遠夷不可制，任其倨傲，莫能責之。“莫”，逸史本作“未”。王遣傳事謂宋雲曰：“卿涉諸國，經過險路，得無勞苦也？”宋雲答曰：“我皇帝深味大乘，遠求經典，“典”，逸史本作“論”。道路雖險，未敢言疲。大王親總三軍，遠臨邊境，寒暑驟移，不無頓弊？”“頓弊”，逸史本作“損敝”，非。案此乃往復消息寒温之語，“不無頓弊”者，猶言不無頓頓，不無勞苦也。若作“不無損敝”，則問其兵戎之有無傷損矣。王答曰：“不能降服小國，愧卿此問。”宋雲初謂王是夷人，不可以禮責，任其坐受詔書，及親往復，乃有人情，遂責之曰：“山有高下，水有大小，“水”，原誤作“氷”，別本不誤。人處世間，亦有尊卑，嚈噠、烏場王並拜受詔書，大王何獨不拜？”王答曰：“我見魏主則拜，逸史本“見”上有“親”字。得書坐讀，有何可怪？世人得父母書，猶自坐讀，大魏如我父母，我亦坐讀書，“亦”原誤作“一”，別本不誤。於理無失。”雲無以屈之。遂將雲至一寺，供給甚薄。時跋提國送獅子兒兩頭與乾陀羅王，“跋提”原作“跋跋提”，此從逸史本。雲等見之，觀其意氣雄猛，中國所畫，莫參其儀。由上文可知宋雲之会乾陀羅王，當在隣近罽賓境上。跋提國，沙畹謂即嚈噠國。跋提者，嚈噠都城拔底延（Baktria，今之 Balkh）之省譯也。“莫參其儀”者，與其外貌不合也。

於是西行五日，至如來捨頭施人處。亦有塔寺，二十餘僧。法顯行傳云：

---

① Mihiru Kula：似當從前文改爲“Mihira Kula”。

“自犍陀衛國東行七日，有國名竺刹尸羅（Taksasira）[1]，‘竺刹尸羅’，漢言截頭也。佛爲菩薩時，於此處以頭施人，故因以爲名。東行二日，則爲投身餧餓虎處。並起大塔，皆衆寶校飾，諸國王臣民競興供養，散華然燈，相繼不絶。”案“竺刹尸羅”，佛本行集經卷三十八作“特义尸羅”，隋言削石。玄奘西域記卷三作“呾义始羅”。其地或曰在今之 Shah Dheri（沙畹），或曰在今之 Hasan Abdāl（見堀謙德氏書頁二二九）。○玄奘記云：“呾义始羅國大都城北十二三里有窣堵波，無憂王之所建也。或至齋日，時放光明。神花天樂，頗有見聞。斯勝地也，是如來在昔修菩薩行，爲大國王，號戰達羅鉢剌婆（唐言月光 Candra-prabha），志求菩提，斷頭惠施。”案其事見菩薩本緣經卷中。經云：“我昔曾聞迦尸國過去有王，名曰月光，好施無慳。時有一老婆羅門，請王以頭見施，王即許之。婆羅門持一利刀，捉王頭髮，繫之樹上，欲斬王頭，刀誤不及，斫斷樹枝。時婆羅門謂已斫竟，即生歡喜。以菩薩及諸天神威德力故，乃至不見其王身首。王亦還宮，身安無損。菩薩摩訶薩行檀波羅蜜時，能作如是，無所不捨。”又宋法賢譯有佛説月光菩薩經（大正新藏一六六），所記尤詳。**復西行三日，至辛頭大河。**“三日”原作“三月”。逸史本作“三日”。案依玄奘記乾陀羅國東西止千餘里，自東徂西，需時亦不至有三月之久。且如來捨頭施人處，法顯行傳列於竺刹尸羅國，自乾陀羅東行七日程，玄奘謂此國在辛頭河之南，如來捨頭處在其王城之北十二三里，則其去辛頭河必不甚遠。逸史本作“三日”是也。今據正。**河西岸上，有如來作摩竭大魚，從河而出，十二年中以肉濟人處。**“中”字原空一格，此依逸史本補。**起塔爲記，石上猶有魚鱗紋。**摩竭大魚，翻梵語云：“摩伽羅魚（mākarā），亦云摩竭，譯曰鯨魚。”○佛説菩薩本行經卷下云：“佛在摩竭國言，我爲舍尸王時，自以身肉供養病人，經十二年。爲跋彌王（Padmaka）時，國中人民盡有瘡病，醫言當得魚肉食之乃瘥，王即到水邊，上樹求願作魚，即從樹上投身水中，便化成魚，而有聲，言其有病者來取我肉噉，病當除瘥。人民聞聲，皆來

---

[1] Taksasira：前文作“Takṣaśila”。

取魚肉食之,病盡除愈。"此事亦見賢愚經卷七,六度集經卷一。

復西行三日,至佛沙伏城。"三日"原作"十三日",逸史本作"三日"。按自辛頭河西岸至佛沙伏城甚近,不得云十三日,逸史本作"三日"是也。川原沃壤,城郭端直,民戶殷多,林泉茂盛。土饒珍寶,風俗淳善。其城內外,凡有古寺。"寺"下疑有脫文。名僧德眾,道行高奇。城北一里有白象宮,寺內佛事,皆是石像,莊嚴極麗,"莊",各本並誤作"裝"。頭數甚多,通身金箔,眩耀人目。寺前〔有〕繫白象樹,"有"字各本並無。此寺之興,實由茲焉。花葉似棗,季冬始熟。父老傳云,此樹滅,佛法亦滅。寺內圖太子夫妻以男女乞婆羅門像,胡人見之,莫不悲泣。佛沙伏城,即玄奘記卷二之跋虜沙城(Paluṣa)。過去須大拏太子嘗居此城,以王父大象施與敵國,被遣出國,故是處有白象宮。太子既至此城東北之檀特山,復遇婆羅門乞其男女,故寺中圖其事跡也。玄奘記云跋虜沙城北有窣堵波,或即此所稱之白象宮處。

復西行一日,至如來挑眼施人處。亦有塔寺,寺石上有迦葉佛跡。據玄奘西域記卷二稱,如來挑眼施人處在健馱羅國布色羯邏伐底城(Puṣkarāvati)北四五里,其塔高數百尺,亦無憂王所建。雕木文石,頗異人工。○如來修菩薩行挑眼施人事,見菩薩本行經卷下。菩薩本行經云:"過去無數世時,有王名曰梵天,其子端正姝好,有大人相,名曰大自在天。爲人慈仁,聰明智慧,一切技術,莫不通達。復學醫術,和合諸藥。國中人民多詣太子求治。諸醫師反爲眾人所輕慢。會疾疫流行,人民死者日多,王命召諸醫,問其方藥。一醫妒王太子,乃曰當得從生以來仁慈愍眾,未曾起瞋恚意者,以其血和藥服之,得其兩眼,用解遣鬼,眾病乃瘥。王即答曰,此事甚難,不可得也。太子聞之,乃願以肉眼施與眾生,遂令醫者挑去兩眼。時天帝釋見其如是勤苦,悲愍眾生,實爲甚難。即取太子已挑之眼還著太子眼中,即時平復。天帝釋更逐諸疫鬼,一切眾生,病盡除瘥。佛告諸比丘,爾時太子自在天者,我身是也。"○迦葉佛(Kāśyapa Buddha)父名梵德,婆羅門種。亦稱迦葉波,身長十六丈。見釋迦譜卷一。

復西行一日，乘船渡一深水，三百餘步，宋雲所渡之水，沙畹云即在 Kabul
與 Swat 兩水匯流處之下游。復西南行六十里，至乾陀羅城。案乾陀羅城
者，即法顯行傳所稱之弗樓沙國，玄奘記所稱之布路沙，今之 Peshawar 地。
魏書西域傳云：“小月氏國，都富樓沙城。其王本大月氏王寄多羅子也。寄
多羅爲匈奴所逐，西徙後，令其子守此城，因號小月氏焉。”此所稱富樓沙，亦
即乾陀羅城。蓋自第一世紀以來，北天竺自乾陀羅以北五國即役屬於大月
氏，至第四世紀末葉小月氏國復受嚈噠人之壓迫，而入北天竺，都於布路沙。
至第五世紀嚈噠人又佔據小月氏領土，乾陀羅亦爲其所有。宋雲之入竺，正
當嚈噠强盛之時也。布路沙始終爲歷史政治之都城。慧超往五天竺傳云：
“此城俯臨辛頭大河，北岸而置。”案 Peshawar 今在 Kabul 河之南岸。東南七
里，有雀離浮圖。雀離浮圖，此云在城東南七里，道榮傳云在城東四里，蓋一
時記録有誤。北史卷九十七云：“乾陀羅所都城東南七里有佛塔，高七十丈，
周三百步，即雀離浮圖也。”與此相合。玄奘記云：“在城東南八九里。”魏書
西域傳亦云：“小月氏國富樓沙城東十里有佛塔，周三百五十步，高八十丈，
自佛塔初建，計至武定八年，八百四十二年，所謂百丈浮圖也。”是雀離浮圖
在城之東南七八里許，較爲可信。其所以名之曰“雀離”者，或云“雀離”乃具
有異采之義。此即道榮傳所謂“以文石爲階砌櫨栱”，而光采曄曄也。

　　道榮傳云：城東四里。“道榮”，逸史本作“道藥”，下同。又此句乃子注，
　　別陳異説，非正文也。法苑珠林卷三十八引西域志云“西域乾陀羅城東南
　　七里有雀離浮圖”云云，文字與伽藍記相同。所引均爲本文，而不引道榮
　　傳云云，是其確證。吳若準等均未留意及此，乃以宋雲求法一節全爲注
　　文，大誤。

推其本緣，“緣”，各本作“源”，此依法苑珠林改。乃是如來在世之時，
“世”，逸史本作“此”，非。與弟子游化此土，“弟子”上法苑珠林引有“諸”
字。又“游”原作“遊”，此依珠林改，下文“出游”亦作“游”，亦是一證。指城

東曰:"我入涅槃後二百年,"二百",各本作"三百",誤。此依法苑珠林改。
下文亦作"二百"。○涅槃者,此云滅度,即示寂之義也。佛在拘尸那城河夷
羅跋提河邊娑羅雙樹前涅槃,見大涅槃經。有國王名迦尼色迦在此處起浮
圖。""在"字各本並脱,依法苑珠林補。○迦尼色迦(Kaniṣka),法顯行傳作
罽膩伽。西域記作迦膩色迦。其先本月氏種,當印度孔雀(Maurya)王朝末
葉,大月氏種族强盛,乃自 Amū 河流域侵入印度,建立貴霜(Kushān)王朝,漢
張騫通西域時,至大夏,即其地也。時貴霜王朝之君王爲丘龍都(Kuju-la-Ka-
ra-Kadphises,史稱 Kadphises 一世),後漢班超和帝永元三年(91)破月氏,其
王即閻膏珍(Vima Kadphises,史稱 Kadphises 二世)。及安帝永寧之世(120)
迦膩色迦繼閻膏珍爲王,其所治即乾陀羅地也。迦膩色迦王所建之寺塔甚
多,其最著稱者爲聖塔寺(見悟空入竺記及玄奘西域記)及雀離浮圖。佛入
涅槃後二百年,果有國王字迦尼色迦出游城東,各本"年"下有"來"字,法
苑珠林引無。珠林引無"果"字。見四童子累牛糞爲塔,"累",珠林作"壘",字
通。可高三尺,俄然即失。"失"下珠林引有"矣"字。

　　道榮傳云:童子在虛空中向王説偈。此亦是注文,珠林未引。
王怪此童子,即作塔籠之,糞塔漸高,挺出於外,去地四百尺,然後止。珠
林作"然後始定"。
王更廣塔基三百餘步,"更"上各本有"始"字,此依珠林。
　　道榮傳云:三百九十步。此是注文,珠林未引。
從地構木,"地",各本誤作"此",依珠林引改。始得齊等。
　　道榮傳云:其高三丈,此處數字疑有譌誤。悉用文石爲階砌櫨栱,"石"
　　原作"木",逸史本作"石",今據正。"階砌"上原有"陛"字,蓋爲衍文,今
　　删。櫨者,斗拱也。上構衆木,凡十三級。此爲注文,珠林未引。
上有鐵柱,"柱",逸史本作"根",珠林引同。高三百尺,各本作"三尺",此依
珠林。金盤十三重,"盤"原作"槃",依下文當作"盤"。珠林引及逸史本均
作"盤"。合去地七百尺。迦膩色迦王建立佛塔事,亦見法顯行傳及玄奘西

域記。法顯行傳云："佛昔將諸弟子游行此國,語阿難(Ananda)云:吾般泥洹(paninirvāna)後,當有國王名罽膩伽於此處起塔。後罽膩伽王出世,出行游觀,時天帝釋(Sakra)欲開發其意,化作牧牛小兒,當道起塔。王問:汝作何等? 答言作佛塔。王言大善。於是王即於小兒塔上起塔,高四十餘丈,衆寶校飾,凡所經見塔廟,莊麗威嚴,都無此比。傳云閻浮提塔唯此塔爲上。"玄奘云:"釋迦如來於卑鉢羅樹(pippala)下告阿難曰:我去世後,當四百年,有王命世,號迦膩色迦,此南不遠起窣堵波,吾身所有骨肉舍利多集此中。迦膩色迦王以如來涅槃之後第四百年君臨膺運,統贍部洲,不信罪福,輕毀佛法。畋游草澤,遇見白兔,王親奔逐,至此忽滅。見牧牛小豎於林樹間作小窣堵波,其高三尺。王曰:汝何所爲? 牧豎對曰:昔釋迦佛聖智懸記,當有國王於此勝地建窣堵波,大王聖德宿殖,名符昔記,神功聖福,允屬斯辰,故我今者先相警發。説此語已,忽然不現。王聞是説,喜慶增懷,因發正信,深敬佛法。周小窣堵波更建石窣堵波,欲以功力彌覆其上。隨其數量,恒出三尺。若是增高,踰四百尺。基址所峙,周一里半。層基五級,高一百五十尺,方乃得覆小窣堵波。王因喜慶,復於其上更起二十五層金剛相輪,即以如來舍利一斛而置其中,式修供養。"○案諸記所稱,大旨略同,惟佛之涅槃其去迦膩色迦之年代,所説不一。考佛之滅度去迦膩色迦當有六百年,玄奘記稱爲四百年尚不合,本文二百之數相去尤遠。又此塔之高度,諸家所説互有不同。沙畹云參合諸文,應如下説:基層五級,周三百步,或三百九十步,或一里有半;其高據玄奘所誌爲一百五十尺,其上木構十三重,高四百尺;其上更起十三、或十五、或二十五層金鋼相輪之鐵柱,柱高八十八尺;合計高六百三十八尺,則與道榮去地六十三丈二尺之數大致相合,而與宋雲去地七百尺之數亦相差無幾矣。

　　道榮傳云:鐵柱八十八尺,八十圍,一圍五寸。金盤十五重,去地六十三丈二尺。此係注文,珠林未引。

施功既訖,糞塔如初,在大塔南三百步。"三百步",各本作"三步",今依法苑珠林。案法顯行傳云:"王作塔成已,小塔即自傍出大塔南,高三尺許。"時有婆羅門不信是糞，"時有"二字各本並無，此依法苑珠林增。以手探看，"看"，法苑珠林作"之"。遂作一孔，年歲雖久，糞猶不爛，以香泥填孔，不可充滿。今有天宮籠蓋之。"有"字各本並奪，依法苑珠林補。

雀離浮圖自作以來，"以"，法苑珠林作"已"，同。三經天火所燒，"經"，法苑珠林作"爲"。國王修之，還復如故。"故"，法苑珠林作"本"。父老云：此浮圖天火七燒，"七"，各本作"所"，因上文而誤。今依法苑珠林改。佛法當滅。玄奘記云："此窣堵波者，如來懸記，七燒七立，佛法方盡。先賢記曰，成壞已三。初至此國，適遭火災，當見營構，尚未成功。"此與本文所記相合。

道榮傳云：王修浮圖，木工既訖，猶有鐵柱，無有能上者。逸史本作"無由能上"。王於四角起大高樓，多置金銀及諸寶物，王與夫人及諸王子悉在樓上燒香散花，原無"樓"字，此依逸史本增。至心請神，"請神"，各本並作"精神"，沙畹云："精神似爲請神之訛。"其言甚是。然後轆轤絞索，一舉便到。故胡人皆云四天王助之，若其不爾，實非人力所能舉。"道榮傳"下系注文，法苑珠林未引。○四天王(devarāja)者，持國天、廣目天、增長天、多聞天是也。

塔內佛事，"佛事"原作"物事"，法苑珠林作"佛事"，逸史本同，今據改。"佛事"一語本書屢見。悉是金玉，千變萬化，難得而稱，旭日始開，"開"，逸史本作"升"，法苑珠林亦作"開"。則金盤晃朗，微風漸發，"漸"，法苑珠林作"暫"。則寶鐸和鳴。"和鳴"，法苑珠林作"鏗鏘"。西域浮圖，最爲第一。

此塔初成，用真珠爲羅網覆於其上。"真"，逸史本作"珍"。案御覽卷六五八引亦作"真"。於後數年，"於"字原無，逸史本有，與御覽引合。王乃思量，此珠網價直萬金，"珠"下御覽引有"羅"字。又"直"，逸史本作"值"，字通。我崩之後，恐人侵奪；復慮大塔破壞，無人修補。即解珠網，"即"，御覽引作"因"。以銅鑊盛之，在塔西北一百步掘地埋之。上種樹，樹名菩提，御覽不重"樹"字。菩提樹，一名卑鉢羅樹(pippala)。枝條四布，密葉蔽天。樹下四面坐像，四面坐像即四佛坐像。玄奘西域記云："布路沙城東南八九里，有卑鉢羅樹，高百餘尺，枝葉扶疎，蔭影蒙密。過去四佛已坐其下，今猶現有四佛坐像。卑鉢羅樹南有塔，即雀離浮圖也。"各高丈五，恒有四龍典掌此珠，若興心欲取，則有禍變。"則"，逸史本作"即"，御覽同。刻石爲銘，囑語將來，若此塔壞，勞煩後賢出珠修治。"此塔初成"下係注文，法苑珠林未引。

雀離浮圖南五十步，有一石塔，其形正圓，"圓"，法苑珠林作"直"。高二丈，"高"上珠林有"舉"字。甚有神變，能與世人表吉凶。法苑珠林作"能與世人表作吉凶之徵"。又"表"，逸史本作"報"。以指觸之，"以指"二字各本並無，依法苑珠林補。若吉者，金鈴鳴應；若凶者，假令人搖撼，法苑珠林引無"撼"字。亦不肯鳴。據西域記此塔在那揭羅曷國（Nagarahāra）醯羅城（Hilla，今之 Hidda），如來頂骨塔之西北。玄奘云其塔不甚高大，而多靈怪。人以指觸，便即搖震，連基傾動，鈴鐸和鳴。惠生既在遠國，恐不吉反，遂禮神塔，乞求一驗。於是以指觸之，鈴即鳴應。得此驗，用慰私心，後果得吉反。惠生初發京師之日，皇太后勅付五色百尺幡千口，錦香袋五百枚，"袋"，逸史本作"囊"。王公卿士幡二千口。惠生從于闐至乾陀羅，"羅"字各本無，今增。所有佛事處，原無"處"字，此依逸史本。悉皆流布，至此頓盡。惟留太后百尺幡一口，擬奉尸毗王塔。尸毗王（Sibi），西域記卷三烏仗那國作尸毗迦王。如來昔修菩薩行，號尸毗迦王，爲求佛果，曾割身救鴿。詳下文注。宋雲以奴婢二人奉雀離浮圖，永充灑掃。惠生遂減割行資，妙簡良匠，以銅摹寫雀離浮圖儀一軀，"浮圖"原作"浮屠"，此從逸史本。及釋迦四塔變。釋迦四塔者，即法顯行傳所稱北天竺之四大塔。一爲佛爲菩薩時割肉貿鴿處，二爲以眼施人處，三爲以頭施人處，四爲投身餧餓虎處。

於是西北行七日，沙畹云應作東北行。渡一大水，至如來爲尸毗王救鴿之處，"尸毗"原作"尸昆"，"昆"乃"毘"字之誤。下同。逸史本亦然。惟津逮本不誤。宋雲此次所渡大水，殆仍爲 Kābul 河。尸毗王救鴿處，法顯行傳謂在宿呵多國(Svāta)。云:"自烏長國南下,到宿呵多國,昔天帝釋試菩薩,化作鷹鴿,割肉貿鴿處。佛既成道,與諸子游行,語云此本是吾割肉貿鴿處,國人由是得知,於此處起塔。"一案西域記尸毗王救鴿處在烏仗那國摩愉伽藍,即如來折骨寫經處之西六七十里。○尸毗王割肉貿鴿事,見賢愚經卷一,又見菩薩本生鬘論。云:"佛告諸比丘,往昔有王名曰尸毗,所都之城號提婆底(亦作提婆拔提 Devapati),王藴慈行,仁恕和平,愛念庶民,猶如赤子。志固精進,樂求佛道。時天帝釋及毗首(亦稱毗首羯摩 Viśvakarman)二天欲試其念力。毗首天乃化爲一鴿,帝釋作鷹,急逐於後,將爲搏取,鴿甚惶怖,飛王腋下以求藏避。鷹立王前,乃作人語,願王見還。王曰:我本誓願,當度一切,鴿來依投,終不與汝。鷹言:大王愛念一切,若斷我食,命亦不濟。王即取利刀自割身肉,持之與鷹,貿此鴿命。佛告大衆,往昔之時,尸毗王者,我身是也。"亦起塔寺。昔尸毗王倉庫爲火所燒,其中粳米燋然,至今犹在,若服一粒,永無瘧患。彼國人民須禁日取之。

道榮傳云:至那迦羅阿國,"阿",逸史本作"訶"。有佛頂骨,方圓四寸,黃白色,下有孔,受人手指,閔然似仰蜂窠。"閔然",各本並作"閃然"。案"閃然"義不可通,"閃"蓋"閔"字之誤。廣韻屋韻閔,初六切,衆也,出字統。字統者,後魏陽承慶所撰。云閔然者,指孔穴之多,故云似仰蜂窠也。○道榮傳所稱那迦羅阿國者,法顯行傳作那竭國,玄奘西域記作那揭羅曷國,皆 Nagarahāra 一語之異譯。其地在乾陀羅國之西北,當今阿富汗 Jalalabad 之地。玄奘云:"其國東西六百餘里,南北二百五六十里,山周四境,懸隔危險。國大都城周二十餘里,無大君長主令,役屬迦畢試國。"○佛頂骨在此國之醯羅城(Hilla),法顯行傳云:"自犍陀衛國西行十六由延至那竭國界醯羅城,城中有佛頂骨精舍,盡以金簿七寶校飾,國王敬重頂骨,慮人抄奪,乃取國中豪姓八人,人持一印,印封守護。清晨八人俱到,各視其印,然後開戶,開戶已,以香汁洗手,出佛頂骨,置精舍外高座上,以七寶圓砧砧下,瑠璃鐘覆上,皆珠璣校飾。骨黃白色,方圓四寸,其上隆起。每日出後,精舍人則登高樓,擊大鼓,吹蠡,敲銅鉢,王聞已,則詣精

舍，以華香供養，供養已，次第頂戴而去。從東門入，西門出。王朝朝如是
供養禮拜，然後聽國政。居士長者，亦先供養，乃修家事。供養都訖，乃還
頂骨於精舍中，有七寶解脫塔，或開或閉，高五尺許以盛之。"玄奘記云：
"那揭國城東南三十餘里至醯羅城，周四五里，堅峻險固，花林池沼，光鮮
澄鏡。復有重閣，畫棟丹楹，第二閣中有七寶小窣堵波，置如來頂骨，骨周
一尺二寸，髮孔分明，其色黃白，盛以寶函，置窣堵波中。"此並較道榮傳所
記爲詳。此供養佛頂骨處，悟空入竺記稱曰罽膩吒王演提灑寺。至耆賀
濫寺，有佛袈裟十三條，"裟"原作"裝"，誤。此從逸史本改正。以尺量
之，或短或長。復有佛錫杖，長丈七，以木筒盛之，"木筒"，各本並作"水
筒"，此依法顯行傳正。金箔貼其上。"貼"字原脫，此從逸史本增。此杖
輕重不定，值有重時，"時"字原脫，此從逸史本增。百人不舉，值有輕
時，一人勝之。"一"原作"二"，此從逸史本。耆賀濫寺者，沙畹云："耆賀
濫，梵文作 khakkhara，乃比丘行乞所持之杖也。"此處供養佛袈裟及佛錫
杖，案法顯行傳袈裟與錫杖分兩處供養，在那竭國城之東北。行傳云："那
竭國城之東北一由延，到一谷口，有佛錫杖，亦起精舍供養。杖以牛頭栴
檀作，長丈六七許，以木筒盛之。正復百千人舉，不能移。入谷口西行，有
佛僧伽梨，亦起精舍供養。彼國土俗，亢旱時，國人相率出衣，禮拜供養，
天即大雨。"至玄奘時則袈裟與錫杖同與佛頂骨於醯羅城供養矣。西域記
云："醯羅城重閣中，又以寶函緘封，而置如來僧伽胝袈裟，細氎所作，其色
黃赤，置寶函中，歲月既遠，微有損壞。如來錫杖，白鐵作鐶，栴檀爲笴，寶
筒盛之。觀禮之徒，相繼不絕。"那竭城中有佛牙佛髮，並作寶函盛之，朝
夕供養。至瞿波羅窟，原作"至瞿羅羅鹿"，"鹿"蓋"窟"字之譌，今據西
域記改。見佛影。入山窟，去十五步，西面向戶遙望，此兩句有譌誤。
"去"字各本無，"西"字原作"四"，據法顯行傳補正。案法顯行傳云："那
竭城南半由延（yojana，約七英里）有石室，博山西南向（博山者，背山也），
佛留影此中。去十餘步觀之，如佛真影，金色相好，光明炳著。轉近轉微，

髣髴如有。"慈恩法師傳云:"窟在石澗東壁,門向西開,窺之窈冥,一無所覩。老人云:入觸東壁訖,卻行五十步許,正東而觀,影在其處。"據是可知佛影乃在窟之東壁,户向西開,故曰"西面向户遥望"。則衆相炳然;近看則瞑然不見。以手摩之,唯有石壁。漸漸卻行,始見其相。容顏挺特,世所希有。那竭城(Nagarghāra)者,即那迦羅阿國之都城。佛影窟及佛牙佛髮塔,並在此城。法顯行傳云:"那竭城是菩薩本以銀錢貿五莖華供養定光佛處(定光佛即然燈佛,事見增一阿含經卷一),城中亦有佛齒塔,供養如頂骨法。那竭城南半由延,有石室,博山西南向,佛留影此中。"玄奘西域記云:"那竭城内有大窣堵波故基,聞諸先志曰,昔有佛齒,高廣嚴麗,今既無齒,唯餘故基。城西南十餘里,有窣堵波,是釋迦菩薩昔值然燈佛,於此買華。城西南二十餘里至小石嶺,有伽藍,高堂重閣,積石所成。伽藍西南,深澗陷絶,瀑布飛流,懸崖壁立。東崖石壁有大洞穴,瞿波羅(Gopāla)龍之所居也。門徑狹小,窟穴冥闇,崖石津滴,蹊徑餘流。昔有佛影,焕若真容,相好具足,儼然如在。近代已來,人不徧觀,縱有所見,髣髴而已。至誠祈請,有冥感者,乃暫明視,尚不能久。昔如來在世之時,此龍爲牧牛之士,供王乳酪,進奉失宜,既獲譴責,心懷恚恨,以金錢買華供養受記窣堵波,願爲惡龍,破國害王。即趣石壁,投身而死,遂居此窟,爲大龍王。便欲出穴,成本惡願。適起此心,如來已鑒,愍此國人爲龍所害,運神通力,自中印度至龍所,龍見如來,毒心遂止。受不殺戒,願護正法,因請如來,常居此窟。如來告曰:吾將寂滅,爲汝留影,正法隱没,其事無替。汝若毒心奮怒,觀吾留影,毒心當止。"又梁僧祐釋迦譜卷三云:"佛入窟坐已,窟中作十八變,踊身入石,猶如明鏡在於石内,映現於外,遠望則見,近則不視。石窟高一丈八尺,深二十四步。石清白色。"原注云:"窟在阿那斯山巖南。"窟前有方石,石上有佛跡。窟西南百步,有佛浣衣處。窟北一里,有目連窟。西域記云:"影窟門外有二方石,其一石上有如來足蹈之跡。輪相微現,光明時燭。影窟左右多諸石室,皆是如來諸聖弟子入定之處。影窟西北隅有窣堵波,是如來經行之處,其側窣堵波有如來髮爪。隣此不遠,有窣堵波,是如來顯暢真宗説蘊界處之所也。影窟西有大盤石,如來嘗於其上濯浣袈裟,文影微現。"案玄奘所稱如來諸聖弟子入定之處,本文所舉之目連窟蓋即其一也。目連(Maudgalyāyana)即目犍連,佛弟子之一。窟北有山,山下有六佛手作浮圖,"六"當作"七"。七佛見卷四"大覺寺"條注。高十丈。云此浮圖陷入地,佛法當滅。并爲七塔,七塔南石銘,"塔南"上逸史本無"七"字。云如來手書,胡字分明,於今可識焉。案自"道榮傳云"至此所述,並爲那迦羅阿國之佛事,觀其文例,隨事條舉,此蓋惠生行記之所未備者,故採道榮傳以補之。似皆爲注文。

惠生在烏場國二年,西胡風俗,大同小異,不能具録。至正光二年二月始還天闕。"正光"原作"正元",誤。此從逸史本。魏書釋老志作"正光三年冬還京師"。考行記惠生於孝明帝神龜元年(518)十一月西行,以神龜二年(519)七月二十九日入朱駒波國,九月中旬入鉢和國,十月初旬入嚈噠國,十一月初入波知國,十一月中旬入賒彌國,十二月初入烏場國,至孝明帝正光元年(520)四月中旬入乾陀羅國,留烏場國二年始返。若自其入烏場國之日計之,至是已正光二年之冬,其返中夏,在路亦當有九十月之久,則其歸還京師當在正光三年矣。魏書所記蓋得其實。

衒之按,惠生行記事多不盡録,今依道榮傳、宋雲家記,故並載之,以備缺文。據衒之所云,此記取材有三:一爲惠生行記,一爲宋雲家記,一爲道榮傳。案隋書經籍志有惠生行傳一卷,舊唐書經籍志及新唐書藝文志並有宋雲魏國以西十一國事一卷,今二書均佚,賴衒之此記存其梗槩。至於道榮傳,史志未著録。惟唐道宣釋迦方志卷下游履篇云:"後魏太武末年(451)沙門道藥從疏勒道入,經懸度,到僧伽施國(Saṃkaśya),及返,還尋故道。著傳一卷。"案道藥者即本書之道榮也,其書亦不傳矣。

夫自漢至唐往印度者甚多,未可言盡。考其踪跡,其自陸路而往者,約有三二道。唐道宣釋迦方志卷上遺跡篇云:"其東道者,從河州西北度大河,上曼天嶺,減四百里至鄯州。又西減百里至鄯城鎮,古州地也。又西南減百里,至故承風戍,是隋互市地也。又西減二百里至清海,海中有小山,海東七百餘里,海西南至吐谷渾衙帳。又西南至國界,名曰蘭羌,北界至積魚城,西北至多彌國。又西南至蘇毗國,又西南至敢國,又南少東至吐蕃國,又西南至小羊同國,又西南度呾倉法關,吐蕃南界也。又東少南度末上加三鼻關,東南入谷,經十九飛梯,十九棧道,又東南或西南,緣葛攀藤,野行四十餘日,至北印度尼波羅國(此國去吐蕃約爲九千里)。其中道者:從鄯州東川行百餘里,又北出六百餘里至涼州,東去京師二千里。從涼州西而少北四百七十里至甘州,又西四百里至肅州,又西少北七十五里至故玉門關,關在南北山間。又西減四百里至瓜州,又西南入磧三百餘里,至沙州。又西南入磧七百餘里,至納縛波故國,即婁蘭地,亦名鄯善。又西南千餘里至析摩陀那故國,即沮沫地。又西六百餘里至都羅故國,皆荒城耳。又西入大流沙行四百餘里,至瞿坦那國東境(即漢史所謂于闐國也,都護所居,漢之所守,東去長安九千六百七十里)。其關名尼壤城,彼土自謂于遁國也。從國城西越山谷行八百餘里,至斫句迦國,又於國西北上大沙嶺,度徙多河,五百餘里至佉沙國(即疏勒也),從此南行山野石磧五百餘里,至烏鍛國。從國城西度河,登葱嶺,又西南踰大嶺,至羯盤陀國。從此西南行數千里,乃至印度。其北道入印度者,從京師西北行三千三百餘里至瓜州,又西北三百餘里至莫賀延磧口,又西北八百餘里,出磧,至柔遠縣,又西南百六十里至伊州,又西七百餘里至蒲昌縣,又西百餘里至西州,即高昌故地,漢時宜禾都尉所治處也。從沮渠涼王避地於彼,今爲塞內。又西七百餘里至阿耆尼國(即烏耆也),又西南行至屈支國(即丘慈也),又西經小磧六百餘里,至跋禄迦國(古名姑墨),又西北行度葱嶺北原,至颯末建國(唐言康國),又西南行三百餘里至羯霜那國(史國也),又西南行入大山,出鐵門關,至覩貨邏國(古云吐火羅也)。又從鐵門南少東五百餘里至縛喝國,東南入大雪山,踰黑嶺,至迦畢試國,乃入北印度界。"此道宣所記唐人入竺之路程也。往者法顯入竺所取之路,即志中所稱之中道。玄奘西去之路,則爲北道,東歸之路,則爲中道。至如宋雲西行所取之路,與法顯之路相近,亦即玄奘東歸之路也。

沙畹云:"宋雲、惠生之西行,后曾敕付幡千口,錦香囊五百枚,王公卿士幡二千口,並賫有詔書。記云嚈噠王見大魏使入跪受詔書,烏萇國王拜受詔書,乾陀羅王凶慢無禮,坐受詔書,則其不僅巡歷聖跡,且負有外交使命矣。宋雲、惠生歸時,攜回印度經文一百七十部,皆是大乘妙典,此事亦無足異。緣當時之烏萇、乾陀羅爲大乘教之中心,因辛頭河北突厥種族之影響,以純粹佛説與烏萇國燦爛之魔術相參合,由是構成一種與恒河沿岸原始佛教關係甚遠之神學。因其内容之複雜,似較舊説爲優,乃名之曰大乘,而與真正佛教之小乘對立矣。大乘説成立雖晚,然其自負爲佛教之正統,亦不下於小乘,爲取信於人,特在辛頭河創建若干佛跡。由是印度佛教聖地有二:一在辛頭河流域,一在恒河流域。中夏巡禮之僧俗,多先歷辛頭,後赴恒河。蓋中印通道中,直達中印度之尼泊爾(Népal)一道,在唐代以前似尚不爲世人所知。常循之路,蓋爲葱嶺南達克什米爾與烏萇之路。故宋雲、惠生之徒,不遠赴中印度,而即止於弗樓沙也。然則佛教之傳入中夏,何以大乘最盛,不難知之矣。且道榮、惠生曾將乾陀羅浮圖之儀狀尺度摹寫以歸,對於造像與繪畫亦必如是。則自後魏以降,佛塔之建築及佛像之塑造亦必受乾陀羅之影響也。"

○京師東西二十里,南北十五里,此兼城内外言之也。案後漢書郡國志注引帝王世紀云:"洛陽城東西六里十一步,南北九里一百步。"又引晉元康地道記云:"城内南北九里七十步,東西六里十步,爲地三百頃一十二畝三十六步。"此即晉代洛陽城之大小。北魏因魏晉之舊,城之大小與晉代相同。元河南志云:"俗傳東西六里,南北九里,亦曰九六城。"衒之所謂東西二十里者,蓋東至七里橋,西至張方橋也。七里橋及張方橋均去城闕七里,合城内六里計之,適爲二十里。所謂南北十五里者,即卷四所稱"南臨洛水,北達芒山"也。户十萬九千餘。"九千",逸史本作"六千"。廟社宫室府曹以外,廟社並在宫闕閶闔門南,見卷一"永寧寺"條。北魏宫殿蓋多因魏晉之舊。

東漢洛陽有南北二宮（古詩云：兩宮遥相望，雙闕百餘尺），及董卓逼獻帝都長安，盡燒洛陽宮廟。魏武帝乃於夏門内立北宮，至明帝時復建南宮（見三國志魏志文帝紀裴注所引魏略）。北魏之宮室蓋即因南宮而建。宮之北則爲華林園。方三百步爲一里，此指坊里而言。里開四門，門置里正二人，吏四人，門士八人，合有二百二十里。案魏書卷十八廣陽王嘉傳云：“嘉表請（高祖）於京四面築坊三百二十，各周一千二百步。乞發三正復丁，以充兹役。雖有暫勞，姦盜永止。詔從之。”每里周廣尺度與本書相合，惟坊里數目不合。魏書卷八宣武帝紀云：“景明二年九月發畿内夫五萬五千人築京師三百二十三坊，四旬而罷。”則又多三坊。寺有一千三百六十七所。天平元年遷都鄴城，天平，孝靜帝年號，公元 534 年。洛城餘寺四百二十一所。北邙山上有馮王寺、齊獻武王寺。馮王寺爲馮熙所建，齊獻武王寺爲高歡所建。京東石關有元領軍寺、劉長秋寺。“劉長秋”下原脱“寺”字，逸史本同。今依津逮本補。元領軍即元义，劉長秋即劉騰。嵩高中有閒居寺、“閒”原誤作“闕”，今據津逮本及逸史本改正。唐李邕嵩嶽寺碑云：“嵩嶽寺者，後魏孝明帝離宮，正光元年牓閒居寺，隋仁壽一載改嵩嶽寺。”案閒居寺本爲魏宣武帝時所造，見魏書卷九十馮亮傳。栖禪寺、嵩陽寺、畢沅中州金石記卷一有中嶽嵩陽寺碑銘，云天平二年四月立。道場寺。亦見魏書馮亮傳。上有中頂寺，東有升道寺。“升”，逸史本作“昇”。京南關口有石窟寺、靈巖寺。石窟寺在伊闕口，熙平初胡太后所立，極土木之工。清嘉慶洛陽縣志卷二十二云：“府志後魏所建龍門八寺見於伽藍記者惟有石窟、靈巖二寺，餘六寺見於洛志者曰乾元、曰廣化、曰崇訓、曰寶應、曰嘉善、曰天竺，而奉先、香山不與焉。然奉先、香山據舊洛志亦建於後魏，則爲十寺。”京西瀍澗有白馬寺、照樂寺。水經注卷十五云：“瀍水出河南穀城縣北山。”又云：“澗水出新安縣南白石山，東南入於洛。”如此之寺，既郭外，不在數限，亦詳載之。

附　録

年　表　（伽藍記所述皆高祖以後之事，故高祖以前不録）

高祖孝文帝（元宏），公元 467 年生。

延興元年（471）　宋明帝（劉彧）泰始七年。

承明元年（476）

太和元年（477）

　　三年（479）　齊高帝（蕭道成）建元元年。

　　十三年（489）　以穆亮爲司空。

　　十七年（493）　十月詔穆亮、李沖、董爵營洛都。齊王蕭歸魏（伽藍記作太和十八年）。

　　十九年（495）　自平城遷都洛陽。

　　二十年（496）　詔改姓元氏。

　　二十三年（499）　四月孝文帝卒，年十三。

世宗宣武帝（元恪），公元 483 年生，孝文帝第二子。

景明元年（500）　齊東昏侯（蕭寶卷）永元元年。　彭城王元勰爲司徒録尚書事。

　　二年（501）　王蕭卒。十一月改築圜丘於伊水之陽。蕭寶夤降魏。

　　三年（502）　梁武帝（蕭衍）天監元年。

正始元年（504）　十一月營繕國學。十二月高陽王元雍爲司空尚書令。

永平元年（508）　九月元勰爲高肇所害。

　　二年（509）　一月嚈噠薄知國朝魏，貢白象一。十一月帝於式乾殿爲諸僧朝臣講維摩詰經。

延昌元年(512)	高肇爲司徒,清河王元懌爲司空。
四年(515)	一月宣武帝卒,年三十三。子翊即位。九月胡太后臨朝稱制,親覽萬機。

肅宗孝明帝(元翊),公元 510 年生,宣武帝第二子。

熙平元年(516)	梁武帝天監十五年。　胡太后立永寧寺。
二年(517)	四月皇太后至伊闕石窟寺。八月高陽王雍入居門下參決政事。
神龜元年(518)	宋雲、惠生使西域求佛經。
正光元年(520)	梁武帝普通元年。　七月侍中元义、劉騰幽胡太后於北宮,殺太傅清河王元懌。八月中山王元熙舉兵欲誅元义,事敗見殺。九月茹茹主阿那肱朝魏。
三年(522)	梁西豐侯蕭正德奔魏。宋雲、惠生自西域還。
四年(523)	劉騰卒。太尉汝南王元悦與丞相高陽王雍參決政事。崔光卒。
五年(524)	蕭寶寅、崔延伯率將西討万俟醜奴。
孝昌元年(525)	四月胡太后復臨朝攝政。崔延伯戰殁。梁蕭綜降魏。
二年(526)	元义被誅。元略自梁返魏,封義陽王,尋改封東平王。章武王元融爲葛榮所敗,殁於陣。
武泰元年(528)	二月孝明帝卒,年十九。胡太后立臨洮王世子釗爲主,年三歲。四月尒朱榮奉長樂王元子攸爲主,改元建義,榮於河陰害公卿以下二千餘人,沉胡太后及幼主於河。

敬宗孝莊帝(元子攸),彭城王元勰第三子。

永安元年(528)	尒朱榮爲太原王,元天穆爲上黨王。北海王元顥及臨淮王元彧奔梁。七月臨淮王元彧自梁返魏。尒朱榮平葛榮,改元爲永安元年。十月梁以北海王元顥爲魏王。
二年(529)	五月帝去河內,元顥入洛。七月元顥敗。
三年(530)	尒朱天光擒醜奴,關中平定。嚈噠國獻師子。九月帝殺尒朱榮於明光殿。十月尒朱世隆、尒朱兆奉長廣王元曄爲主,改年號曰建明。十二月尒朱兆入洛,遷帝於晉陽,縊於城內三級佛寺,年二十四。

節閔帝(前廢帝)廣陵王(元恭),廣陵惠王元羽之子。

普泰元年(531)　三月尒朱世隆復廢長廣王而奉廣陵王元恭爲主,改元爲普泰。七月尒朱世隆等害楊椿、楊津。

二年(532)　四月高歡廢帝,立平陽王元脩。改元太昌元年。七月高歡討尒朱兆,斬尒朱天光。

孝武帝(出帝)平陽王(元脩),廣平武穆王元懷第三子。

永熙元年(532)　太昌元年十二月改元爲永熙元年。

二年(533)　高歡破尒朱兆,兆遁走自殺。

三年(534)　二月永寧寺浮圖爲火所燒。七月帝爲斛斯椿所迫出於長安。十月高歡推清河文宣王亶世子元善見爲帝,時年十一,改永熙三年爲天平元年,遷都於鄴,史稱東魏。十二月孝武帝爲宇文黑獺所害。年二十五。

孝靜帝(元善見),清河文宣王亶子。

天平元年(534)

二年(535)　宇文黑獺立南陽王寶炬爲帝,史稱西魏。

元象元年(538)

興和元年(539)

武定元年(543)　高歡與宇文黑獺戰於邙山,大破之。

五年(547)　梁武帝太清元年。　高歡卒。

八年(550)　梁簡文帝太寶元年。　五月,高洋稱帝,東魏亡。

引用書目

洛陽伽藍記集證　清吳若準　清道
　光十三年刻本

洛陽伽藍記鉤沉　唐晏　龍谿精舍叢
　書本

洛陽伽藍記合校本　張宗祥　商務印
　書館印本

水經注　北魏酈道元　清王先謙合
　校本

元和郡縣志　唐李吉甫　岱南閣叢
　書本

諸道山河地名要略　唐韋澳　鳴沙石
　室古佚書本

太平寰宇記　宋樂史　江寧局本

通鑑地理通釋　宋王應麟　玉海本

元河南志　出宋敏求河南志　藕香零
　拾本

清嘉慶洛陽縣志　嘉慶十八年陸繼
　輅、魏襄纂　寫印本

讀史方輿紀要　清顧祖禹　廣州刻本

十三經注疏　清阮元刻本

毛詩草木鳥獸蟲魚疏　唐陸璣　古經
　解彙函本

尚書大傳定本　清陳壽祺校注　四部

叢刊本

白虎通義　漢班固　四部叢刊本

廿四史　同文書局本

國語　吳韋昭注　四部叢刊本

戰國策　漢高誘注　士禮居叢書本

資治通鑑　宋司馬光　清胡克家刻本

通典　唐杜佑　商務印書館印本

文獻通考　宋馬端臨　商務印書館印
　本

職源撮要　宋王益之　適園叢書本

廿二史劄記　清趙翼　史學叢書本

金石録　宋趙明誠　清朱記榮刻金
　石叢書本

金石萃編　清王昶　原刻本

中州金石記　清畢沅　經訓堂叢書本

八瓊室金石文字補正　陸宗祥　原刻
　本

歷代石經考　張國淦　排印本

河南金石志圖正編第一集　關百益
　河南博物館印本

漢魏南北朝墓誌集釋　趙萬里　科學
　出版社印本

楚辭　漢王逸注　重刊汲古閣本

文選　唐李善注　清胡克家刻本

古文苑　宋章樵注　四部叢刊本

續古文苑　清孫星衍輯　平津館叢書本

全北魏文　清嚴可均輯

全北齊文　清嚴可均輯

老子道德經　晉王弼注　四部叢刊本

莊子補正　劉文典　商務印書館印本

荀子集解　清王先謙　思賢講舍本

管子　四部叢刊本

呂氏春秋　經訓堂叢書本

新書　漢賈誼　抱經堂叢書本

法言　漢揚雄　四部叢刊本

風俗通義　漢應劭　四部叢刊本

漢官儀　漢應劭　平津館叢書本

山海經　晉郭璞注　四部叢刊本

穆天子傳　晉郭璞注　四部叢刊本

抱朴子　晉葛洪　平津館叢書本

西京雜記　晉葛洪　學津討原本

世説新語　宋劉義慶　四部叢刊本

齊民要術　北魏賈思勰　四部叢刊本

顏氏家訓　北齊顏之推　抱經堂叢書本

述異記　梁任昉　漢魏叢書本

列仙傳　清王圓照校　郝氏遺書本

酉陽雜俎　唐段成式　四部叢刊本

荆楚歲時記　梁宗懍　漢魏叢書本

演繁露　宋程大昌　學津討原本

玉燭寶典　隋杜臺卿　古逸叢書本

藝文類聚　唐歐陽詢　明刻本

太平御覽　宋李昉等　四部叢刊本

太平廣記　宋李昉等　影印明本

事類賦　宋吳淑　明刻本

紺珠集　宋朱勝非　四庫全書本

類説　宋曾慥　四庫全書本

營造法式　宋李誡　影宋刻本

宏明集　梁僧祐　大正藏卷五十二

廣宏明集　唐道宣　大正藏卷五十二

高僧傳　梁慧皎　大正藏卷五十

續高僧傳　唐道宣　大正藏卷五十

釋氏疑年録　陳垣　木刻本

歷代三寶記　隋費長房　大正藏卷四十九

大唐内典録　唐道宣　大正藏卷五十五

開元釋教録　唐智昇　大正藏卷五十五

諸經要集　唐道世　大正藏卷五十四

法苑珠林　唐李儼　大正藏卷五十三

破邪論　唐釋法琳　大正藏卷五十二

辯正論　唐釋法琳　大正藏卷五十二

釋門自鏡録　唐懷信　大正藏卷五十

一

北山録　唐神清　大正藏卷五十二

法門名義集　唐李師政　大正藏卷五
　　十四

南海寄歸内法傳　唐義淨　大正藏卷
　　五十四

大宋僧史略　宋贊寧　大正藏卷五
　　十四

釋氏要覽　宋道誠　大正藏卷五十四

一切經音義　唐玄應　日本影印古鈔
　　本

一切經音義　唐慧琳　獅谷白蓮社本

華嚴經音義　唐慧苑　清藏庸刻本

翻梵語　失名　大正藏卷五十四

優陂夷墮舍迦經　失譯名　大正藏卷
　　一

大般涅槃經　晉法顯譯　大正藏卷一

修行本起經　後漢竺大力共康孟詳
　　譯　大正藏卷三

六度集經　吳康僧會譯　大正藏卷三

菩薩本緣經　吳支謙譯　大正藏卷三

佛説菩薩本行經　失譯名　大正藏卷
　　三

太子瑞應本起經　吳支謙譯　大正藏
　　卷三

慧上菩薩問大善權經　晉竺法護譯

大正藏卷十二

佛説普曜經　晉竺法護譯　大正藏
　　卷三

佛説月光菩薩經　宋法賢譯　大正藏
　　卷三

菩薩投身飴餓虎起塔因緣經　北涼
　　高昌沙門法盛譯　大正藏卷三

太子須大拏經　西秦聖堅譯　大正藏
　　卷三

佛説睒子經　西秦聖堅譯　大正藏卷
　　三

方廣大莊嚴經　唐地婆訶羅譯　大正
　　藏卷三

賢愚經　後魏慧覺等譯　大正藏卷四

妙法蓮華經　後秦鳩摩羅什譯　大正
　　藏卷九

大智度論　後秦鳩摩羅什譯　大正藏
　　卷二十五

釋迦譜　梁僧祐　大正藏卷五十

釋迦氏譜　唐道宣　大正藏卷五十

法顯行傳　學津討原本

北魏僧惠生使西域記　大正藏卷五
　　十一

大唐西域記　唐玄奘　四部叢刊本

大唐大慈恩寺三藏法師傳　唐慧立
　　本、彥悰箋　大正藏卷五十

慧超往五天竺傳　新羅慧超　大正藏
　　卷五十一

悟空入竺記　唐圓照　大正藏卷五十
　　一

釋迦方志　唐道宣　大正藏卷五十一

On Yuan Chwang's Travels in India,
　　Thmas　Watters（London, 1914,
　　Royal Asiatic Society）

解説西域記　日人堀謙德　日本印本

宋雲行紀箋注　法人沙畹　馮承鈞譯
　　（見西域南海史地考證譯叢第
　　六編, 中華書局出版）

西域考古記　英人斯坦因　向達譯
　　中華書局出版

西域地名　馮承鈞　中華書局出版

西域南海史地考證譯叢　馮承鈞譯
　　商務印書館印本

史地叢考續編　馮承鈞　商務印書館
　　印本

爾雅　晉郭璞注　四部叢刊本

方言　漢揚雄　晉郭璞注　四部叢刊本

説文解字　漢許慎　平津館叢書本

釋名　漢劉熙　四部叢刊本

原本玉篇　梁顧野王　羅振玉影印本

廣韻　宋陳彭年等　澤存堂本

漫談校注洛陽伽藍記的經過

北魏楊衒之，郡望不詳。唐道宣廣弘明集言"陽衒之，北平人"，姓作"陽"。與今本題名不同。北平當在今河北省境内。孝莊帝元子攸永安年間(528)他曾爲奉朝請。東魏孝靜帝元善見由洛陽遷都於鄴(今臨漳縣)，他曾任秘書監和期城郡守(期城在今河南泌陽縣西北)。武定五年(547)，他因行役，重覽洛陽，見城郭經過戰火，宫室寺宇多成廢墟，不禁有黍離麥秀之感，所以記叙洛陽佛寺，寫成洛陽伽藍記五卷。他借寫佛寺爲題，而着重記載了元魏自孝文帝元宏建都洛陽以迄魏分東西以前四十年間(495—534)的政治、經濟、人物、風俗、地理和佛教在民間的影響，這是研究北魏史、中國佛教史和中西文化交流史的寶貴資料，所以一向爲學者所重視。就文筆來説，也是詞采清新，爲人所喜讀的一部文學作品。但是這部書傳刻的版本多，文字或正或誤，頗有異同，而且前人没有作過詳細的注釋，不便於閲讀，很需要進行認真的校勘和精當的注釋。

有鑒於此，從 1943 年我開始從事校勘工作，其後又着手作注。經歷數年，初稿寫成後，又斷斷續續有所修訂，1956 年由北京科學出版社出版。爾後，又續有增改，到 1963 年承中華書局爲之印行。如此前前後後經過多年，深知要把一本古書整理好，確實不易，雖肆力以爲，還不免有不足之處。現在謹就個人着力的地方略爲陳述。

先從校勘説起。校書不用説要先考查版本的異同，刊正錯誤。但是伽藍記的版本很多，有明刻本，有清刻本，究竟哪一種版本是善本，就要一一比勘。明刻本較早的是嘉靖間陸采的如隱堂刻本，其次是萬曆間吳琯所刻的古今逸史本，而崇禎間又有毛晉所刻的緑君亭本，收入津逮秘書中。至於清代刻本則有王謨所刊漢魏叢書本，張海鵬所刻學津討原本，吳志忠所刻真意堂叢書活字本。經過全面比勘之後，得知明如隱堂本與古今逸史本差異較多,這顯然是兩者所根據的舊鈔本有不同。在古書流傳中這是常有的事。至於伽藍記的清代刻本,則又各不相同。但是不近於逸史本,就是近於津逮本。前者如漢魏本,後者如學津本,而津逮本實出於如隱堂本。這個系統就很清楚了。因而體悟到要校勘伽藍記各本的異同,應當以如隱堂本和逸史本爲主體,其餘各本但爲從屬而已。掌握這一點就有了條理,不致於紛繁雜亂,侈陳衆本,而毫無統序。推而廣之,校勘其他古書,遇有這種情形,也當尋出條理,執簡以馭繁。因此,我取如隱堂本爲底本,而參校逸史本以辨別正誤,兼採別本,取其所長。如無可採,則擯棄不録。

校勘刻本,只是校勘工作的一部分,進一步還要博考前代書中出現的引文,以資比證。前代書中引到伽藍記的很多。除了唐代李儼的法苑珠林,宋代李昉等的太平御覽和太平廣記爲人所共知的以外,如隋代費長房的歷代三寶記,唐代道宣的大唐內典録,智昇的開元釋教録,段成式的酉陽雜俎,宋代曾慥的類説,朱勝非的紺珠集,元代的河南志,明代的永樂大典等都有不少引文。其中尤以元河南志引文最多。元河南志可能承襲北宋時宋敏求所作的河南志而來。有了這些重要材料,今本的誤處大都得以刊正,足證涉獵廣博是很必要的。

然而校書之難不在於比對異同,而難於定其是非,分別正誤。因此,還要根據有關的史書傳記,旁及雜書和石刻墓誌,並考校文意和辭例,參互檢核,斷定是非,以達到通暢可讀的程度。遇到不可知的地方,也只好闕如。校勘的工作雖苦,但要整理古書,不能不先從校勘入手。

楊衒之著洛陽伽藍記固以記載佛寺爲主,但在佛寺之外,兼及歷史故實和世諦俗事,內容既多,又難以割捨,於是在正文下採取子注的方式來分別記述。唐代劉知幾史通補注篇曾明確指出。但今日傳本注文都混入正文,一律連寫,與原書體例不符,讀起來,上下文句不相聯貫。這一點清代學者早已注意到。吳若準洛陽伽藍記集證和唐晏洛陽伽藍記鉤沉都曾試着分割正文與子注。但是對原書的體例梳理不清,或所分正文過簡,或正文與注文界域不明,不得不重新劃分。爲了弄清全書體例和作者採用子注以明洛陽興廢的用意,惟有融貫全書,細心翫味才行。恰好從唐智昇開元釋教録的引文中得到啟示。智昇所引的文字都是記述伽藍的,其間原文記載官署和歷史人物故事的都一律没有引。由此可知凡没有引的應當都是注文。如果循例以求,加以辨析,何者爲正文,何者爲注文,大體可定,估計去原書不遠。這在整理古書中可以説是特有的一例,而也在校勘之列。

下面談談注釋。注釋伽藍記,要作的工作很多。唐晏的洛陽伽藍記鉤沉雖有注釋,惟據魏書、北史略記書中所出人物事跡的大概,其他方面,如地理山川、官制、佛經故事等均付闕如。現在應當重作。

洛陽伽藍記本身是一部講史地的書,對於北魏洛陽都城的大小,各處的城門、宮闕、官署和衆多伽藍所在的方位和地點首先要弄清楚才行,不明瞭這些,就難以説明都城內外地理的整體情況。根據前代書籍的記載和今人實際勘查的結果,我們知道洛陽的故城南北爲九里多,東西爲六里多,是南北長而東西窄的城,而吳若準洛陽伽藍記集證卻把洛陽故城定爲東西長,南北窄,東西爲九里,南北爲六里。那樣,漢代的宮城內有南宮和北宮,南北二宮就擠在一起了(古詩説"兩宮遥相望,雙闕百餘尺",可知南北絕非六里),而且宮城閶闔門南御道兩旁的官署史不知如何措置了。因此,我在注釋前,先按照書中所説的都城門闕、宮殿、官署、坊里、溝渠、橋梁和佛寺所在,參照元河南志所載的漢魏晉洛陽城圖製成北魏洛陽伽藍圖,所有地理名稱、宮殿、寺宇、官署、坊里、住宅之所在都呈現在眼前,一覽無餘。這樣在注釋之前先有了洛陽城內外全面的地理知識,融貫於胸中,自能指點明確,不生差錯。同時還可以與其他有關的地理書籍,如晉陸機洛陽記(見文選李善注引)、北魏酈道元水經注、宋樂史太平寰宇記、元河南志等書互相參證,對洛陽地理的歷史沿革也多一番理解。只有這樣才不會左右失據。

又前人爲古書作注,因內容不同而側重點有不同。即如山川地理、人物事跡、名物制度、詞采典故、文字訓詁等未必兼包並舉。但是爲伽藍記作注,這些就無容忽略。因此我就先分別類目,舉出書中所見,録次成篇,一一加以詮解,著爲長編。全部作完,最後隨文施注。這樣做,好處在於既可以免去繁簡失當,又可以免去前後解釋重複。已見於前,就可以稍加注明,不必另加解釋,而且可以免去有遺漏。

再有注釋原書涉及到名物制度、人物事跡的地方不能不引書爲之考證。但是如果大量引書,連篇累牘,反增冗贅,迥非所宜。爲求簡便易讀起見,只能摘舉,使文義明暢,事理通曉即可,不煩多引。或有異説,則稍爲補充,以備讀者參酌。

伽藍記中佛教名詞和佛經故事很多,這是伽藍記的一個特點。要作注釋,佛教名詞則要參考一些佛學音義的書詮釋其義。如唐李師政的法門名義集,玄應、慧琳的一切經音義,宋道誠的釋氏要覽、法雲的翻譯名義集等都在參考之列。有些譯音詞,隨文注出梵文,以便讀者多有一層理解。佛經故事主要見於宋雲與沙門惠生到印度取經一節,有關佛本行的故事大都見於六度集經、佛説菩薩本行經、菩薩本緣經、賢愚經、太子須大拏經、大智度論等書。爲説明故事的原委,就不能不"引經據典"了。

這裏須要特別提出的是宋雲與惠生西行求法一事是在晉法顯之後、唐玄奘之前的一次重要的取經活動,對中國佛教的流行和發展有很大的影響。楊衒之根據惠生行記、道榮傳、宋雲家記詳細叙述宋雲、惠生西行所經歷的國家和里程,並着意記載所經各國的風習人情以及宋雲與各國君王的對話,這是研究公元 6 世紀初西域文明和中西交通的重要資料,而且可以與法顯行傳和玄奘大唐西域記相證發。因此兼採與本書所説有關的史料摘要載入,並參閲有關中亞地理、印度地理的歷史書籍,另作宋雲使西域行程圖,標記出自于闐至葱嶺,由葱嶺向西南至烏萇、乾陀羅的地理山川和宋雲所經的途徑及其訪求的佛跡,以備參考。

洛陽伽藍記這部書雖是一部小書,但要校釋允當確非易事。五卷之中,我所費精力最多的是第一卷和第五卷。自 1963 年承北京中華書局出版修訂本以後，1976 年 6 月香港<u>中華書局</u>又擅自翻印一版。經歷十年，又久已無書。其間或有人橫加剽竊，或有人據本人所注轉譯，不足深究。今應讀者要求，於 1984 年又略加修繕，交<u>北京</u><u>中華書局</u>重印，今將出版，因略述校注始末如此。

（本文原載於書品 1988 年第 1 期）

洛陽伽藍記校釋叙例[*]

一、洛陽伽藍記之刻本至多，有明刻本及清刻本。明刻本主要有三種：（1）如隱堂本，（2）吳琯所刻古今逸史本，（3）毛氏汲古閣所刻津逮秘書本。如隱本不知何人所雕，板刻似出於嘉靖間；逸史本則爲萬曆間所刻也。二者來源不同，文字有異。津逮本刊於崇禎間，據毛斧季言，原從如隱本出，而有改竄。蓋據逸史本校改者。至於清代刻本，則有四種：（1）乾隆間王謨輯校之漢魏叢書本，（2）嘉慶間張海鵬所刊學津討原本，（3）嘉慶吳志忠真意堂叢書活字本，（4）道光吳若準洛陽伽藍記集證本。考漢魏本乃出自逸史本，學津本即據津逮本翻雕，而小有更易。真意堂本，則又參取津逮、漢魏兩本以成者。至於吳氏集證本，雖云出自如隱，然亦略有删改。凡別本有異者，均於集證中詳之。綜是而言，伽藍記之傳本雖多，惟如隱堂本及古今逸史本爲古。後此傳刻伽藍記者，皆不出此兩本。故二者殆爲後日一切刻本之祖本也。校伽藍記，自當以此二者爲主。如振裘挈領，餘皆怡然理順。苟侈陳衆本，而不得其要，則覽者瞀亂，勞而少功矣。

二、如隱堂本，今日易見者，爲董康及四部叢刊三編影印本。至於原刊本，殊不易觀①。北京大學圖書館所藏李木齋書中有之，無清人藏書印記。余所據者爲董本。昔毛斧季云：“如隱堂本內多缺字。第二卷中脱三紙，好事者傳寫補入，人各不同。”案董本卷二闕四、九、十八三板，與毛氏所言一致。董云：“從吳氏真意堂本補此三葉。”案真意堂本第九葉“受業沙門亦有千數”下有“趙逸云暉文里是晉馬道里”十一字，董本此語乃在前“高門洞開”下，與津逮本同，由是可知董本所補者，亦非盡據真意堂本也。而四部叢刊及李氏舊藏之如隱原刻本亦闕此三葉，其所鈔補，又均與董本無異，如

＊本篇共七條，自选集録五條，今據洛陽伽藍記校釋補齊。

① 觀：當從本書前列叙例改作“觀”。

出一轍,殊不可解。

　　三、明永樂大典中有引及伽藍記者,見於卷七三二八陽韻“郎”字下者一條,卷一三八二二至一三八二四寘韻“寺”字下者三十三條,合之約當楊書五分之三。可謂富矣! 案大典雖寫明人所修①,而所取之書,皆宋元相傳之舊本。然而其中所引,不啻爲明以前之一古本也。又繆荃孫所刻之元河南志,其卷三所記後魏城闕市里之文,一望而知出於伽藍記。繆謂原書蓋襲宋敏求之舊志。宋敏求書見宋史藝文志,凡二十卷。今佚。果爾,則所録者又爲北宋本矣。此二者前人均未道及,故特表而出之,由此可知校伽藍記,除採取諸刻本外,尚有此重要之資據在焉。觀二者所引内容,河南志之文最古,大典所引多與逸史本相同。據是又可知逸史本與如隱本不同,其所據之傳本固自不同。此亦爲古書流傳中之常有現象。

　　四、伽藍記之有校本,自吳氏集證始。然過於簡略,且有訛謬,未爲精善。近代則有二校本:一爲大正藏卷五十一所收之校本,原書據如隱本排印,而參校衆本,列其異同於下。惟不及古今逸史本及真意堂本。一爲張宗祥之合校本。此書不以一本爲主,但合校各本,擇其長者而取之。凡有異同,皆備記其下,而不加斷語,足以見其審慎。然撮録之時頗有訛奪。如卷一“胡統寺”條脱“其資養緇流,從無比也”九字。今之所校,以如隱堂本爲主,而參用古今逸史本,校其同異,定其是非。凡義可兩通者,注曰“逸史本作某”。逸史本誤,概從如隱本。如隱本誤字較多,皆取逸史本校正。原書俱在,可覆案也。至於津逮、漢魏以下各本,亦均在校讎之列。如有可採,必擇善而從。若津逮同於如隱本,漢魏同於逸史本,正其淵源所自,不復言之,以免淆亂。斯所謂振裘挈領也。若津逮不同於如隱,學津又不同於津逮,蓋據逸史本或漢魏本而改,故亦不備舉。或出一二,以見其源流而已。夫校書之事,最忌臆斷;苟有真知灼見,又不可全無是非。今所校改,皆舉其證。間有依文例或上下文意而確知有脱誤者,則以意訂正,並陳明其故,惟學者斟酌之。凡

---

① 寫:當從本書前列叙例改作“爲”。

依文例增加之字,字外均以〔〕爲識。

五、唐劉知幾史通補注篇云:"亦有躬爲史臣,手自刊補,雖志存賅博,而才闕倫叙,除煩則意有所恪①,畢載則言有所妨,遂乃定彼榛楛,列爲子注。若蕭大圜淮海亂離志、羊衒之洛陽伽藍記、宋孝王關東風俗傳、王邵齊志之類是也。"由是可知衒之原書本有正文子注之分,今本一概連寫,是混注文於正文,與原書體制不合。此意自顧千里發之。見思適齋集卷十四洛陽伽藍記跋。爾後吳若準爲集證,乃本顧氏之説畫分段落,子注皆分行書之。然所定正文太簡,注文過繁,恐非楊書之舊。吳氏之後,唐晏爲洛陽伽藍記鉤沉,復重爲分畫。以視吳本,眉目稍清,然猶有界域不明者。以予考之,此書凡記伽藍者爲正文,涉及官署者爲注文。其所載時人之事跡與民間故事及有衒之案語者亦爲注文。唐晏鉤沉以有衒之案語者爲注中之注,古本不可得見,不復分别。如卷一"永寧寺"條,開元釋教録引之,而不録常景之傳記及"衒之嘗與河南尹胡孝世"云云數語,是其明證。循此以求,條理不紊。其卷五記宋空西行求法一節所載道榮傳云云②,亦爲子注。考法苑珠林卷三十八引雀離浮圖一節,全不引道榮傳語,即其證也。陳寅恪先生謂此種格式即本於魏晉南北朝僧徒合本子注之例,誠不可易。見讀洛陽伽藍記書後。今就以上所舉例證,重爲劃分,雖未必能還楊書之舊觀,但藉此以明楊書之體例,並使上下文句條貫統序,亦未始無用也。今書中子注皆分行低格書寫,校注則作小字。原書一條之内,所記非一事者,則又爲之劃分段落,以便觀覽。

六、伽藍記一書内容包括至廣,唐晏鉤沉雖有注釋,但僅援據魏書、北史略記書中人物之大概,其他則不復措意。今之所注,牽涉較廣。關於歷史事實及人物事跡,則取證史書,陳其同異。史傳所不詳,則參照碑誌,發其幽隱。關於地理,則參校水經注及前代地理載記,凡能與本書相發者,悉載於篇,以資參證。宋空西行所經之處,則據正史之西域傳及法顯行傳、玄奘西

----

① 恪:當從本書前列叙例改作"悋"。
② 宋空:當作"宋雲"。後一條同。

域記等書説明古代中亞各國之地理山川、物産風習。關於佛書故事,則採諸經論,述其原委。至於翻譯之名稱,則兼注梵音,陳其義訓。其他若文藻典故、名物制度之類,亦隨文釋之,不以其瑣屑而失之也。

　　七、北魏之建都洛陽,即因漢魏洛陽故城之舊而興建,宮闕坊里或有改變,而城之大小仍舊。據晉人書籍所稱,南北長約九里,東西長約六里。吳若準集證所附洛陽圖,南北窄而東西長,與載記及舊城基址不合。今據閻文儒先生實測故城城基之大小比例重繪一圖,其城闕、宮殿、坊里、溝渠、橋樑以及伽藍之所在,則以本書所述及水經注、魏書所載爲依據,並參照元河南志之漢魏晉洛陽城圖、汪士鐸水經注圖之洛陽城圖定其方位,惟覽者詳其闕焉。

　　　　趙萬里先生謂:“此書蓋爲長洲人陸采所刻。范氏天一閣藏書中有采所著天池山人小稿,内有如隱草堂之名,此伽藍記之板刻字樣正類蘇州刻本,故疑爲陸采所雕。”案“如隱草堂”四字見小稿壬辰稿卷末。采爲嘉靖進士陸粲之弟,從都穆學古文詞,於文喜六代,爲諸生,累試不第。詳馮桂芬蘇州府志卷八十六。

　　　　　　(本文原載於文字音韻訓詁論集第 268—271 頁,與本書
　　　　　　前列叙例文字略有差異,故附錄於此,以供參考)

人名索引

本索引收入洛陽伽藍記正文中提及的主要人物。只録當時人物。

條目依第一字筆畫多少爲序排列;第一字筆畫相同者依第二字筆畫多少爲序排列,以此類推。筆畫數相同者依首筆一、丨、丿、丶、乛的順序排列;首筆相同者依第二筆順序排列,以此類推。

條目中數字指本書正文頁碼。

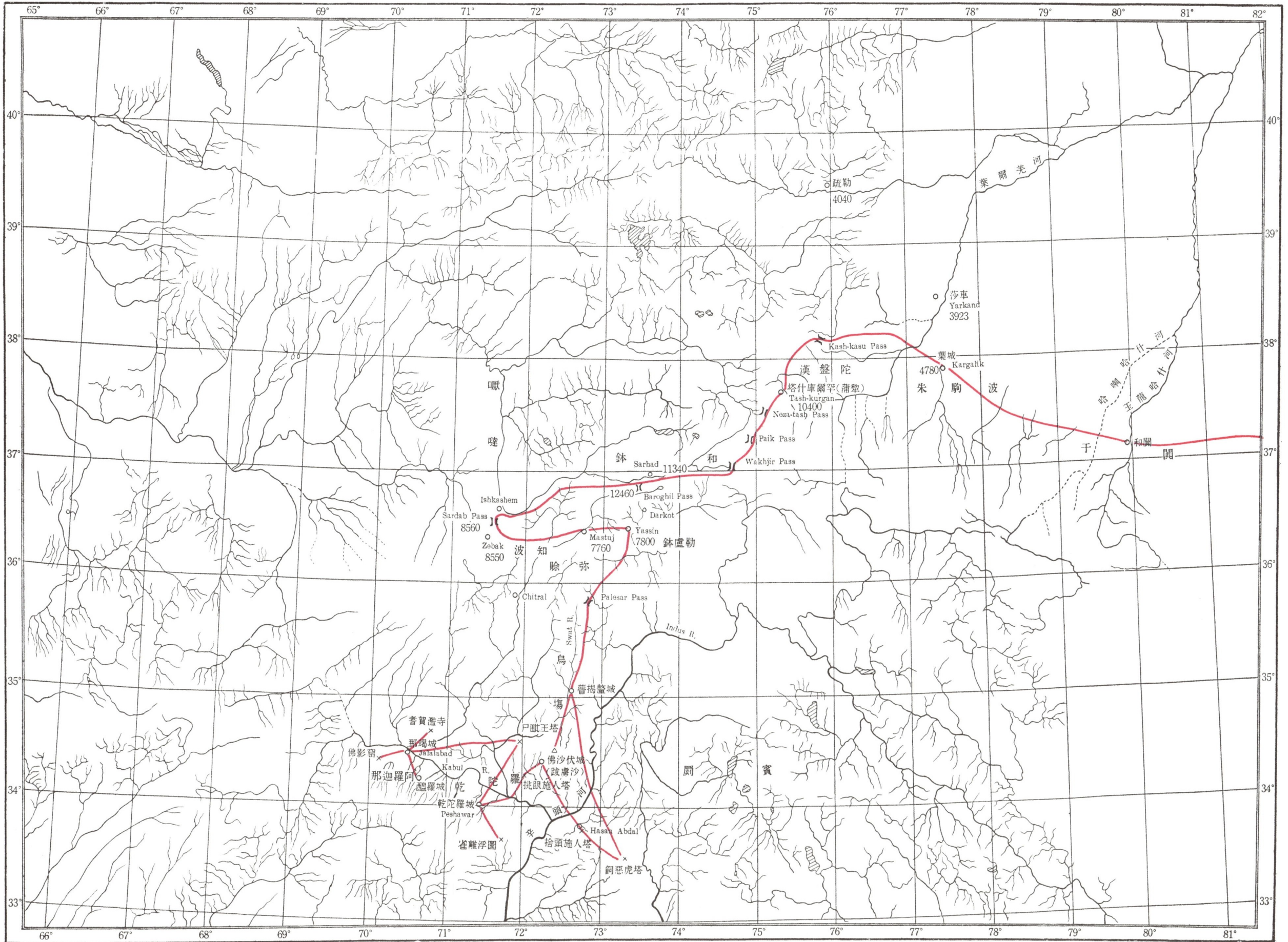

疏勒
4040

葉爾羌河

莎車
Yarkand
3923

Kash-kasu Pass

漢盤陀
葉城 Kargalik
4780

塔什庫爾罕(蒲犁)
Tash-kurgan
10400
Neza-tash Pass

朱駒波

喝

噠

鉢 和

Paik Pass

Wakhjir Pass

喀喇哈什河

玉龍哈什河

于
闐

和闐

Sarhad 11340

12460 Baroghil Pass

Ishkashem Darkot

Sardab Pass
8560

Mastuj Yassin
7760 7800 鉢盧勒

波 知

Zebak 賒
8550 彌

Chitral

Palosar Pass

烏 Swat R. Indus R.

薔揭釐城

場

奢賀藍寺

尸毗王塔

那竭城
佛影窟 Jalalabad
Kabul R.
佛沙伏城
跋虜沙
挑眼施人塔

那迦羅阿 陀 羅
醯羅城 乾
乾陀羅城
Peshawar 頭

雀離浮圖

培頭施人塔 Hassan Abdal

飼惡虎塔

罽 賓

北魏洛陽伽藍圖